Klaus Woltron • Die 7 Narrheiten des 21. Jahrhunderts

Klaus Woltron

Die 7 Narrheiten

des 21. Jahrhunderts

Politik, Wirtschaft und Gesellschaft
im Fadenkreuz

NP
BUCHVERLAG

Umschlagfoto:
Franz Xaver Messerschmidt, Ein Schalksnarr

Bibliografische Information Der Deutschen Bibliothek
Die Deutsche Bibliothek verzeichnet diese Publikation in der Deutschen Nationalbibliografie; detaillierte bibliografische Daten sind im Internet über http://dnb.ddb.de abrufbar.

NP BUCHVERLAG
St. Pölten – Wien – Linz

www.np-buch.at
verlag@np-buch.at

Schutzumschlag:
verlagsbüro wien, Kurt Hamtil

Grafische Gestaltung des Innenteils:
Gabriele Neugebauer, St. Pölten

Gesamtherstellung:
Ueberreuter Buchbinderei und
Buchproduktion Gesellschaft m. b. H.
A-2100 Korneuburg, Industriestraße 1

ISBN 3-85326-209-0

Zum Geleit

Seit der Zeit der Aufklärung haben wir uns daran gewöhnt, die Geschichte der Menschheit als einen stetigen Fortschritt zu betrachten: Alles wird immer besser, angenehmer, vielfältiger und grandioser, da uns die Wissenschaft stets neue Erkenntnisse liefert und dadurch technischen Fortschritt ermöglicht. Dieser wiederum führt zu wirtschaftlich nutzbaren Innovationen, welche die Grundlage und den Motor des Wirtschaftswachstums bilden. Dank dieses Wirtschaftswachstums kann der materielle Wohlstand für alle ständig gesteigert werden. Solange wir eine Marktwirtschaft haben, sorgt die von Adam Smith postulierte »unsichtbare Hand« des Marktes dafür, dass mit den vorhandenen Mitteln möglichst effizient produziert wird und daraus ein Maximum an Bedürfnisbefriedigung der Menschen resultiert. Demzufolge werden die Menschen – angeblich – mit zunehmendem Wohlstand auch immer glücklicher: Sie können sich immer mehr Dinge leisten, von denen frühere Generationen nicht einmal zu träumen wagten.

Die eben geschilderte, von der Aufklärung geprägte Vorstellung der Menschheitsgeschichte ist wunderbar optimistisch, lässt sich aber so leider nicht aufrechterhalten. Daran erinnert dieses Buch wieder einmal mit Nachdruck. Die Wissenschaftsgeschichte ist nicht nur eine Historie neuer Erkenntnisse, sondern auch eine Abfolge verschiedenster Irrlehren. Der technische Fortschritt hat uns neben fantastischen Errungenschaften und neuen Wachstumspotenzialen auch immer wieder neue Probleme beschert. Und schließlich deuten viele Untersuchungen darauf hin, dass uns das Wirtschaftswachstum weder glücklicher noch zufriedener macht, sobald eine bestimmte Einkommenshöhe einmal erreicht ist. Jede Zeit bringt nicht nur fundamentale Errungenschaften, sondern auch fundamentale Irrtümer und Narrheiten hervor. Klaus Woltron schildert sieben solcher Narrheiten, die nach seiner Meinung für unsere Zeit charakteristisch sind.

Diese Narrheiten heißen allerdings nicht »Neoliberalismus« oder »Shareholder-Value-Denken«. Das wäre zu einfach. Es geht vielmehr um komplexe Tendenzen, deren Ursachen sich nicht so eindeutig an einem Schlagwort festmachen lassen und die auch alle miteinander verbunden zu sein scheinen. So lesen wir von kollektiver Verblödung trotz zunehmendem Expertenwissen, von Monotonisierung der Welt trotz steigender Vielfalt, vom Aufkommen neuer Zwänge trotz wachsender Freiheit oder von der Verdrossenheit in der Überflussgesellschaft. Das Buch entlarvt viele der heute beobachtbaren und oftmals hochgelobten Trends als Leerläufe, die den Menschen allmählich zum Hamster im Laufrad werden lassen, der, obwohl er immer schneller rennt, nie dort ankommt, wo er eigentlich hinwill. Letztlich geht es um das große Dilemma unserer modernen Wirtschaft: Einerseits kann diese Wirtschaft ohne Wachstum nicht existieren und muss somit stets neue Güter und Dienstleistungen an die Frau und an den Mann bringen. Das klappt aber nur, solange die Illusion existiert, dass uns diese neuen Produkte in Zukunft auch glücklicher und zufriedener machen. Doch gerade diese Hoffnung wird immerzu enttäuscht: Der Mensch denkt in erster Linie relativ und nicht absolut, es geht ihm darum, inwieweit er sich von seinen Mitmenschen unterscheidet, aber auch darum, inwieweit er relativ zu seinen eigenen Ansprüchen abschneidet. Werden die Mitmenschen ständig reicher und steigen auch die eigenen Ansprüche ständig, dann wird das Streben nach Glück und Zufriedenheit zu einem Treten am Ort. Trotzdem bleibt stets die irrationale Hoffnung, dass das in Zukunft anders wird. Die Wirtschaft wiederum braucht genau diese

Hoffnung, denn sonst werden die Menschen kauffaul und die Nachfrage stagniert. Dies wiederum führt zu schrumpfenden Gewinnen, sinkenden Investitionen und auch zu Arbeitslosigkeit.

Auswege aus dem geschilderten Dilemma wird man nur finden, wenn man es wagt, wieder über die Kategorien der Wirtschaft hinauszudenken. Klaus Woltron tut dies in seinem Buch auf originelle Weise und liefert uns neue Denkanstöße.

Matthias Binswanger
Professor für Volkswirtschaftslehre und Finanzen
Fachhochschule Nordwestschweiz

Inhaltsverzeichnis

Für meine Enkel
Peter, Max und Moritz

Prolog

Es mag heutzutage wohl vielen so ergehen wie mir: Aus einer gewissen Distanz gesehen, so sie einem manchmal vergönnt ist, scheint das große Welttheater völlig aus den Fugen geraten, die Welt zu einem Narrenhaus geworden zu sein. Allzu viel reimt sich nicht, zu wenig geht logisch zusammen. Man sollte sich also damit beschäftigen. Was dabei herauskam, liegt vor Ihnen. Ich hoffe, es trägt nicht zu noch größerer Verwirrung bei. Ich beginne so weit wie möglich am Anfang, bei der Knospe des Falles.

Als Kind ist man ganz eigentlich ein vollkommener Bestandteil der Welt. Sei es eine Blume, ein Elefant oder eine Brandkatastrophe – alles wird mit denselben staunenden, ernsten Augen wie selbstverständlich angenommen, als Wunder erkannt. In einem Wechselspiel von Wachstum, Verknüpfung und Verfestigung schafft sich die kindliche Seele ein vorläufiges Bild von der Welt, das später, allzu bald, die Basis und der Prüfstein für neue Eindrücke, Erlebnisse und Wünsche wird: Das neu gelegte Fundament des Denkens, Fühlens und Erkennens verlangt nach der dazu passenden Welt. Genau dieser Prozess ist es, der uns immer mehr von der Welt als Ganzes entfernt. Niemals können die in den ersten drei, vier Lebensjahren gewonnenen Eindrücke und Sichtweisen mit dem, was in einem ganzen Leben an Beobachtungen, Erkenntnissen und Erlebnissen noch hinzukommen wird, übereinstimmen: Der Kampf des Verstehens, des Schaffens von immer neuem Überblick beginnt – und damit eine oft quälende, ja verzweifelte Suche nach der Brücke zwischen Träumen und Illusionen, dem Resultat der ersten Phase der Begegnung mit der Welt der Kindheit und der so genannten Realität: dem, was man später erlebt und einordnen muss. Wäre die Phase der Kindheit, des selbstverständlichen Annehmens auch des Unlogischen und scheinbar Unsinnigen, um zehn Jahre länger, würde sich der Mensch viele Qualen und faustische Verzweiflung ersparen. Vielleicht liegt dort eine Möglichkeit zum Menschen von morgen, der irgendwann und irgendwo einmal geboren werden wird.

Wir alle aber müssen den Kampf zwischen Illusion und Wirklichkeit ein Leben lang führen. Niemand kann ihn ganz gewinnen, denn er ist prinzipiell aussichtslos: Zu stark ist das erste, in der Kindheit gewonnene Bild, als dass man es mit dem, was die Welt später noch an Eindrücken liefert, in Einklang bringen könnte. Es bedarf der geistigen und emotionalen Arbeit eines ganzen Lebens, um in diese ewige Spannung vorübergehend Gleichgewicht zu bringen, und vieles davon hat den Charakter der Lebenslüge, des Aufgesetzten, an sich. Es ist stets ein sehr wackeliges Gleichgewicht. Der Zeiger der Waage schwankt von Lebensalter zu Lebensalter und muss immer wieder eingestellt werden, bis er aufs Neue ausschlägt. Auf der Suche nach Balance zwischen Illusion und Wirklichkeit, bewussten und unbewussten Wünschen und Möglichkeiten bedient sich der Mensch, je nach Neigung und Veranlagung, einer ganzen Reihe von Instrumenten: des Intellekts, des Gefühls, der Wanderung durch verschiedene Welten, des Studiums, der Erfindung und – nicht zuletzt – der Tat. Alle diese Möglichkeiten können ihm dabei helfen, die Spannung zu mildern und – zumindest eine Zeit lang – Ordnung ins Chaos, Sinn in die Zusammenhänge zu bringen. Dass sich der Mensch dabei sehr oft verirrt und den Knoten noch enger knüpft, anstatt ihn zu entwirren, ist seit Jahrtausenden sein ganz spezielles Schicksal.

So wie jede Kultur ihre eigenen Prioritäten definiert, was das Tun, das Empfohlene, das positive Gesetz anlangt, so stellt sie auch einen dazu passenden Katalog an Verboten auf, und sie kennt eine Liste von geächteten, weil extremen Untaten. Wie immer man diese besonders verabscheuungswürdigen Verirrungen nennt – Todsünden, Untugenden, verderbliche Narrheiten –, sie haben ganz verschiedene Schwerpunkte. Je nach Zeit, Ort und Lage der Gesellschaft, für welche sie eingerichtet wurden, folgen sie anderen Gesichtspunkten. Wohl am bekanntesten sind die vom Katholizismus definierten »Todsünden«. Erstmals wurden diese von dem griechischen Theologen Evagrius von Pontus erwähnt. Er zählte acht Todsünden und »niederträchtige Leidenschaften« der Menschheit auf: Völlerei, Wollust, Habgier, Traurigkeit, Zorn, geistige Faulheit, Ruhmsucht und Stolz. Papst Gregor I., »der Große« genannt, reduzierte sie im 6. Jahrhundert auf die bekannten sieben, nämlich Hochmut, Neid, Zorn, Traurigkeit, Habgier, Völlerei und Wollust. Hans Sachs, der Meistersinger, veranschaulichte im »Narrenschneiden« die für seine Zeit, das 16. Jahrhundert, charakteristischen Untugenden Hoffart, Geiz, Neid, Unkeuschheit, Völlerei, Zorn und Faulheit, während den Franzosen dazumal die sieben Laster – Heuchelei, Lüge, Geiz, Scharlatanerie, Schöngeisterei, Erbschleicherei, Parvenütum – besonders verwerflich erschienen. (Bezeichnenderweise erschien ihnen die Unkeuschheit nicht erwähnenswert). Aus moderner Sicht wiederum, und sehr stark zivilisationsbezogen, untersuchte Konrad Lorenz acht Vorgänge, welche die Menschheit als Gattung mit dem Untergang bedrohen: die Überbevölkerung der Erde, die Verwüstung des natürlichen Lebensraums, den Wettlauf des Menschen mit der technologischen Entwicklung, den Schwund der starken Gefühle, den genetischen Verfall, die Abkehr von der Tradition, die zunehmende Indoktrinierbarkeit sowie die atomare Aufrüstung.

Dreißig Jahre nach Konrad Lorenz' Jeremiade (»Die acht Todsünden der zivilisierten Mernschheit«) haben sich die

Schwerpunkte wiederum verschoben. Dreißig Jahre entwickeln heutzutage eine Dynamik wie früher drei Jahrhunderte. Die vorliegenden Überlegungen konzentrieren sich auf sieben Themen, die gegenwärtig besonders ins Auge fallen:

1. Die Irreleitung
2. Der Ordnungsverlust
3. Die Konstrukte
4. Die Feindbilder
5. Der Kult der Oberflächen
6. Die Einebnung
7. Die Verdrängung

Jede Zeit hat ihre ganz speziellen Verirrungen. Die meisten davon sind solche, die man erst in der Rückschau als abwegig erkennt, wenn man sie von der Warte eines veränderten Wertesystems aus betrachtet. Man denke an die grausige Sitte mesoamerikanischer Kulturen, die Götter mit Strömen von Blut günstig zu stimmen; an die Fronarbeit Tausender indoktrinierter Freiwilliger bei der Errichtung der Pyramiden, die dem Wahn der Unsterblichkeit dienen sollten; an die Fundamentalismen aller Zeitalter, welche das allgemeine Heil versprachen und gemeinsames Unheil brachten. Auf der Suche nach Gleichgewicht und Sinn, nach Ordnungsprinzipien und obersten Zielen sind Menschen zu allen Zeiten grundlegenden Irrtümern zum Opfer gefallen: Narrheiten, die im Rückblick so unglaublich anmuten, dass man an der Vernunft der Menschen ernsthaft zweifeln muss. Man sollte meinen, dass die Menschen in diesen vielen tausend Jahren dazugelernt hätten. Wie man bald sehen wird, ist das aber ganz und gar nicht der Fall.

I Die Irreleitung

Auch gewährt es ein inniges Vergnügen (und was sollte wissenschaftliche Bemühung schließlich anderes gewähren?), wenn man sich das Rätsel der Entstehung des menschlichen Geistes erklärt, indem man eine sinnenfrohe Pause im Wachstum der übrigen Natur annimmt, eine Ruhe und Muße, die erst die Bildung des Homo poeticus erlaubte – ohne den der sapiens niemals entstanden wäre. »Kampf ums Dasein«, ach was!

Der Fluch des Kampfs und der Plackerei lässt den Menschen wieder zum wilden Eber werden, wirft ihn zurück auf die besessene Futtersuche des grunzenden Viehs.

Vladimir Nabokov, Erinnerung, sprich

Vladimir Nabokov hat mit seiner eher dem Wunsch als dem Wissen entsprungenen Bemerkung den Kopf des Nagels leider nicht getroffen: Nicht in einer sinnenfrohen Pause im Wachstum der übrigen Natur entstand der menschliche Geist, sondern mitten im Kampfgetümmel. Der Mensch, so wollen es die Anthropologen heute wissen, entstand in gefährlichen, unwirtlichen Gegenden Afrikas, bedroht von großen Raubtieren, ununterbrochen um Nahrung für sich und seine Brut kämpfend, wandernd, um neue Futterquellen und Obdach zu finden, getrieben von einer unstillbaren Sehnsucht nach dem Land, in welchem Milch und Honig fließen.

Heute, nach drei Millionen Jahren, hat ein nicht allzu kleiner Teil der Menschheit dieses uralte Ziel erreicht: Milch, Honig und noch viel mehr sind selbstverständlich geworden. Man hat die Tiefen des Meeres erforscht, den Weltraum erobert, kann sich über Kontinente hinweg in Sekundenschnelle verständigen. Ozean, Eis und Wüste sind bezwungen. Die uralten Antriebskräfte aber sind dieselben geblieben: Eroberungsdrang, Kampfeslust, Misstrauen gegenüber dem Unbekannten und Fremden, zunehmender Egoismus bei wachsendem materiellem Wohlstand. Vor etwas mehr als hundert Jahren mussten Bauernkinder aus dem Schwarzwald, aus Südtirol und der Schweiz noch als halbe Arbeitssklaven im Schwäbischen Frondienste leisten, um nicht hungers zu sterben. Heute tummeln sie sich, wohlgenährt oder gar überernährt, auf mit Kunstschnee bestäubten Pisten, genießen widerwillig kostenlose Ausbildung und ärgern sich über den eine Spur größeren Überfluss der Nachbarn. Wir scheinen dem Nabokov'sche Stadium des wilden Ebers, im Rückwärtsgang der Evolutionsgeschichte, wieder näher zu kommen. Dazu eine kleine Anekdote.

> Ein Tourist streunt an einem einsamen Strand Brasiliens dahin und trifft auf einen in der Sonne vor sich hin dösenden Fischer. Freundlich grüßend fragt er ihn: »Warum schläfst du schon am hellen Vormittag?« Der Fischer deutet träge auf den vollen Bottich in seinem Boot und bedeutet dem Fremden, dass es für den heutigen Tag zum Leben genug sei. »Würdest du aber nun weiterfischen, so könntest du dir um den Erlös ein zweites Boot kaufen, vielleicht auch einen Gehilfen anstellen. Du fingest dann noch mehr Fische und könntest schließlich sogar eine kleine Konservenfabrik aufbauen. Am Ende brauchtest du vielleicht überhaupt nicht mehr zu arbeiten und könntest am Strand in der Sonne faulenzen.« Der Fischer schiebt seinen Sonnenhut etwas nach oben, blickt den Fremden versonnen an und antwortet: »So wäre ich, Senhor, nach all diesen Mühen dann da, wo ich jetzt bin – am Strand, in der Sonne liegend.«

Zumindest für den so genannten zivilisierten Teil der Menschheit scheint der fragende Tourist recht repräsentativ zu sein. Beobachtet man die zufriedenen, freundlichen Menschen auf manchen Inseln im Indischen Ozean, ihre fröhliche, glückliche, fast kindliche Art, das Leben zu genießen, inmitten eines Lebensstandards, der nicht ein Zehntel jenes des Europäers oder Amerikaners ausmacht, und vergleicht ihre Mienen mit dem sorgenvollen, unruhigen Gesichtsausdruck der für eine Woche dort urlaubenden Touristen, so fällt es einem nicht schwer, festzustellen, wer das bessere Los gezogen hat. Warum aber hat dieser ganz offensichtliche Widerspruch keinen Niederschlag im Verhalten der Menschen gefunden? Woran liegt es, dass man immer und in jedem Fall übers Ziel hinausschießt, aus purer Gewohnheit und Gedankenlosigkeit auf Wegen fortfährt, die schon lange nicht mehr dorthin führen, wohin man einst aufbrach?

Ritt auf dünnem Eis

Es gibt eine ganze Reihe von Gründen. Sie liegen allesamt in den Tiefen des menschlichen Instinkts, der noch immer von jener afrikanischen Geschichte vor drei Millionen Jahren geprägt ist. Was damals gut und nützlich war, wird unter geänderten Umständen nur allzu schnell zur gefährlichen und verderblichen Narretei. Man kann sie definieren als den Unterschied zwischen einem Verhalten, das – logisch und nüchtern gesehen – zielführend ist (oder wäre) und jenem, welches uns aus dem Unterbewusstsein in Besitz nimmt, vor allem in Phasen des Zorns, des Ehrgeizes, der Wut, also immer dann, wenn Einsicht die Emotionen nicht mehr zügelt. Nun hat jede Zeit ihre Moden, Vorzüge, Schwächen und Narrheiten, welche sich aus der oben geschilderten Differenz ergeben. Diese nun sind ganz eigentlich der Gegenstand unserer Betrachtungen.

Die Malaise fängt schon mit dem an, was wir ganz selbstverständlich »Wahrheit« zu nennen belieben – ein Thema, das die gesamte Geschichte der Philosophie beherrscht. Es soll nun jene Betrachtungsweise erläutert werden, die vielen der nachfolgenden Überlegungen und Beobachtungen zu Grunde liegt. Wir müssen uns diesen Umweg wohl oder übel zumuten, denn er führt uns auf eine Warte, die eine gemeinsame und recht gute Übersicht über eine Verschlungenheit gestattet, die von anderen Gesichtspunkten aus unentwirrbar erscheinen muss.

Das »Erkenntnisauge« unseres Gehirns ist in sich weitgehend unveränderbar strukturiert und liefert unserem Bewusstsein demgemäß »Bilder«, die dem inneren Aufbau dieses Auges entsprechen, ganz so, wie ein Spiegel Bilder wiedergibt, die seiner Krümmung, Farbe und auch den Fehlern und Sprüngen, die er meist hat, entsprechen. Unserem Denken ist unverrückbar eingebaut, die Welt entsprechend den Gesetzen von Raum, Zeit, Ursache und Wirkung (wiederum Erfindungen und Hilfsmittel unseres Denkapparates) zu gliedern. Der Logik ganz und gar wesensgemäß wiederum ist die innere Architektur hierarchischer Strukturen auf der Ebene der Begriffe. Das Pascal'sche Dreieck, die Struktur eines Inhaltsverzeichnisses, die File-Architektur eines Computers, all das entspricht dem tief verankerten Grundbedürfnis unseres Denkens nach einer Rangordnung der Begriffe, in der jeweils ein Gedanke auf einer Reihe von anderen aufbaut. Dem Denken des Menschen wohnt gewissermaßen eine vorgegebene Sehnsucht nach einer solchen Hierarchie inne, damit dem der Logik eigenen Prinzip der Zurückführbarkeit auf immer allgemeinere Gesetze Genüge getan wird. Immanuel Kant hat diesen Komplex »apriorisch«, also nicht weiter erklärbar, genannt. Die Vorkämpfer der evolutionären Erkenntnistheorie (Epistemologie) und indirekt auch die Konstruktivisten haben allerdings dargelegt, dass auch dieses »Apriori« eine Geschichte hat, nämlich jene der Evolution des Gehirns, herauf über den gesamten Stammbaum des Lebens. Die Gelehrten streiten noch immer. Allein wir nehmen mit gutem Grund an, dass dies im Großen und Ganzen wohl stimmt.

Netzwerkdenken

Große Geister, wie zum Beispiel Schopenhauer, Glasersfeld, Förster oder Popper, greifen im Zuge ihrer Überlegungen auf einen riesigen Schatz an unmittelbar erinnertem oder durch sorgfältige Aufzeichnungen verfügbarem Wissen, Zitaten und Vorgedachtem zurück. Solche Bausteine der Weltkultur in eine Arbeit wie diese einzufügen und sie gebührend zu berücksichtigen, ist unabdingbar. Nur sehr wenig vermag man selbst neu auszudenken und dem verfügbaren Wissen hinzuzufügen. Das Beste und Originellste davon stammt meist aus dem persönlichen Augenschein und der Erfahrung. Dafür spricht auch die Aktualität, was die äußeren, der Zeit entspringenden Umstände betrifft. Die Möglichkeiten der modernen Informationstechnik bieten in diesem Zusammenhang neue Chancen zur Entwicklung der Kreativität und des Spiels mit Wissen und Vermutung. Ich habe – neben vielen anderen Methoden der Wissenssammlung und Ideenprovokation – bei meiner Arbeit an diesem Buch auch folgende Methode angewandt: Stieß ich auf einen Begriff, Namen oder Zusammenhang, der mir weiterer Verfolgung wert schien, so verwendete ich ihn in einer Internet-Suchmaschine sowie in verschiedenen elektronischen Lexika und sammelte jene Treffer, die erklärend, weiterführend oder provozierend wirkten. Durch diese Verknüpfung in einem fast unendlichen Bezugsnetz erhielt ich zahllose Anregungen oder stieß auf Widersprüche, die auf den üblichen Wegen nie oder nur unter viel größerem Zeitaufwand zu entdecken gewesen wären. Naturgemaß war dann die Arbeit, aus den vielen Seitenpfaden der Recherche und des Denkens jene auszuwählen, die brauchbar und nützlich waren oder zumindest Erfolg versprachen, umso mühevoller. Dennoch lieferte gerade diese Provokation eine Fülle »geistiger Mutationen«, deren »fittesten« der Beachtung wohl wert sind. Die wesentliche Motivation hinter all diesen Anstrengungen sollte es – ganz im Popper'schen Sinne – sein, eine Evolution der Ideen, einen Wettstreit besserer gegen gute Theorien und Hypothesen zu ermöglichen – wie mir scheint das einzige Mittel, einem realen, handfesten Kampf durch gedankliche Auseinandersetzung vorzubeugen.

Die Balance zwischen Festhalten an Überkommenem und Neuem zu finden, ist naturgemäß schwierig. Persönlicher Standpunkt und Denktradition, Fantasie und Mut zur Auswahl neuer Möglichkeiten, die Beurteilung des jeweils Passenden sowie des Gegensätzlichen fordern den kritisch Denkenden in vielen Belangen: im Wissen um das bereits von irgendjemandem Gedachte, der Vorausschau neuer Entwicklungen und deren Wechselwirkungen, der Abschätzung des Wünschbaren, Möglichen und Unerwünschten. Das alles hat sehr viel mit den Mechanismen der Evolution zu tun. Allzu leicht verfällt man in den Fehler des Konservativismus, aus Trägheit, Furcht oder Fantasielosigkeit dem Überkommenen allein anzuhängen. Nicht weniger verhängnisvoll ist es allerdings, in ungezügelter, revolutionärer Erneuerungswut alles Erprobte, und sei es auch noch so unzulänglich, insgesamt über Bord zu werfen. Dies gilt für die Praxis des Lebens genauso wie für das Abenteuer, ein Buch zu schreiben und sich auf eine kritische Diskussion mit klugen Lesern einzulassen. – Nun aber genug der Einleitungen.

Monetarisierung

Ein wesentlicher Motor für die steigende Spezialisierung, den immer höheren Organisationsgrad, die immer stärker wachsende gegenseitige Abhängigkeit der Menschen, die zunehmenden Verwicklungen menschlichen Zusammenlebens ist der Trieb zur Sicherung der eigenen Existenz mittels Speicherung materieller Güter, zur Umsetzung der in guten Zeiten erworbenen Mittel in langfristig gesicherte Macht. Eine entscheidende Dynamisierung erfuhr der Wirtschaftsprozess, als man dazu überging, den beschwerlichen und vielfach begrenzten Tausch von Gütern indirekt, über einen Wert-Mittler, eine neutrale Chiffre für Wert, ein Gleichnis für den Wert von Rohstoff und Arbeitsleistung, abzuwickeln, indem man das Geld einführte. Egal ob es sich um materiell in sich werthaltige Mittel, wie etwa Gold, Silber oder Kauri-Muscheln, handelt oder die für die Hintergründigkeit des ganzen Systems viel charakteristischeren Chiffren Papiergeld, Schecks, Schuldverschreibungen bzw. deren elektronische Varianten: Mit dem Geld erfolgte der endgültige Durchbruch zur langfristigen

Speicherung von materiellen und immateriellen Gütern. Erst die Chiffre Geld ermöglichte den Super-Hamster, das Mega-Eichhörnchen, die effizienteste Machtakkumulation-Spezies: die Menschheit. Geld wurde zu gefrorener Macht. Dieser Macht muss sich, folgend den Spielregeln des heutigen Zusammenlebens, den Hierarchien der Werte, zunehmend das gesamte gesellschaftliche, kulturelle und soziale Leben unterordnen. Geld hat die totale Herrschaft übernommen: Was einst Mittel zum Zweck war, ist zum Selbstzweck geworden.

Übergang ins Sinnlose

Für jede ausufernde, sich ins Extreme erstreckende Entwicklung gibt es in der Regel zwei Hauptmechanismen: eine starke, lang anhaltende Ursachenkomponente und eine damit verbundene positive Rückkoppelung, eine Selbstverstärkung der treibenden Kraft.

Im Fall des Wachstums wirtschaftlicher Systeme und der Anhäufung von Geldwert liegt dies in höchstem Maße in dem Macht- und Sicherheitsstreben des Menschen begründet – ein zutiefst biologisch verwurzelter Antrieb.

Machtanhäufung hat viele Beweggründe: Streben nach Ansehen und Prestige; Ausbreitung der eigenen Denk- und Handlungsmuster (Kulturdominanz); Sicherheitsbedürfnis; stabile Arbeitsteilung. Die tiefste Wurzel all dieser Antriebe aber ist das Bedürfnis nach Geltendmachung der eigenen Persönlichkeit, nach Sicherung der individuellen Existenz sowie – mittelbar – jener der Gattung Mensch. Letzteres hat, im Zweifel, immer den Vorrang. Wie alle positiv rückgekoppelten Phänomene beginnt allerdings ab einer gewissen Entwicklungsstufe dieses Triebgefüge außer Tritt zu geraten und sich selbst zu gefährden, wenn nicht neue Kräfte hinzukommen.

Ursprünglich fand die Konkurrenz zwischen Menschen im direkten physischen Kampf, im Wettbewerb um Nahrung, Raum und Sexualpartner statt. Erst in der arbeitsteiligen Gesellschaft tritt die Konkurrenz der Spezialisierten wesentlich hinzu: Der Wettkampf um den Broterwerb verlagert sich auf Spezialgebiete. Der Bäcker zum Beispiel wetteifert mit anderen Bäckern, um sein Einkommen zu sichern, um seine Werkstatt, die er, vielleicht mit geborgtem Geld, errichtet hat, auszulasten und seine Gesellen bezahlen zu können.

Aus dieser Wettbewerbssituation entsteht wiederum eine neue Qualität: der Angebotsmarkt. Wenn nicht mehr Nachfrage allein die Produktion lebensnotwendiger Güter regelt, sondern die Produzenten auf den Verkauf derjenigen Produkte angewiesen sind, auf welche sie sich irgendwann einmal spezialisiert haben (ganz gleich, ob diese Produkte wirklich noch gebraucht werden), so entsteht Druck auf den Absatz. Unser Bäcker wird daher vieles unternehmen, um seine Waren an den Mann zu bringen: Er wird die Qualität verbessern, günstige Preise bieten, neue Backwaren erfinden, Reklame machen, die Herstellungsmethoden revolutionieren. Die Produktion von Backwaren wird nach und nach, wegen des Drucks der Konkurrenz anderer Bäcker, eine eigene Wissenschaft; Technologien entwickeln sich neu (Dampföfen, Treibmittel, Rührmaschinen); die Produkte werden verfeinert (Zuckergüsse, Brezeln, Torten etc.) und die Verteilung raffiniert ausgefeilt (ausgeklügelte Vertriebssysteme, Werbesendungen in Radio und Fernsehen etc.). Dies alles kommt natürlich auch dem Verbraucher zugute, der sich einem steigenden Angebot an Waren gegenübersieht. Ohne die Konkurrenz zwischen vielen Spezialisten wäre all diese Vielfalt jedoch gar nicht zu Stande gekommen, wie uns die gescheiterte Planwirtschaft drastisch vor Augen geführt hat. In dieser wurde der gesamte Produktions- und Innovationsprozess gelähmt und brach letztendlich zusammen.

Dies alles wäre niemals geschehen, wenn nicht, um bei unserem einfachen Beispiel zu bleiben, die Bäckerkunst zu einem Spezialwissen, einem Beruf geworden wäre. Die Absonderung aber zwingt zu steter Anstrengung. Der beste Bäcker wird sicher überleben, der zweitbeste auch. Die letzen paar aber werden nicht bestehen können, wenn eine Krise, ein Einbruch im Absatz oder Ähnliches, eintritt. Und daher versuchen die meisten, vorne zu sein, größer zu werden, um Geld für schlechte Zeiten zu sparen oder ihre Konkurrenten unmittelbar zu überflügeln. Wer auf seinen Lorbeeren ausruht, seine Macht – relativ zu den anderen, Vorwärtsdrängenden – nicht zumindest gleich erhält, fällt zurück, wird kleiner und schwächer und verschwindet letztendlich vom Markt. Damit verliert er seine Existenzgrundlage und kommt mitsamt seiner Familie in wirtschaftliche Schwierigkeiten. Und wer will das schon? Hier sieht man den Zwang zum Wettbewerb, der von Natur aus Wachstum erzeugt, wiederum sehr deutlich. Die Wurzel all dessen aber ist und bleibt der Drang zur Macht und Absicherung der Macht, zur Anhäufung von Kapital als der haltbarsten Konserve dieser Macht.

Wie alles, was der Mensch im Laufe der Zeit für wichtig hält, eroberte sich langsam, aber sicher das Geld immer höhere Ebenen in der Pyramide der Werte, bis es zuletzt deren Spitze erklomm. Geld ist in den allermeisten Fällen zum Maßstab der Dinge geworden. Das Ansehen eines Menschen wird von seinem Besitz bestimmt, Geld ist weit über die ursprüngliche Wirtschaft hinaus zum Leitfaktor geworden: in Kultur, Gesundheitswesen, Erziehung, Sport, Freizeitgestaltung. Die Betriebswirtschaft, die Bewertung von allem und jedem in Geldeinheiten, hat die Spitze der Beurteilungs- und Zielpyramide erreicht. Bis zu einem gewissen Grad ist das auch gut und richtig. Zwangsläufig kommt es allerdings dabei zu Verzerrungen in der Sicht der Wertigkeit der Dinge, die dazu führen, dass jene Faktoren, die das Glück, das Wohlbefinden, die

Harmonie der Menschen ausmachen, zunehmend unter das Diktat der Betriebswirtschaft geraten und anderen Werten geopfert werden. Es gibt eine ganze Reihe seriöser Untersuchungen, die zeigen, dass ab einem gewissen Wohlstandsniveau das individuelle Wohlbefinden der Menschen von ihrer materiellen Lage unabhängig wird. Die Auswirkungen auf die Umwelt, die ökologischen Schäden, sollen hier, wegen der intensiven Befassung von Öffentlichkeit, Politik und Wirtschaft mit dieser Problemstellung, nur der Vollständigkeit halber erwähnt werden, obgleich das diesbezüglich bestehende Risiko zweifellos enorm ist.

Geld, ursprünglich ein höchst effizientes Mittel zum Zweck, ist zum obersten Ziel und damit zum alles beherrschenden Götzen geworden, wie in den alten Zeiten die Götter Baal und Mammon, die blutrünstige Götterwelt der Azteken, die fast ebenso grausame Theokratie der Inquisition oder die Idole menschenverachtender Systeme, wie Faschismus, Nationalsozialismus und Kommunismus. Einem einzigen Konstrukt werden alle anderen Werte menschlichen Zusammenlebens primitiv-geometrisch nachgeordnet und damit über das Leben eine Begriffs- und Wertepyramide gestülpt, welche dessen vielfach verästelter Struktur in keiner Weise entspricht. Wir haben es mit einer primitiven Monetarisierung der Welt und ihren Folgeerscheinungen zu tun; überhastete Globalisierung ohne Rücksicht auf kulturelle Verschiedenheiten, Unterbewertung ökologischen Kapitals, Entmenschlichung des Arbeitslebens, Kommerzialisierung der Kultur und des Geisteslebens, geschäftsmäßige Ausbeutung jugendlichen Unverstands ohne Rücksicht auf die späteren, oft irreparablen Folgen im Gemüt junger Menschen, gräuliches Business mit virtueller Gewalt und Pornografie, kommerzielle Verwertung von Tabubrüchen sind einige davon. Die Ursache für alle diese Verirrungen und ernsten Narrheiten liegt in der unheilbaren Sucht des Menschen, auch Werte und Ziele in eine pyramidenförmige Hierarchie zu pressen, wie es eben seinem quadratisierenden Intellekt entspricht.

Pyramidenbau der Werte

Die fundamentalen Regeln der Gemeinschaft sind dem Menschen von seinen Vorfahren vererbt. Die Feinheiten des Sozialverhaltens allerdings müssen immer wieder neu entwickelt und stabilisiert werden. Sie entstehen über lange Zeiträume und werden durch Anschauung, Belehrung und Anpassung von Generation auf Generation übertragen. Dieser Prozess ist der Bildung von Geröll und Geschiebe in einem Flusslauf vergleichbar, wobei die einzelnen, ursprünglich recht kantigen Egoismen der Individuen sich in einem langwierigen (und ganz und gar nicht schmerzfreien) Prozess aneinander abschleifen, bis die gegenseitige Behinderung und Verletzung auf ein Minimum reduziert ist.

Auch Werte und Zielvorstellungen haben ihr Eigenleben, widersprechen einander, sofern sie nicht netzwerkartig angeordnet und organisiert sind. Von neuem tritt jetzt das vom Intellekt gebieterisch geforderte pyramidenförmige Ordnungsbedürfnis auf den Plan. Daraus wiederum folgt der ewig unentschiedene Kampf um die Ziele, welche das gesellschaftliche Leben, die Verteilung der Güter und die Prioritäten im Allgemeinen bestimmen.

Es liegt demnach in der Natur der Sache, dass dem an der Spitze eines gesellschaftlichen Wertesystems stehenden Prinzip alle anderen Werte nachgereiht werden. In sich strebt das System wiederum nach Logik, Erklärbarkeit und Übersichtlichkeit. Wenn sich diese Ordnung nicht den stets in Wandlung begriffenen äußeren Bedingungen anpasst, kann sie als Ganzes durchaus unsinnig werden, wie ein kurzer Blick in Geschichte und Gegenwart erweist.

Ein unfehlbarer Prüfstein für das Erkennen der jeweils gerade im Schwange befindlichen Unsinnigkeiten ist der Kant'sche Kategorische Imperativ in seiner volkstümlichen Fassung: »Was du nicht willst, dass man dir tu, das füg auch keinem andern zu.« Gemessen an dieser Formel, die für den einzelnen Menschen in der Gesamtheit der Gesellschaft den kleinsten gemeinsamen Nenner oder das größte gemeinsame Vielfache oder die maximal mögliche Harmonie, wie immer man dies bezeichnen will, sucht, sind die Spitzen der Ziel- und Wertepyramiden so mancher geschichtlichen Epoche geradezu kontraproduktiv. Genau dieser Satz lässt ja die Narrheiten offen zu Tage treten, welche der Gegenstand dieses Buches sind, vermittelt aber auch die Erkenntnis, dass es sich hier auch um einen Prozess der Koevolution handelt, um die Entstehung eines Systems wechselweiser Beeinflussung von verursachenden Kräften und neu geschaffenen Verhältnissen, die wieder auf ihre Ursachen zurückwirken: Die Katze beißt sich in den Schwanz.

Entstehung und Einbau neuer Werte

Viele Menschen begegnen den heute ablaufenden Veränderungen im System mit Fatalismus. Die Sachzwänge, die Eigendynamik des Systems sind so stark, dass auch Staatenlenker, Politiker und Generaldirektoren internationaler Konzerne diesem Wandel ohnmächtig gegenüberstehen. Sie alle sind Zauberlehrlinge oder Wasserträger des Systems, Maschinisten einer selbst konstruierten Höllenmaschine. Dazu wieder eine kleine Anekdote.

> Ich war lange Zeit Generaldirektor großer Unternehmungen. Insbesondere zu Anfang dieser Periode meines Lebens hatte ich oft den Eindruck, dass meine Mitarbeiter und andere

> Beobachter meines Tuns annähmen, ich säße als Lenker und Herr auf dem Rücken eines machtvoll einherschreitenden Elefanten, der auf meine Befehle und Hinweise, wenn auch mit einer gewissen zeitlichen Verzögerung, gehorsam reagierte. Ich selbst allerdings hatte ein ganz anderes Gefühl: Mir war, als wäre ich ein Eichhörnchen, das auf dem Rücken dieses Riesenviehs hin- und herhuschte und jenes ganz unabhängig von meinem Huschen unbeirrt dahinschritte. Erst als ich lernte, ihm die richtigen Vorschläge ins Ohr zu flüstern, gehorchte es – allerdings auch nur hin und wieder. Man kann auch in einem System scheinbar unbezähmbarer Sachzwänge Änderungen herbeiführen, freilich nur mit unendlicher Geduld und unter Berücksichtigung vieler Faktoren, die später zu erörtern sein werden.

Eine grundsätzliche Frage ist, wie neue soziale Verhaltensweisen entstehen, sich gegen alle Widerstände durchsetzen und zum allgemeinen Standard werden können. Es leuchtet ja keineswegs unmittelbar ein, wie ein neuer Standpunkt oder eine originäre uneigennützige Handlung, die vorerst einmal zu Nachteilen für den »Pionier« führt und für welche er erst spät – wenn überhaupt – den Genuss der Anerkennung, des Feedbacks und des Nutzens für die Gesellschaft ernten kann, die Anfangswiderstände überwindet und sich letztendlich als Standard durchsetzt. Schließlich gibt es ja bei weitem nicht genug Heilige, die dieses »Kreuz der Pioniere« gerne und in der Hoffnung auf jenseitige Belohnung auf sich nehmen. Man müsste doch meinen, dass der Einzelne das »schlechte Geschäft«, das er macht, erkennt und auf sein persönliches Opfer zu Gunsten späteren Nutzens für die gesamte Gesellschaft, und damit auch für sich selbst und seine Nachkommen, lieber verzichtet.

Dennoch existieren selbstlose Verhaltensweisen, die weitestgehend selbstverständlich geworden sind und das

Zusammenleben der Menschen regeln. Viele davon sind erst in den letzten Jahrzehnten entstanden; an deren Entstehungsgeschichte lässt sich das scheinbare Paradox anschaulich auflösen. Ein prägnantes Beispiel ist die Entwicklung ausgeprägten individuellen Umweltbewusstseins in den letzten dreißig Jahren, ein anderes das Tabu, Menschen nicht mehr wegen ihrer Hautfarbe, Religion oder Sprache zu hänseln und zu diskriminieren. Dies ist erst seit wenigen Jahrzehnten state of behavior in der zivilisierten Welt. Wie hat sich nun, als Fallbeispiel des Durchsetzens einer neuen Verhaltensweise, der Umweltschutz als Gedanke zu einem starken gesellschaftlichen und auch gesetzlich wirksamen Kodex tatsächlich entwickelt?

In den Siebzigerjahren des vergangenen Jahrhunderts bildeten sich in den USA und in Europa kleine Gruppen, die mit großer Sorge und zunehmender öffentlicher Resonanz die Zerstörung von Ökosystemen zum Gegenstand der Betrachtung machten. Eine solche Bewegung entstand auch in Österreich, insbesondere anlässlich der Planung und Errichtung einer Reihe von großen Wasserkraftwerken, eines Atomkraftwerks und eines kalorischen Großkraftwerks. Diese Bewegungen kamen durch ihre Kritik in einen schweren Konflikt mit mächtigen Organisationen: der Gewerkschaft, die einen Verlust von Arbeitsplätzen im Kraftwerksbau befürchtete; der Baulobby, die um ihre Geschäfte bangte; den Elektrizitätsversorgern, welchen höhere Kosten durch zusätzliche Umweltschutzeinrichtungen und Verzögerung von Investitionen drohten. Die Kräfteverhältnisse waren zu Anfang dieses Prozesses sehr ungleich. Eine kleine Gruppe von Aktivisten stand einem mächtigen Block etablierter Kräfte gegenüber. Allmählich aber verschob sich das Gleichgewicht immer mehr zu Gunsten der Grün-Bewegung. Durch intensive Öffentlichkeitsarbeit, unterstützt von auflagenstarken Printmedien und dem Rundfunk, publikumswirksame Aktionen und Demonstrationen gelangte das Anliegen immer mehr in den Brennpunkt öffentlichen Interesses. Die zunächst auf der Seite der Mächtigeren stehenden Politiker der traditionellen Parteien wurden in ihren Positionen immer unsicherer, begannen zu schwanken und surften schlussendlich auf einer Welle öffentlichen Interesses, welche sie selbst keineswegs ausgelöst, ja anfangs sogar bekämpft hatten. Zu guter Letzt siegte das Anliegen der Aktivisten, fand Eingang in Gesetzes- und Regelwerke, in die Ausbaupläne der Kraftwerksbauer, die sich nun sogar ihrer guten Taten im Sinne der Umwelt zu rühmen begannen und sie zum Gegenstand breiter Werbekampagnen machten. So wurde eine zu Anfang singuläre und von ihren Initiatoren viele persönliche Opfer fordernde Idee letztendlich fixer Bestandteil eines Ethos, welches die ganze nachwachsende Generation erfasste.

Übergang vom Egoismus zur Uneigennützigkeit

Was war geschehen? Einzelpersonen beobachteten Ereignisse, die ihr ureigenstes Interesse berührten. Sie übertrugen diese Sorge auf eine kleine Gruppe, die von denselben Risiken bedroht war. Diese Gruppe artikulierte ihr Anliegen und die daraus abzuleitenden neuen Verhaltensweisen so intensiv, dass andere, deren Interessen zwar nicht unmittelbar, aber doch latent bedroht schienen, sich mit den »Pionieren« solidarisierten. Man verlangte Maßnahmen und Verhaltensänderungen von mächtigen Dritten, die zuzugestehen diese zu Anfang nicht bereit waren. Erst eine Welle der Solidarisierung zwang das Establishment zum Umdenken, die damit verbundenen Kosten und Mühen auf sich zu nehmen, um den artikulierten Interessen einer wirklichen (oder scheinbaren) Mehrheit zu entsprechen. Ganz wesentlich an diesem Prozess scheint, dass die Belastungen für die Erfüllung der Anliegen, also der »altruistische Preis« für das neue Ethos, vorerst von anderen

Gruppen der Gesellschaft zu tragen waren, obgleich im Endeffekt alle Bürger für die Primärgruppe aufzukommen hatten. Es ist ungewiss, ob es gelungen wäre, den Umweltgedanken in Sitte, alltäglichem Verhalten, Gesetz und Verordnung so dauerhaft zu verankern, wenn nicht zu Anfang seiner Entstehung jene Trennung zwischen Vorteil für die eine Gruppe und Bezahlung des »altruistischen Preises« durch eine andere gestanden wäre. Erst nachdem sich die neue Idee in der Gesellschaft verfestigt hatte, war man wohl oder übel dazu bereit, solidarisch auch ihre Folgekosten zu tragen. Es scheint so, als ob eine neue gesellschaftliche Regel, welche der Erhaltung der Stabilität des Ganzen dient, sich nur dann durchsetzen kann, wenn folgende Umstände vorliegen:

1. Ein starkes Motiv einer kleinen Gruppe, welches latent auch eines der Gesellschaft ist oder werden könnte.
2. Hoher Leidensdruck und Einsatzbereitschaft dieser Gruppe.
3. Die Möglichkeit, die Anliegen lautstark zu artikulieren.
4. Die Möglichkeit, die Gesellschaft emotional und rational dafür zu mobilisieren.
5. Die Möglichkeit, auf die reaktionären Kräfte Druck auszuüben und die Entscheidungsträger umzustimmen.
6. Die Übertragung des »altruistischen Preises« auf die reaktionäre Gruppe.
7. Nach Eintreten des Umschwunges Verteilung des »altruistischen Preises« auf die Gesellschaft.

Fehlt nur eine dieser Komponenten, so kann sich ein neuer Bestandteil des allgemein akzeptierten Verhaltens- und Moralkatalogs nicht dauerhaft verfestigen. Man sieht an diesem Beispiel, dass ohne eine gehörige Portion Selbstentäußerung, Opferbereitschaft, Geduld, Glauben und Mut keine neuen Regeln in ein bestehendes System Eingang finden können. In diesem Sinne ist »der Heilige« durchaus unverzichtbar.

Wie aber, so fragen wir uns jetzt, kommt eine Entscheidung zu Stande? Wie viel davon ist logisch, und inwieweit wirkt die Intuition? Ohne zahllose Entscheidungen vieler Menschen vermag ja auch kein größerer Veränderungsprozess in Gang zu kommen.

Weggabelungen

Die Entstehung von Entscheidungen ist eine knifflige Sache. Wie bei allen psychischen Prozessen kann man sich selbst dabei nur sehr unvollkommen und vage beobachten – wie ein Fotoapparat, der sich selbst ja auch nicht oder nur unter Zuhilfenahme eines Spiegels fotografieren kann, was allerdings das gesamte Bild grundlegend verfälscht. Noch krasser wird's, wenn man das Bild aus einer Videokamera auf dem Bildschirm mit gerade dieser Videokamera zum Zeitpunkt der Wiedergabe aufnimmt – es entsteht eine chaotische, sinnleere Abfolge von Schlieren und Streifen. Wir haben aber keine besseren Erkenntnismöglichkeiten, was die psychischen Vorgänge anbelangt. Darum sei es trotz der geschilderten Unzulänglichkeit gewagt, einen Blick in diesen Entscheidungsprozess zu tun.

Zuerst einmal steht man vor der Situation, zwischen Alternativen wählen zu müssen, zum Beispiel an einer Weggabelung. Nehmen wir an, dass wir keine Landkarte haben und unser Problem somit nicht ein rein logisches, sondern auch ein von beträchtlichen Unsicherheiten erschwertes ist. Wir beginnen zu überlegen, in welcher Richtung, von unserem aktuellen Standpunkt aus gesehen, das Ziel womöglich liegen mag. Wir prüfen den Horizont, die Gliederung der Landschaft, vergleichen mit der Erinnerung und versuchen uns vorzustellen, welcher der zur Wahl stehenden Wege in dieser Landschaft wohl am wahrscheinlichsten zum Ziel führen könnte. Wir fragen einen zufällig vorbeikommenden Wanderer um Auskunft, schätzen die Zuverlässigkeit seiner etwas unsicheren Empfehlung ein, die uns für einen Moment noch schwankender macht.

Dann beginnt die Summe all dieser faktischen Informationen in einem wilden Durcheinander in unserem Bewusstsein zu blubbern, die einzelnen Eindrücke werden wie Knochen und Zutaten in einer Suppe zusammen gekocht und ergeben ein Aroma, das nach einer weiteren Phase des Zögerns und Schwankens zu einer plötzlich wie Blasen aus dieser Suppe aufsteigenden Entscheidung führt: »Ich nehme den Weg nach links.« Dieser letzte Kick, der uns aus der Unentschlossenheit hinauskatapultiert, in eine neue Phase des Tuns, die aber sofort wieder vom Zweifel, ob die Entscheidung auch richtig war, belastet ist und zu erneuter Aufmerksamkeit zwingt, spielt sich ohne Ausnahme in einer Sphäre des Bewusstseins ab, die dem Willen, wie wir ihn gewöhnlich definieren, nicht zugänglich ist. Wir bestimmen lediglich die Zutaten der Entscheidungssuppe, rühren um, kochen sie unter mehr oder weniger intensivem Nachdenken und Abwägen der Wichtigkeit der diversen Zutaten auf. Welche Blase mit welchem Geruch letztendlich aufsteigt und uns zu einer Aktion, einer Schlussfolgerung, einer Entscheidung veranlasst, ist jedoch in letzter Konsequenz kein logischer Prozess. Je ungenügender und unsicherer die Voraussetzungen für einen solchen Vorgang sind, desto ausgeprägter irrational ist dieser Kochvorgang. Er spielt sich bei zahllosen Anlässen des täglichen Lebens – siehe das Beispiel oben –, aber auch in wichtigen und unumkehrbaren Lebenssituationen ab: bei der Annahme eines Heiratsantrages, dem Drängen eines stürmischen Liebhabers, der Prognose des weiteren Verlaufs eines Erkrankung oder in den letzten Sekunden der Entscheidung eines notorischen Wechselwählers in der Wahlzelle.

Macher und Denker

Bei allem, was gedacht, geschrieben und gesagt wird, sollte man stets mindesten zwei Gesichtspunkte fest im Auge behalten. Erstens, dass Menschen sehr verschieden sind und nur ihre zentralen Eigenschaften, wie Zweibeinigkeit, aufrechter Gang, Zugehörigkeit zu den Säuge»tieren« etc., und – vor allem – der allen anderen Lebewesen überlegene Erkenntnisapparat allen gemeinsam sind. Was man denkt und sagt, ist daher in vielen Belangen nicht allgemein gültig. Zweitens sind die Schwerpunkte und Betrachtungsweisen, welche man einem bestimmten Thema gerade aufzwingt, in der Regel Methoden der Vergewaltigung dieses Themas, Schnitte durch ein feines Netz oder besser: Gespinst von Wirkungsbeziehungen, die durch unseren flachen Verstand recht unsanft glatt durch dieses lebendige Fleisch von Wechselwirkungen schneiden. Frei nach G. C. Lichtenberg: »Wäre der Mensch ein Bär, so müsste man ihn den Vereinfachungs- oder Plattbären nennen.« Diese beiden Grundbedingungen sollte man auch bei der folgenden Überlegung im Auge behalten.

Man kann Menschen, insbesondere deren männliche Ausgaben, grob einteilen in Denker und Macher, Nachplauderer und Mitläufer, Herdenwesen und Eigenbrötler, Originale und Kopien. Insbesondere die Unterschiede zwischen jenen Typen, die man den Originalen zuordnen kann, also die Denker und Macher (und deren edelste Kombination, die Künstler), stellen in ihrer Wechselwirkung ein besonders interessantes Thema dar.

Das Denken hat die Natur aller Wahrscheinlichkeit nach hervorgebracht, weil es, vor das Tun gestellt, besonders günstige Voraussetzungen für erfolgreiches Handeln schafft, und nicht als Selbstzweck. So wie bei vielem, was der Mensch so treibt, wurde von manchen Individuen auch das Denken fast zum Selbstzweck gemacht: von Programmierern, Konstrukteuren von Kreuzworträtseln, Kartenspielern, Mathematikern, theoretischen Physikern und Philosophen. Reine Denker haben zu ihren Lebzeiten – mit wenigen Ausnahmen – gegenüber den so genannten Machern immer viel weniger Ansehen genossen. Feldherren, Kaiser und Könige, Entdecker und Eroberer, heutzutage die Manager füllen Geschichtsbücher, Zeitungen und Titelseiten der Hochglanzjournale. Oft erst nach Jahrhunderten, fast immer erst nach deren Tod, entdeckt man den Wert der Lebensarbeit vieler Denker: Andere beuten deren Erkenntnisse und Ideen für ihr Tun aus. Mit diesem Wissen tröstete sich zum Beispiel zeit seines Lebens der bis zu seinen späten Jahren völlig unbeachtete Philosoph Arthur Schopenhauer. Die Tat überzeugt sofort, wenngleich ihre Auswirkung recht oft schon nach kurzer Zeit enttäuscht oder entsetzt. Dies gilt für die Nachwehen des Wirkens Alexanders des Großen, Napoleons, Hitlers, Stalins ebenso wie für Lyndon B. Johnson, der den Vietnamkrieg zu irren Dimensionen aufblähte, gloriose Manager, welche gewaltige Konzerne auf Sand aufbauten und dann wieder zerstörten, sowie manche Populisten, die das Gleiche mit ihren Parteien vorexerzieren. Das leise Rufen jener, die beizeiten das Irre im Handeln dieser Macher erkannten, verhallte ungehört im brausenden Jubel der vom Glanz des Augenblickserfolgs und des mutigen Zupackens Geblendeten.

Zweifellos kann man ohne dieses mutige Zupacken in einer immer schneller sich drehenden Welt nicht erfolgreich – im landläufigen, materiellen und machtbezogenen Sinne – existieren. Ebenso unbezweifelbar ist aber, dass die fluchwürdigen Auswirkungen vieler Zupacker und Macher sehr viel Elend in die Welt gebracht haben. Es liegt eben in der Natur der raschen Tat, dass ihr meist wenig Überlegung und Folgenabschätzung zu Grunde liegt. Die Tat ist in den allermeisten Fällen opportunistisch und lässt Langfristfolgen außer Acht. Dies gilt auch in steigendem Maße für die Macher unter den

Forschern. Durch die zunehmende Kommerzialisierung der Wissenschaften erfolgt eine Auslese derjenigen, welche Resultate hervorbringen, die möglichst schnell in klingende Münze oder Macht umgesetzt werden können. Bekannte Beispiele sind die Kernforscher in der Zeit des Zweiten Weltkriegs und danach, die Entwickler von Pestiziden und Medikamenten, in jüngster Zeit die Bastler am Genom. Kurzfristig lassen sich mit den Ergebnissen dieser Forschungen eindrucksvolle Erfolge erzielen – man denke an die friedliche Nutzung der Kernkraft, das Insektizid DDT, die Darstellung sehr wirksamer Behandlungsmethoden durch die Genforschung. Die langfristigen, teilweise verheerenden Wirkungen zumindest im Fall der ersten beiden Beispiele zeigen jedoch, dass es besser gewesen wäre, die Auswirkungen dieser von Machern forcierten Entdeckungen auch in ihrer letzten Konsequenz zu studieren.

Die Eigenschaft des Menschen, immer wieder in unentdeckte Räume vorzustoßen, war eines seiner Erfolgsrezepte. Im letzten Jahrhundert gingen diese Räume, zumindest auf unserem Planeten, zur Neige, die Lust an der Ausbreitung jedoch nicht. Sie verschaffte sich, in Konkurrenz des Menschen mit sich selbst, vorübergehend Luft, bis hin zu zwei Kriegen, welche die ganze Erde umspannten. Jene Triebe, die zur Ausbreitung drängen – Neugier, Lust am Unbekannten, Wagemut, Eroberungs- und Herrschsucht – und die in vergangenen Epochen dem Menschengeschlecht Vorteile gegenüber allen anderen Lebensformen verschafften, beginnen sich zunehmend gegen den Menschen selbst zu richten. Sie werden, im Ganzen betrachtet, zu Narrheiten, die ihm immer mehr schaden, je zahlreicher er vorkommt. Es setzt zudem ein Umwandlungsprozess dieser uralten Kräfte ein, indem diese sich neue Betätigungsformen suchen, die in manchen Fällen segensreich sind, in vielen aber buchstäblich närrisch anmuten – man denke an Ersatzhandlungen, die mit Erfolg auch kommerziell genutzt werden, wie gewaltige Sportveranstaltungen, blutige Nasen bei Boxkämpfen vor Millionen TV-Zusehern, Bungee-Jumping, Rafting, private Autorennen auf öffentlichen Straßen, die Aufstellung der unsinnigsten Weltrekorde für das Guinness-Buch und Ähnliches mehr.

Das Umsetzen in die Tat, das Machen, hat sehr viel mit des Abendländers bilderloser Denkweise, einem linkshirnigen Herangehen an die Welt, zu tun. Logisches Denken bedingt erstens eine enorme Vereinfachung der »Wirklichkeit«, was immer das sein mag. Zum Zweiten erfolgt es gewissermaßen hintereinander, also auf einem sehr schmalen und mit wenig Aussicht auf die »Umgebung« ausgestatteten Pfad durch das Gewirr der Wirklichkeit. Unser (logisches) Denken, Reden und erst recht Schreiben gleicht dem fein gebündelten Strahl einer Taschenlampe, der ein in totaler Finsternis befindliches Aquarium absucht. Nur Bruchteile und Ausschnitte, das zufällig vom Lichtstrahl gerade Erfasste (auf unser Gleichnis umgelegt: ein Glied der logischen Kette), wird sichtbar bzw. bewusst. Alle anderen Inhalte des Aquariums und dessen Bezüge zu dem gerade Beleuchteten bleiben verborgen und ungedacht. Erst durch Speicherung der zahllosen Einzelbilder kann eine Erinnerung des Ganzen entstehen, die aber nur als Bild möglich ist, nicht als erhellende, vollständige Beschreibung. Eine solche füllte wohl mehrere Seiten, und nur ein Poet wäre im Stande, seinem Leser ein halbwegs realistisches Bild des Aquariums durch das Wort zu vermitteln. Das ist eine der ganz großen Schwächen des derzeit so hochgepriesenen logischen Denkens: Es liefert Ketten, aber keine Netze, geschweige denn Gespinste in den vielen Dimensionen, wie sie die so genannte reale Welt vermutlich ausmachen. Dieser Exkurs, Ihre momentane Lektüre, ist also, wie alle Produkte von Gedankenketten, schon wieder höchst lückenhaft und umhertappend. Ich bin aber nun einmal leider kein Maler.

Ein in Bildern denkender Mensch hingegen hat sehr viele Aspekte eines Gedankens im Bewusstsein gegenwärtig, viele

Bezüge bilden sich in seiner Psyche gleichzeitig, er denkt nicht, wie es heutzutage mit einem sehr unbegründeten Schuss Arroganz heißt, »klar«, sondern schafft und vermittelt Eindrücke, die naturgemäß durch Sprache oder Schrift nur ganz unvollkommen wiedergegeben werden können, wie das auch bei einem Van-Gogh-Gemälde der Fall ist. Die zahllosen Einzelbilder des Rasters, der durch den Strahl der Taschenlampe entstand, haben sich durch Erinnern und Zusammensetzen in seinem Gehirn zu einem geschlossenen Bild gefügt, das aber durch die Dreidimensionalität unseres Vorstellungsvermögens wiederum unvollständig ist. Daraus erklärt sich auch, weshalb ein gutes Gedächtnis so besonders wichtig ist, um eine geschlossene, erfolgreiche, das heißt nachprüfbare Theorie zu entwickeln. Das reine Tatsachenwissen hilft dabei nur wenig, Ahnungen von Zusammenhängen in Verbindung mit den heute gegebenen Möglichkeiten zur Informationsbeschaffung schon mehr, und eine Kombination von allem dem mit einem phänomenalen Gedächtnis macht wohl das so genannte Genie aus: eine Psyche, die Bild mit Logik, Einzelheit mit Zusammenhang, Augenschein mit Abstraktem, zufälligen Gedankenblitz mit bekannten Systemen zu neuen, umfassenderen Paradigmen verbinden kann. Verstehen werden es aber die wenigsten. Nur durch einen wachsenden Kreis von Bewunderern erreichen derartige Ausnahmeerscheinungen, oft erst lang nach ihrem Tod, die Anerkennung der nachplappernden Menge. Taten aber haben ähnliche Strukturen wie logische Gedanken: Sie spielen sich, folgend logischen Überlegungen, in Raum und Zeit ab, haben also in allen Fällen einen unvollkommenen, nicht ganz zu Ende erfühlten und gesehenen Hintergrund. Dazu kommt, dass der letzte Entschluss zu einer Tat immer auf einem unbewussten Ruck, auf einer Entscheidung irrationalen Ursprungs beruht, die erst nach den ersten paar Schritten des Handlungsablaufes als richtig oder falsch erkannt und bewiesen werden kann.

So kommt es, dass das Menschengeschlecht in zunehmendem Maße damit beschäftigt ist, all seinen Scharfsinn, all seine Tat- und Erfindungskraft dazu zu verwenden, die negativen Folgen einer bereits vollbrachten Taten zu korrigieren. Es stellt sich die Frage, ob der Siegeszug der Macher nicht schon bald an eine Grenze gelangt, die durch das Verschwinden der weißen Flecken auf der Weltkarte, eine wachsende Weltbevölkerung, den Verlust der Unabhängigkeit der Macher sowie durch eine zunehmende Sensibilisierung der Gesellschaft gezogen ist. Bis zum heutigen Tag jedenfalls sind Wagemut, Zupacken und das Umsetzen von – meist recht einfachen – Plänen ein Erfolgsrezept. Da sich die oft negativen Folgeerscheinungen erst später zeigen, besitzen diese Eigenschaften auch einen hohen gesellschaftlichen Stellenwert, verschaffen Anerkennung, Erfolg und Ansehen bei beiderlei Geschlecht, während der Nachdenkliche als ein von des Gedankens Blässe angekränkelter Zauderer, Mahner und unnützer Geselle gilt und in der heutigen Gesellschaft eher störend, ja sogar lästig wirkt (sofern er diese Eigenschaften nicht beruflich nutzt, wie zum Beispiel Journalisten oder Filmemacher, die paradoxerweise zum realen Erfolg ihres Rezepts wiederum einen gehörigen Schuss Machertum benötigen).

Andererseits ist es praktisch unmöglich, vermittels der gerade im Entstehen begriffenen Disziplin der Wissenschaftsfolgen-Abschätzung die langfristigen systemischen Auswirkungen neuer Entdeckungen richtig einzuschätzen. Konsequent zu Ende gedacht, müsste daher die Umsetzung fast jeder neuen Entdeckung verboten werden – eine Maßnahme, die praktisch nicht durchsetzbar und auch schädlich wäre, was Neuerungen anbelangt, die wirklich segensreich für den Menschen sind.

Man scheint sich also tatsächlich an einem Wendepunkt in der Geschichte der erobernden und erfinderischen Triebe des Menschen zu befinden. Das rechte Maß zu finden, wird für die Zukunft des Lebens auf der Erde von ausschlaggebender Bedeutung sein wird. Die grundsätzlichen Fragen lauten:

1. Wie kann man den uralten Kräften, die einst, in einer noch naturbelassenen Umwelt, dem Menschen zum Überleben dienten, neue Bahnen weisen, in welchen sie wieder Nutzen stiften? Ist das überhaupt möglich? Und wenn Ja – wie?
2. Wie lassen sich Instinkte und Triebe mit einer auf Einsicht und Systemwissen beruhenden Vernunft in ein stabiles Fließgleichgewicht bringen?

Die Beantwortung dieser elementaren Fragen, vor allem aber die Umsetzung der Antworten in die Praxis, würde das Problem der auf dem Kopf stehenden Zielpyramide, das derzeit unser aller Treiben bestimmt, lösen. Der Zweck würde nicht mehr zum Ziel umgefälscht, sondern der Wettlauf des Menschen mit sich selbst harmonisiert, das so genannte Böse im Konrad Lorenz'schen Sinne zum Treibstoff für das Wohl aller. Realistischerweise muss man davon ausgehen, dass sich das Instinkt-Instrumentarium des Menschen in einem überschaubaren Zeitraum nicht fundamental ändern wird. Derartige Mutationen benötigen zumindest Jahrtausende. Der elementare Wille zum Sieg, schneller, besser, reicher zu sein, zum Anhäufen von Gut und Geld als dem Tiefkühlgut der Macht wird sich nicht dauerhaft abtrainieren lassen. Die Möglichkeit der positiven Beantwortung der beiden Fragen besteht, wenngleich offen ist, wie man an dieses Titanenwerk herangehen soll. Dann könnte sich Schopenhauers nicht von allen geteilte Meinung von der im Grunde sozial bestimmten Motivation des Menschen als wahr und segensreich zugleich erweisen:

> … dass sein Wesen an sich mehr in der Gattung als im Individuum liegt. Denn jenes Interesse an der speziellen Beschaffenheit der Gattung, welches die Wurzel aller Liebeshändel,

> von der flüchtigsten Neigung bis zur ernstlichsten Leidenschaft, ausmacht, ist jedem eigentlich die höchste Angelegenheit, nämlich die, deren Gelingen oder Misslingen ihn am empfindlichsten berührt; daher sie vorzugsweise die Herzensangelegenheit genannt wird: auch wird diesem Interesse, wenn es sich stark und entschieden ausgesprochen hat, jedes bloß die eigene Person betreffende nachgesetzt und nötigenfalls aufgeopfert. Dadurch also bezeugt der Mensch, dass ihm die Gattung näher liegt als das Individuum und er unmittelbarer in jener als in diesem lebt.
>
> *Die Welt als Wille und Vorstellung*

Ohne teilweise radikale Änderung der Zielorientierung der Gesellschaft, ohne einen Umbau der Zielpyramide und wahrscheinlich auch deren Neukonstruktion durch Aufsetzen mehrerer Spitzen wird sich dies allerdings nicht bewerkstelligen lassen.

Lust auf Pyramidenbau

> Ein babylonischer Turm der Ordnung soll da aus dem doch stets verstreut herumliegenden Materiale eines Lebens gebaut werden. Aber es ist nur ein sehr hoher Hut, den einer am End' so vorsichtig auf dem Kopfe balancieren muss, dass er keinen Fuß mehr vor den anderen setzen kann. Natürlich darf nichts mehr heran, nichts darf sich mehr anfügen: gleich hängt es, wie eine gebrochene Vogelschwinge, herab, gleich ist wieder einmal die werdende Einheit und Beruhigung eines solchen Lebens tief gestört, das Schema nämlich, die Errichtung eines zweiten, eines Anti-Lebens, denn nichts anderes ist diese Einheit.

So treffend charakterisierte Heimito von Doderer in seinem Roman »Die Dämonen« einen Menschen, der – allerdings nur vorübergehend – versucht, sein Leben über Gebühr zu organisieren, zu strukturieren und alle anderen als die diesem Konstrukt entsprechenden Aspekte auszuschließen, ja auszublenden, sich dafür sozusagen selbst blind zu machen. Auch Gesellschaften vermögen durchaus, sich gegen viele Eindrücke, Überlegungen und Schlussfolgerungen zu immunisieren – meist zu ihrem Nachteil.

Bemerkenswert ist, dass viele Kulturen, die ideell, religiös und politisch eine hierarchische Gliederung aufwiesen, als wichtigste Bauwerke und Monumente Pyramiden – manche davon in gigantischen, zu Weltwundern erklärten Dimensionen – hinterließen. Dies ist sicherlich nicht nur auf die bautechnisch vorgegebene, mit den damaligen Mitteln erzielbare stabilste Form zurückzuführen. Es spiegelt auch das Bedürfnis wieder, stilistisch klare, den Denk- und Ordnungsgewohnheiten entsprechende Symbole zu schaffen. Diese Sucht manifestierte sich regelmäßig dann, wenn Staaten oder deren Lenker eine Machtvollkommenheit erreicht hatten, die alle Lebensbereiche durchdrang: Babylonier, Ägypter, Römer, Maya und Azteken, das Römische Reich, Hitler und Stalin, Ceaușescu und Bokassa – überall finden sich Pyramiden und himmelragende Bauwerke. Nachfolgend einige Beispiele als Zwischenstationen unserer gemeinsamen Gedankenreise.

Die Mayakultur erstreckte sich in Gebieten der heutigen Staaten Mexiko, Belize, Guatemala und Honduras. Man nimmt an, dass die Vorfahren der Maya ca. 2000 v. Chr. aus Nordmexiko in dieses Gebiet einwanderten. Um 250 n. Chr. begann die klassische Periode der Mayakultur, die großen Kulturzentren Tikal, Copan und Palenque entstanden. Dort wurden Schrift und der Kalender entwickelt. Ästhetische Verfeinerung und wissenschaftlicher Genius waren typisch für die Maya, die Griechen der Neuen Welt. Die hierarchisch organisierte Gesellschaft wurde von einer Aristokratie und von einem theokratischen Orden beherrscht, welche die Stadtstaaten kontrollierten. Im 10. Jahrhundert ging diese Kultur unter, vielleicht nach Putschen toltekischer Krieger. Im folgenden neuen Reich gab es in den Städten (Chichen Itza, Mayapan, Uxmal) mehr weltliche als religiöse Bauwerke, und die friedlichen Götter der Bauern und Priester wurden von Kriegsgöttern verdrängt.

Im Denken und religiösen Empfinden herrschte eine strenge Machthierarchie, die sich auf einem uralten Mythos aufbaut: Nachdem die Götter die Erde geformt hatten, erschufen sie Geschöpfe, die sie anbeteten. Zuerst schufen sie Tiere, sodann formten sie Menschen. Diese lernten rasch, wie man die Götter verehrt und ihnen geeignete Opfer darbringt. Genau das ist es auch, worauf die Götter besonderen Wert legten. Deshalb drehte sich das gesamte Leben der Maya um die Verehrung der Götter. Vor allem Gefangene aus den Kriegen zwischen den rivalisierenden Maya-Königreichen wurden den Göttern geopfert.

Eine sehr starke Analogie lässt sich in diesem Zusammenhang auch zu der viel älteren Kultur des alten Ägyptens herstellen. Der Pharao, uneingeschränkter Herrscher über Ägypten, war gottähnlicher Vermittler zwischen der Welt und den Göttern, die, in Familien gegliedert, wiederum eine eigene Hierarchie widerspiegelten. Ein straff organisiertes Beamten- und Priesterwesen kontrollierte das arbeitende Volk.

Sowohl im Fall des Mayavolkes als auch der alten Ägypter kann man davon ausgehen, dass das Wohl des Einzelnen einer Vielzahl von Ritualen und Verpflichtungen untergeordnet war, welche zum Ziel hatten, die Bedürfnisse und Machtansprüche der übergeordneten Instanzen – bis hinauf zu den Göttern – zu befriedigen. Eine Berücksichtigung des Kant'schen Imperativs ist in einem solchen, einem einzigen Gedanken, nämlich der Erfüllung der Bedürfnisse der Götter und ihrer nachgeordneten Diener, untergeordneten System auch nicht annähernd möglich. Diese Umstände führten denn auch zu monströsen Auswüchsen, wie einem extrem aufwendigen Totenkult, der Versklavung ganzer Völker zwecks Errichtung gigantischer Bauwerke zu Ehren der Oberen, bis hin zu massenhafter Opferung von Menschen zur höheren Ehre dieser Götter.

Wie derartige Bräuche von manchen Menschen damals zu ihrem eigenem Vorteil genutzt worden sein mögen, kann man sich mit ein wenig Fantasie ausmalen. Sie kehren aber in der Geschichte der Menschheit – trotz angeblichen Zuwachses an Vernunft, Einsicht und Menschlichkeit – in verblüffend ähnlicher Form wieder.

Indianerspiele

Seit dem Anbruch jener Zeiten, da Kindern außerhalb des Hauses fast alles verboten und innerhalb fast alles erlaubt ist (inklusive stundenlangen Fernsehens und der Nutzung schnell zu Verblödung führender raffinierter Videospiele, die Aggressionen wesentlich stärker fördern als Spielzeugpanzer und Holzgewehre) und die Einrichtungen auf Kinderspielplätzen so sicher und standardisiert sind, dass sie Kindern nicht mehr recht gefallen wollen, ist das Indianerspiel ein wenig aus der Mode gekommen. Es fehlen in zunehmendem Maße die anregenden Biotope: Schottergruben, aufgelassene Steinbrüche, verwahrloste Dickichte gleich neben der Straße. Dennoch findet man es da und dort noch bei Horden kleiner und größerer Buben, am meisten aber bei (scheinbar) schon Erwachsenen. Die Regeln sind einfach: In der Horde bildet sich durch körperliche und geistige Konkurrenzierung sehr rasch eine Rangordnung heraus, die das Führungspersonal auf zwei Knaben, die meist in hartem Wettbewerb zueinander stehen, reduziert. Diese übernehmen das Kommando über jeweils eine Gruppe, welche wiederum ihr eigenes »Lager« errichtet, das gegen feindliche Überfälle verteidigt wird bzw. als Ausgangspunkt für die Eroberung des jeweils anderen Lagers dient. Mannigfache Abwandlungen dieses archaischen Ritus lassen sich immer wieder auf dieselben einfachen Muster zurückführen: Erringung der Führerschaft in einer Gruppe, Verteidigung und Eroberung von Territorium, Verteidigung oder Verbesserung der Stellung in der Rangordnung in der Gruppe.

Für einen Erwachsenen ist dieses Verhalten von Vier- bis Zwölfjährigen drollig und unterhaltsam, für die Kinder aber bitterer Ernst und Auslöser großer Hochgefühle oder auch tiefster Niedergeschlagenheit. Das Erfahren der Gesetze sozialer Anerkennung – sowohl positiv als auch negativ – zählt zu den eindrucksvollsten und prägendsten Ereignissen im Leben des Menschen. Man sollte nun meinen, dass ab dem Zeitpunkt, da ein Mensch sich dieses Instinkts und dessen innerer Logik bewusst wird, er in der Lage wäre, nach und nach der kindischen Verhaltensweisen Herr zu werden und insbesondere jene, welche ganz und gar keinen Nutzen stiften und einen ähnlichen Grad der Lächerlichkeit und Infantilität demonstrieren wie das Kriegsgeschrei von Zehnjährigen beim Indianerspiel, abzulegen. Das komische Gegockel älterer Herren auf den Gesellschaftsseiten der Boulevardpresse, der unwiderstehliche Drang des Managers, immer wieder in den einschlägigen Magazinen präsent zu sein, die unglaubliche Eitelkeit altgedienter Staatsmänner, wenn es darum geht, das Dekorum zu wahren und zu mehren, sind allesamt Verhaltensweisen, die man auch bei Indianer spielenden Kindern beobachten kann. Wo bleibt der Intellekt? Wo die Selbstbeobachtung? Wo die Reife und Weisheit, das Vermögen, sich selbst zu zügeln? Beleidigte, ältlich gewordene Häuptlinge an der Spitze von Staaten und Armeen haben schon Millionen Menschen zu Tode gebracht. Wer wird uns diese tödlich ernste Narrheit der himmelhohen Überbewertung der Person, der Meinung und der Interessen eines Einzelnen wohl abtrainieren? Auch in der für unsere heutige neoliberale Hochleistungsgesellschaft charakteristischen Übertreibung des Wettkampfes »Jeder gegen jeden« ist viel von diesem Indianerspiel-Prinzip enthalten – so viel, dass es ohne diesen Treibsatz eigentlich gar nicht richtig funktionieren würde.

Das kapitalistische Prinzip

Dieses besteht in der folgerichtigen Umsetzung des Gedankens der Freiheit des Einzelnen und des durch jeweils unterschiedliche Regeln begrenzten Rechtes des Stärkeren auf der wirtschaftlichen Ebene. Die klassische Wirtschaftstheorie betrachtet den Kapitalismus als ein Wirtschaftssystem, das sich durch Angebot und Nachfrage selbst reguliert. Wesentlich ist also die Abwesenheit einer zentralen staatlichen Planungsinstanz. Staatliche Eingriffe beschränken sich innerhalb des kapitalistischen Gesellschaftssystems auf die Setzung von Rahmenbedingungen. Adam Smith behauptete in »An Inquiry into the Nature and Causes of the Wealth of Nations« (1776), dem Klassiker der kapitalistischen Theorie, das durch den Kapitalismus geförderte individuelle Gewinnstreben stehe nicht nur nicht im Gegensatz zur allgemeinen Wohlfahrt, sondern sei im Gegenteil unabdingbare Voraussetzung für den Wohlstand einer Nation. Privateigentum und Wettbewerb würden wie »von einer unsichtbaren Hand« zum Wohl der Gesellschaft gelenkt – ein Gedanke, der jenem der Selbstregulation verwandt ist. Staatliche Einflussnahme und Lenkung seien dagegen der Wohlfahrt abträglich. Die Entscheidungen der einzelnen Wirtschaftssubjekte orientieren sich am Marktgeschehen und sind dabei vom Konkurrenzprinzip und dem Ziel der Gewinnmaximierung geleitet. Auftretende soziale Verteilungsprobleme sollen nach der heute vorherrschenden Theorie der sozialen Marktwirtschaft durch sozialpolitische Eingriffe des Staates gemildert werden. Der Kapitalismus ist geprägt durch den Typus des freien Unternehmers, der ursprünglich seine Antriebskraft in einer protestantisch dominierten Umwelt aus einer religiös bestimmten Askese und Heilserwartung bezog.

In seinen extremen, unregulierten Ausformungen führte der Kapitalismus zu schwerster sozialer Ungerechtigkeit und tiefstem Elend (was die gesamte Philosophie, Literatur und Politik des 19. und 20. Jahrhunderts entscheidend prägte) und, nach einem Jahrhundert zum Teil gewaltsamer sozialer Auseinandersetzungen, zu einer fein ausgeformten Sozialgesetzgebung in den Industriestaaten, welche die ärgsten Auswüchse eindämmte, aber nicht ganz zum Verschwinden bringen konnte.

Charakteristisch für die zunehmende Bedeutung, die das Gesetz von der Verzinsung des eingesetzten Kapitals (die im Hintergrund als Wurzel des kapitalistischen Baumes treibende Kraft) erfuhr, sind die Themenstellungen der Dramatiker. Während bis zum Beginn des 18. Jahrhunderts die allgemein menschlichen, individuellen Fragen die Bühne beherrschten, sind es ab diesem Zeitpunkt immer öfter Probleme sozialer Schichten, Schicksale, die durch materielle Not in einer spannungsgeladenen Umwelt ablaufen, und Fragen gerechter Verteilung der Güter. Seit den Siebzigerjahren des vergangenen Jahrhunderts kam noch die ökologische Komponente hinzu, in letzter Zeit zusätzlich die immer häufiger eintretende Beobachtung, dass ab einer gewissen Wohlstandsschwelle das subjektive Wohlbefinden, sozusagen das Glücksniveau des Einzelnen, nicht mehr weiter zunimmt, sondern sinkt. Die Suppe wird teurer als das Fleisch, die Anstrengungen des Kampfes »Jeder gegen jeden« fressen die dadurch errungenen Genüsse, die Freude an der Beute, auf.

Kommunismus

Als Reaktion auf die teilweise unmenschlichen Auswüchse des Frühkapitalismus entstanden sozialpolitische Ideen, welche letztendlich in der kommunistischen Organisation eines ganzen Weltreichs mündeten. Der Gedanke, dass die Existenz des Privateigentums eine gerechte Gesellschaftsordnung unmöglich mache, hat schon früh in der Geschichte zahlreiche Philosophen dazu veranlasst, kommunistische Gesellschaftsutopien zu entwerfen, so etwa Platon in seiner Schrift »Der Staat«. Das Gemeineigentum ist auch für die utopischen Gesellschaftsentwürfe von Thomas Morus (Utopia, 1516) und Tommaso Campanella (Civitas solis, 1623; Der Sonnenstaat) kennzeichnend. Urchristliche Gemeinden und Glaubensgemeinschaften des Mittelalters entwickelten ähnliche Vorstellungen und Praktiken, ebenso der so genannte Jesuitenstaat in Paraguay (1609–1768). Als bewusste Gegenentwürfe zur herrschenden Gesellschaftsordnung entstanden kommunistische Utopien aber erst in der Folge der Französischen Revolution. Die größte Macht und Ausdehnung erreichte der Kommunismus nach der Russischen Revolution 1917/18 in Gestalt der Sowjetunion, welche nach dem Sieg über Hitler-Deutschland 1945 zur Weltmacht heranwuchs und in scharfe Konkurrenz zum kapitalistisch geprägten Amerika trat. Die immer größer werdenden wirtschaftlichen Probleme, die im Wesentlichen auf das Versagen der zentralen Steuerungssysteme und den Zusammenbruch der Eigenmotivation der Bevölkerung zurückzuführen waren, zwangen die Sowjetunion zu Ende des vergangenen Jahrhunderts, ihre Rüstungsanstrengungen zu reduzieren, und machten sie so zu Verlierern eines unblutigen Krieges zweier ökonomischer Weltanschauungen.

In der Endphase dieses Zusammenbruchs trat der Sowjetkommunismus mit Michail Gorbatschow in eine Phase überfälliger Reformen ein. Gorbatschow war der Überzeugung, dass der Kommunismus nur mehr durch Offenheit (Glasnost) und einen wirtschaftlichen Umbau (Perestroika) gerettet werden könne. Als aber auch diese Reformen den wirtschaftlichen Niedergang nicht aufhalten konnten, begann das Land zu zerfallen; separatistische Bestrebungen regten sich insbesondere in den baltischen Ländern, die 1939 annektiert worden waren. Der Ostblock brach auseinander. 1991 wurde die Kommunistische Partei in Russland verboten und die Sowjetunion aufgelöst. Damit war das größte Experiment, dem Kapitalismus eine andere, gerechtere Gesellschaftsordnung gegenüberzustellen, vorerst gescheitert. Es hatte Millionen von Opfern gekostet und hinterließ ökologisch geplünderte, verarmte und orientierungslose Länder, die noch Jahrzehnte brauchen werden, um die Wunden, welche ihnen der Kommunismus schlug, vernarben zu lassen.

Mittelweg

Wie die Geschichte der amerikanischen Wirtschaft innerhalb kurzer Zeiträume zeigt, ist die Motivation zur Öffnung der Wirtschaft für die ungebremste Initiative des Einzelnen in höchstem Maße abhängig vom momentanen Zustand des Staatswesens. Nach Zeiten starker staatlicher Eingriffe in die Wirtschaft, wie sie zum Beispiel durch einen Kriegszustand (Sezessionskrieg in den USA 1861–1865, Erster und Zweiter Weltkrieg) oder eine schwere ökonomische Krise erzwungen wurden, neigt der Staat zur Ausbildung einer aufgeblähten Bürokratie, zu übertriebener Reglementierung sowie Einschränkung der Initiative und Gestaltungsmöglichkeit des Einzelnen. Die Folgen bestehen in zunehmend hohen sozialen Kosten, die eine immer träger werdende und innovationsarme Wirtschaft nicht mehr aufzubringen vermag. Diese Lähmung erzeugt im Laufe der Zeit einen derartigen politischen Druck, dass sich die jeweilige Regierung dazu gezwungen sieht, die Überregulierung zu mildern, die Freiheit des Einzelnen zu vergrößern, den Freiraum für Kapitalisten und Unternehmer zu erweitern. Dies führt zunächst zu einer Besserung der Beschäftigungslage und Zunahme der allgemeinen Wohlfahrt, später aber wiederum zu Auswüchsen, was die Unterschiede im Einkommen und die Verbreiterung jener Schicht, die an der Armutsgrenze lebt, anbelangt. Ab diesem Zeitpunkt entwickelt sich, oft auf der Basis ernster sozialer Konflikte, erneut das Bedürfnis, durch staatliche Eingriffe (Sozial- und Schulgesetze, öffentliche Beschäftigungsprogramme, höhere Besteuerung von Vermögen, stark progressive Einkommensbesteuerung etc.) die Unterschiede im Einkommen zu mildern. Nach einigen Jahrzehnten beginnt das Spiel dann wieder von neuem.

Es scheint, als ob die Zyklen des kapitalistischen Wirtschaftssystems einem lebenden Zaun glichen: Lässt man ihn nicht eine Zeit lang wild wachsen, verträgt er den Schnitt nicht; schneidet man ihn nicht bisweilen radikal zurück, so wächst er monströs aus und erstickt die am weitesten unten wachsenden Zweige durch Überwuchern. Die immer noch nicht gelöste Frage ist, wie oft, wie radikal und mit welchen Werkzeugen dieser Schnitt erfolgen soll und wie gut die Hecke diesen schmerzhaften Eingriff ertragen kann. Dieser Zyklus, in einer einigermaßen harmonisierten Form, löst wohl das Problem der ungerechten Einkommensverteilung und mildert die sozialen Härten des ungebremsten Liberalismus. Was aber ist mit den Problemen, die sich auf kultureller, humaner und ökologischer Ebene stellen und die in steigendem Maße von Bedeutung sind?

Neuerliche Umwertung der Werte

Friedrich Nietzsche hat in der zweiten Hälfte des 19. Jahrhunderts in seinem Epoche machenden Werk »Also sprach Zarathustra« einem neuen, emanzipierten Menschen, frei von moralischen Zwängen, so genannten kleinlichen Hemmnissen, wie sie das Christentum und andere monotheistische Religionen vorschreiben, und einem gesellschaftlichen Darwinismus das Wort geredet. Sein Ideal war der Übermensch, getrieben vom »Willen zur Macht« (den er vom Schopenhauer'schen Weltwillen ableitete), ein Mensch, der sich seine eigenen Regeln, sein eigenes Gewissen schafft und sich über die anderen, Schwächeren kühn hinwegsetzt. Krass missverstanden und platt gemacht, wurden seine Ideen zur Doktrin der Nationalsozialisten, in gemilderter Form und kombiniert mit Darwin'schen Gedanken aber auch zur Basis des wirtschaftlichen Liberalismus, der heutzutage in Gestalt des Neoliberalismus und der Globalisierung fröhliche Urständ feiert.

Dass Eigeninitiative und Egoismus Triebkräfte sind, die, so sie in geordneten Bahnen verlaufen, ganz wesentlich zum Gemeinwohl beitragen, ist erklärbar aus der Vernunft des Einzelnen, seinem Schutzbedürfnis, der Vorausschau, welche erkennt, dass er ohne die anderen in schwierigen Situationen hilflos wäre und auch seine zusammengerafften Güter nicht mit Profit verkaufen könnte. Wie die Evolutionslehre, ja selbst der nackte Augenschein zeigen, liegen die Wurzeln der sozialen Veranlagung des Menschen viel tiefer; sie wurden ihm, lange vor seiner Wandlung zum Homo sapiens, als genetische Mitgift von seinen Ahnen mit auf den Weg gegeben. Nun soll man aber – und das erscheint mir als des Pudels Kern – die Anpassungs- und Wandlungsfähigkeit des einzelnen Menschen, die von seiner jeweiligen Umwelt abhängt, nicht unterschätzen. Während in lange stabilen, urtümlichen Gesellschaften klare Hierarchien, gesellschaftliche Verhaltenweisen,

Obsorge um die Armen und Schwachen im jeweiligen Ethos meist fest etabliert sind, kann in anderen, weniger fest gefügten und vor allem egoistisch und materialistisch ausgerichteten Formen des Zusammenlebens der soziale Instinkt sehr stark in den Hintergrund treten. Ethische Systeme sind in ihren Grundmustern zwar ererbt, können sich aber durch Umwelt, Erziehung und die Wirkung der Gewöhnung auch in Richtung hemmungsloser Entfaltung des Einzelnen oder privilegierter Gruppen verändern. Dies ist derzeit in Form einer in vielen Belangen schädlichen, in manchem aber auch durchaus nützlichen und fruchtbaren weltweiten Konkurrenz im Rahmen der Globalisierung zweifellos der Fall. Die Grundsatzfrage in diesem Zusammenhang ist, inwieweit die Smith'sche »unsichtbare Hand« tatsächlich ein Regulativ ist, das letztendlich zum Wohle aller führt. Warum aber, so fragen wir uns, soll ausgerechnet für die Ökonomie gelten, was für alle anderen Kriterien des menschlichen Zusammenlebens nicht gilt: Dass sie ohne fixe Regeln und deren Kontrolle auskommt? Es geht also offensichtlich nicht um das Ob, das eindeutig mit Nein beantwortet werden muss, sondern um das Wie.

Ich wage nun die Feststellung, dass es hiefür kein allgemein gültiges Modell gibt. Die Ordnungsprinzipien müssen, angepasst an den Entwicklungsstand, die Eigenart der Geografie, den materiellen Hintergrund etc., also der jeweiligen Gesamtlage einer Gesellschaft entsprechend evolutionär entwickelt werden. Es muss dabei gleichwohl feste Rahmenbedingungen geben, die für alle Staaten Geltung haben sollten:

1. Die Menschenrechte
2. Eine tendenzielle Umlenkung des öffentlichen Interesses auf nichtmaterielle Zielsetzungen
3. Die Einführung und weltweite Dokumentation nichtmaterieller Wohlstandsindikatoren und Einrichtung von Benchmarking-Systemen

4. Mindestumwelt- und Sozialstandards, gestaffelt nach Erschwinglichkeit
5. Einbeziehung von Sozial- und Umwelterziehung in die Lehrpläne, stärkere Betonung kultureller, biologischer und systemzentrierter Ausbildung
6. Nutzung aller Aggressionen abbauenden Mittel in Aus- und Fortbildung, Vermeidung von Aggressionen fördernden Verhaltensweisen auf allen Ebenen
7. Stärkung der Wehrhaftigkeit der Demokratien gegenüber Staaten, die sich diesen Bedingungen aggressiv widersetzen

Bei harmonischer Gestaltung solcher Rahmenbedingungen könnten diese ein wirksamer Zaum im schäumenden Maul des Neokapitalismus sein, der die Kräfte des Marktes und der Einzelegoismen zwar keineswegs zum Erlahmen bringt, jedoch in Richtungen lenkt, die dem Menschen insgesamt zuträglicher sind als die pure Herrschaft des Geldes. Dies würde in einer Zielhierarchie, die nicht mehr ein-, sondern vieldimensional und dennoch abgestimmt ist, das Geld auf den ihm gebührenden Platz stellen: Es wäre dann wieder Mittel zum Zweck und nicht Selbstzweck.

Das Phänomen der Asymptote

Als Abschluss dieses Kapitels sei auf ein grundlegendes Charakteristikum unserer Epoche eingegangen: auf die Begrenzung. Darunter versteht man eine Gerade, der sich eine Kurve beliebig nähert, ohne sie jedoch im Endlichen zu erreichen: Die Kurve verläuft ins Unendliche. Ein Beispiel: Man kann versuchen, sehr, sehr laut zu schreien, die Lautstärke wird ansteigen, die Anstrengung noch mehr, und so fort, bis man an eine Grenze stößt, wo die Anstrengung bereits unerträglich ist – allein ein bestimmtes Ausmaß an Getöse wird man nie überschreiten können. Es nähert sich die Kurve der Asymptote, jenem Schallpegel, den man trotz Aufbietung aller Kräfte gerade nicht mehr erreichen kann.

Es gibt viele solche Beispiele. Das allmähliche Erreichen der Höchstgeschwindigkeit eines Fahrzeugs, der zeitliche Verlauf des Ertrages eines Bergwerks, die Wirksamkeit der Werbung, das Ansteigen der Populationsdichte einer Tierart in einem begrenzten Raum – immer wieder derselbe Verlauf. Im Volksmund wird dieser Effekt mit dem Vergleich »Die Suppe ist teurer als das Fleisch« treffend beschrieben.

Die Erfahrung der Begrenzung

Es ist charakteristisch für eine »symptotenhafte« Entwicklung, dass sich der Aufwand für das Erreichen eines Zieles immer mehr erhöht und man diesem Ziel um ein immer kleiner werdendes Stückchen näher kommt: Die Anstrengung nähert sich dem Unerträglichen, die dabei gewonnene Annäherung an das Ziel wird dennoch immer geringer. Diesem Phänomen begegnet man heute in sehr vielen Bereichen des menschlichen Lebens, auch des Zusammenlebens in Gemeinschaft und Gesellschaft. Es gibt präzise Meinungsumfragen, aus welchen hervorgeht, dass ab einem gewissen Wohlstandsniveau die persönliche Zufriedenheit abzunehmen beginnt – ein untrügliches Zeichen dafür, dass das Streben nach weiterem materiellen Zuwachs an seine Grenzen stößt, was das eigentliche Ziel, die objektive Bedürfnisbefriedigung, anbelangt. Trotz des Ausbaues von Autobahnen und der rapiden Zunahme der Autodichte und Zahl der Flugzeuge braucht man immer länger, um von einem Ort an den anderen zu gelangen. Obgleich immer mehr Geld und Anstrengung in den Schulsektor investiert werden, nimmt das Kenntnisniveau der Absolventen nicht mehr erkennbar zu. Der Aufwand für medizinische Betreuung und Versorgung steigt ebenfalls exponentiell an, dennoch gibt es nachweislich immer mehr kranke Menschen: Sie werden immer älter, sterben nicht mehr wie früher in noch »gesünderen« Lebensabschnitten. Das Ergebnis explodierender Kosten für den Gesundheitssektor besteht darin, dass man sich eingestehen muss, es lohne sich ganz einfach nicht, noch mehr Geld dafür auszugeben. Die Kosten für die Beseitigung ungewollter Begleiterscheinungen der Zivilisation und des materiellen Fortschritt steigen ins Uferlose: Man denke an die Katastrophen im Zusammenhang mit Tankerunfällen, den Aufwand für die Sicherheit auf Grund der Gefahren des Terrorismus. Durch die Nutzung früher gemiedener Flächen für die Bebauung (Lawinenstriche in den Alpen, hochwassergefährdete Gegenden in Bangladesch, traditionelle Waldbrandgebiete in Australien und Kalifornien) entstehen Schäden, die in die Hunderte Milliarden Euro gehen. Die nicht mehr gedeckten Versicherungsschäden und die großen finanziellen Probleme internationaler Versicherungsgesellschaften in den letzten Jahren legen davon ein beredtes, in Zahlen geprägtes negatives Zeugnis ab.

Diese wenigen Beispiele dafür, dass wir – zumindest in den traditionellen Bereichen der Ausbreitung, Vergrößerung, Perfektionierung und Verbesserung – trotz gewaltiger Anstrengungen immer mehr an Grenzen stoßen, wir uns sozusagen an der naturgegebenen Asymptote die Finger verbrennen, ließen sich noch beliebig ergänzen. Raum, Materie, Energie und Lebenszeit, Glück und Zufriedenheit, gespeist allein aus materiellen Ressourcen, lassen sich auch durch noch so große Anstrengungen nicht beliebig vermehren und vergrößern. Es macht keinen Sinn, sich in diese Richtungen noch weiter enorm anzustrengen: Wir sind an den Grenzen angelangt, die Asymptote befindet sich vor unserer Nase. Dennoch folgen wir wie Lemminge dem Sog des Wachstums, der Macht, der individuellen und kollektiven Geltung und Ausbreitung. Es sind nicht die Grenzen des Wachstums allein, die wir in vielen Belangen bereits erreicht haben. Unsere Ellenbogen beginnen schon, einander wund zu stoßen.

Das Sophisma des Zenon

Folgendes Paradoxon hat Zenon von Elea ca. 500 v. Chr. formuliert: Achilles und eine Schildkröte laufen um die Wette. Da Achilles zehnmal so schnell wie die Schildkröte läuft, erhält die Schildkröte einen Vorsprung, zum Beispiel einen Meter. Eigentlich müsste Achilles die Schildkröte bald überholen. Zenon argumentiert, dass das aber nicht passieren kann: Achilles wird die Schildkröte niemals überholen. Zenon begründet das so: Wenn Achilles den Startpunkt s_1 der Schildkröte erreicht hat, dann hat sich die Schildkröte zum Punkt s_2 weiterbewegt, hat also immer noch einen Vorsprung vor Achilles. Sobald Achilles den Punkt s_2 erreicht, ist die Schildkröte wieder ein Stück weiter zum Punkt s_3 gelaufen usw. Achilles kann niemals an der Schildkröte vorbeikommen, denn immer, wenn er den Punkt erreicht, an dem die Schildkröte vormals war, ist sie wiederum ein Stück weiter. Anschauung und Erfahrung sagen uns deutlich, dass Achilles die Schildkröte sehr bald schon leichtfüßig überholen müsste. Andererseits stellt Zenon eine Argumentationskette auf, nach der das nicht möglich ist. Jetzt gibt es zwei Möglichkeiten: Zenon hat Unrecht, oder die Mathematik weist einen gehörigen inneren Widerspruch auf.

Im Zusammenhang mit dem Phänomen der Asymptote ist diese Kopfnuss natürlich unrichtig. Sie offenbart einerseits die Schwächen unseres Gedankenapparates, weist andererseits aber den Weg aus scheinbar unentwirrbaren Problemknäueln: Verschwenden wir, um mit Marc Aurel zu sprechen, unsere Energie nicht an unnötige Sophismen. Es ist völlig klar und bedarf keiner weiteren geistigen Masturbation: Nicht der Menge, der schieren Größe und Materie gilt es, sich in Zukunft allein zu widmen. Nicht allein dem roten Tuch der Perfektionierung dessen, was schon ausgereizt ist, sollte man nachhetzen. Dies ist eine sichere, unzerreißbare Richtschnur, die für den Einzelnen genauso gilt wie für die Gesellschaft.

II Der Abbau der Ordnungen

Es hatte aber alle Welt einerlei Zunge und Sprache. Als sie nun nach Osten zogen, fanden sie eine Ebene im Lande Schinar und wohnten daselbst. Und sie sprachen untereinander: Wohlauf, lasst uns Ziegel streichen und brennen! – und nahmen Ziegel als Stein und Erdharz als Mörtel und sprachen: Wohlauf, lasst uns eine Stadt und einen Turm bauen, dessen Spitze bis an den Himmel reiche, damit wir uns einen Namen machen; denn wir werden sonst zerstreut in alle Länder. Da fuhr der HERR hernieder, dass er sähe die Stadt und den Turm, die die Menschenkinder bauten. Und der HERR sprach: Siehe, es ist einerlei Volk und einerlei Sprache unter ihnen allen, und dies ist der Anfang ihres Tuns; nun wird ihnen nichts mehr verwehrt werden können von allem, was sie sich vorgenommen haben zu tun. Wohlauf, lasst uns herniederfahren und dort ihre Sprache verwirren, dass keiner des andern Sprache verstehe! So zerstreute sie der HERR von dort in alle Länder, dass sie aufhören mussten, die Stadt zu bauen. Daher heißt ihr Name Babel, weil der HERR daselbst verwirrt hat aller Länder Sprache und sie von dort zerstreut hat in alle Länder.

Genesis, Kap. 11

Abwertung aller Werte

Sprache ist eines der mächtigsten Instrumente zur Sozialisierung, zum Aufbau gemeinsamer Begriffe, Denk- und Verhaltensweisen in einer Gemeinschaft. Insofern kommt ihr eine gewaltige kulturbildende Kraft zu. Im Zeitalter des wieder geborenen Tanzes um das Goldene Kalb, der »Verbetriebswirtschaftlichung« aller Werte, des Krampfes, alles und jedes in höchst vereinfachender Weise in Geld umzurechnen, kommt der Begriff Kultur immer öfter im Zusammenhang mit Unternehmen und Gewinn vor. Während Kultur in der Gesellschaft eher an Stellenwert verliert und sehr oft zu Aktionismus, politischer Plattform und Show verkommt, wird in wirtschaftlichen Unternehmungen aus guten – kommerziellen – Gründen eine durchgehende, zielgerichtete und verinnerlichte Gemeinsamkeit angestrebt: Weil sich in einem Unternehmen ohne Kultur kein Geld verdienen lässt. Dass sich in einem Gemeinwesen ohne dieselbe kein Staat machen lässt, gerät groteskerweise immer mehr in Vergessenheit.

In unserer immer kunterbunter werdenden Gesellschaft beginnen auch die gemeinsamen Begriffe, die Bausteine der Sprache, zusehends zu verschwimmen. Fragt man heutzutage einen durchaus intelligenten Mittelschüler um die genaue Definition eines Begriffs, so erhält man in der Regel keine wirklich befriedigende Antwort. Man verlernt zusehends, die Inhalte von Begriffen zu bestimmen, sie miteinander zu verknüpfen und damit ein belastbares, logisches und fein verwobenes Gebäude von Zusammenhängen aufzubauen, welches ein Fundament für Weltbild, Eigenpositionierung und sattelfeste, selbstbewusste Entscheidungen abgibt. Woher kommt diese begriffliche Verödung?

Wie alle tief greifenden gesellschaftlichen Strömungen hat auch sie viele Wurzeln. Zum einen ist sie das Resultat der Erosion sehr alter Macht- und Moralsysteme. Die Kirchen haben ihre tatsächliche gesellschaftliche Macht und damit das Sonderrecht für Gebotsetzung, wirksame Strafe und Belohnung weitgehend verloren. Politische Parteien verwässern ihre Grundsätze bis zur Beliebigkeit, bieten keine klaren weltanschaulichen Haltungen an und vermitteln außer schnell wechselnde Gesichter und hohle Slogans keine Orientierungslinien und damit stabile Zugehörigkeitsmuster. Das zunehmende Fehlen von Sanktionen bei Tabubrüchen auf Grund des Verwitterungsprozesses der Autoritäten führt dazu, dass die öffentliche Angriffslust gegen sozial stabilisierende Kräfte – Religion, weltanschauliche Denksysteme, Familie, Staat, Ordnungssysteme in Unternehmen – de facto nicht mehr mit Konsequenzen zu rechnen hat, oder nur noch dort, wo klare, auf fest gegründeten Machtsystemen oder dem Zwang des unmittelbaren Broterwerbs und beruflichen Aufstiegs beruhende Verhältnisse herrschen.

Dieser Verlust an Werten und Orientierungsmustern – der Fachausdruck dafür lautet Anomie – ist auch in anderen geschichtlichen Epochen beobachtet worden. Anomie beschreibt einen Zustand mangelnder sozialer Ordnung, auch Mangel an Zielen und Idealen, der beim Individuum oder in Gesellschaften den Zusammenbruch der Werte und Regeln verursacht. Ursprünglich aus der theologischen Sprache des späten 16. und 17. Jahrhunderts stammend, bezeichnete Anomie besonders in England das Brechen religiöser Gesetze. Der französische Soziologe Émile Durkheim führte den Begriff 1893 in seiner Untersuchung zur Arbeitsteilung ein, um damit die sozialpathologischen Auswirkungen dieser Folge industrieller Tätigkeit zu kennzeichnen. (Durch die Spezialisierung der menschlichen Arbeit bricht das für alle verbindliche System gemeinsamer Regeln und Übereinkünfte zusammen; dieser soziale Zustand könne zu abweichendem Verhalten bis hin zum Selbstmord Einzelner aus Verzweiflung und Sinnverlust führen.)

Stabile Ordnungssysteme bestehen aber – abgesehen vom Straf- und Zivilrecht, das immer mehr Menschen als eine sportlich zu überwindende Hürde gilt – nur mehr in wenigen Bereichen, insbesondere in der Wirtschaft. Dies führt wiederum dazu, dass in zunehmendem Umfang die Werte der Wirtschaft – Geld, materieller Status und die dazu erforderlichen Eigenschaften und Methoden – sowie die durch die veröffentlichte Meinung bewirkten Leitbilder Werte schaffende Kraft entwickeln und dabei Werte produzieren, die mit den überkommenen in vielen Fällen kollidieren und es noch leichter machen, sie öffentlich und wirksam weiter auszuhöhlen. Da die grundlegenden moralischen Normen über Jahrtausende hinweg durch einen evolutionären Anpassungs- und Ausleseprozess entstanden sind, ist es sehr zu bezweifeln, ob die allzu schnelle Vergeudung dieses in vielen Stürmen der Geschichte errungenen Schatzes »Knowhow betreffend die Kunst des Zusammenlebens« nicht doch mehr Schaden verursachen als Nutzen bringen wird. Der (flüchtige) Nutzen besteht zweifellos in einer Befreiung des Einzelnen von den Zwängen, welche die Rücksicht auf den anderen, die Gesellschaft, die Nachkommen und die Natur auferlegt. Vergessen aber wird dabei nur allzu oft, dass jeder Einzelne, der diese Freiheit beansprucht, für den anderen wieder Mitmensch ist, welcher die Nachteile von dessen überbordender Freiheit zu ertragen hat – ein Nullsummenspiel, das sich nur allzu bald wieder einregeln wird müssen, sollte nicht ein sehr hoher Preis für diese scheinbare Befreiung zu bezahlen sein. Dieser Preis wird darin bestehen, dass alle Kämpfe, Auseinandersetzungen und die damit verbundenen Wirren wieder und wieder durchgespielt werden müssen, welche über viele Generationen unser traditionelles Wertesystem mühsam als den kleinsten gemeinsamen Nenner der Freiheit hervorgebracht haben: Wozu dann das Ganze?

Offensichtlich hat die Menschheit große Mühe damit, gesellschaftliche Änderungsprozesse ohne den Umweg des völligen Zerschlagens bestehender Ordnungen, der totalen Verteufelung des Bisherigen und darauf folgenden mühsamen Aufbaues eines Großteil dessen, was an den alten Ordnungen durchaus brauchbar war, zu vollziehen. Wieder ist die alte Untugend der Übertreibung, des »Alles oder nichts« zu bemerken, das Fehlen der »Kunst der Nuance«. Gute Beispiele für diese blinde Zerstörungswut sind die Französische Revolution, die Pervertierung der sozialistischen Idee im Kommunismus sowie die Fundamentalismen aller Art (Faschismus, Rassismus, religiöser Radikalismus, Terrorismus, nuancenloser, schrankenloser Liberalismus, ungebremster Kapitalismus etc.). Diese Sucht, sich Gedankenkonstrukten hinzugeben, die – wie alles Menschenwerk – unvollkommen sind, und daher alle im gedanklichen System planerisch nicht erfassbaren Unvollkommenheiten, eben die Vielfalt des Lebens nicht zur Kenntnis zu nehmen, führt zu schrecklicher Vereinfachung und letztendlich zum Terror einer Theorie, die alles Andersgeartete ausgrenzt und verdammt. Fundamentalismus ist die Realisierung theoretischer Gebilde mit den Mitteln der Macht. Da Theorien aber immer unvollständig sind, ist ein darauf aufgebautes gesellschaftliches System stets gezwungen, die Lücken in der Theorie durch Machtausübung, Einschüchterung, Lüge, Gewalt und Terror zu schließen. Dies hat sich in der ganzen Geschichte gezeigt und zeigt sich auch jetzt.

Der Schluss daraus ist, dass ein dauerhaftes und gleichzeitig evolutionär entwicklungsfähiges soziales System zwei wesentliche Eigenschaften entwickeln, verteidigen und pflegen muss:

- einen Katalog von fundamentalen Werten, der unumstößlich ist und sich an den im Gewissen der überwältigenden Zahl von Menschen verankerten Grundwerten orientiert;
- ein Maß an Toleranz für Andersartiges und Neues, welches die geduldige Erprobung des harmonischen Einbaues neuer

Maßstäbe und Verhaltensweisen zwischen den alten Säulen der Ordnung erlaubt, um den wechselnden Bedingungen einer sich ständig entwickelnden Umwelt gebührend zu entsprechen.

Dies aber verlangt ein hohes Maß an Wachsamkeit und Anpassungsbereitschaft, das vielen Menschen zuinnerst zuwider ist. Die meisten von uns sind froh, einer gegebenen Lage halbwegs gerecht zu werden, sie verstanden und angemessene Regeln zum Umgang damit gefunden zu haben. Jede Änderung wird sodann als unangenehm und feindlich empfunden und instinktiv abgelehnt. Dadurch kommt es zum Anstauen von Konflikten zwischen äußerem Umfeld und dem inneren Regelwerk, was irgendwann zu einer Krise führt, die das gesamte System gefährlich destabilisieren kann. Ganz offensichtlich ist das evolutionäre Auswahlverfahren im Falle von moralischen und intellektuellen Maßstäben längst nicht so fein und anpassungsfähig wie bei anderen Mechanismen der Evolution; denken wir zum Beispiel an die Regelung von Besiedlungsdichten im Jäger-Beute-Gleichgewicht oder an die Auswahlprozesse innerhalb einer Art. Dies mag daher rühren, dass der Intellekt, die Fähigkeit zur Begriffsscheidung, im Vergleich zum Alter des Lebens selbst eine sehr junge Erscheinung ist und sich die Möglichkeiten der Nutzung dieses hochwirksamen Instruments für den Fortbestand der Gattung Mensch bei weitem noch nicht so intensiv entwickelt haben wie dessen Nutzung für den Einzelnen.

Der Intellekt wird als Instrument des Egoismus weitaus mehr genutzt als für das Wohl der Gemeinschaft. Dies unterscheidet ihn grundsätzlich von den meisten anderen natürlichen Selektionsmechanismen und stellt eine der größten Gefahren für den Fortbestand der Menschheit dar.

Die Unzulänglichkeit des Intellekts

> Jüngst träumte ich – und als ich aufwachte, wusste ich noch um einige Fetzen des Gewebes, das in meinem Hirn geflattert hatte: Ich sei Gast eines wissenschaftlichen Symposions und hätte dort vor kritischem Publikum einen Vortrag zu halten. Ich betrat den Vortragssaal, zog meine Schuhe aus und ging schüchtern nach vorne zum Rednerpult, wo mich der Saaldiener scharf zurechtwies mit der Bemerkung, Schwarze seien hier nicht zugelassen und ich möge mich schnellstens auf einen der hinteren Plätze verfügen. Ich gehorchte ganz selbstverständlich, zog meinen Taucheranzug aus, schwamm durch eine sehr starke Strömung in den dunklen Teil des Wracks und lauschte dem Gurgeln des Wassers.

Diese völlig unsinnigen oder besser: zusammenhanglosen Bruchstücke von Gedanken und Geschehnissen, die unser Gehirn im schlafenden Zustand produziert und die man als sprunghafte Wanderung durch weit entfernte Begriffsregionen auslegen kann, zeigen, welche Möglichkeiten in unserer Seele stecken und zu welchem Unfug der menschliche Geist fähig ist. Sicher ist eines: Verlass ist auf den Intellekt keiner. Er ist von so vielen Faktoren abhängig – vom Grad der Ermüdung oder der Erregung, von gerade mächtig wirkenden Eindrücken, Gefühlen und Gedanken, zeitgemäßen Denkschulen, Begierden und Ängsten –, dass man vor allem seinen spontanen Erzeugungen mit großem Misstrauen gegenüberstehen sollte. Erst durch die Bewährung in der Auseinandersetzung mit den Gedanken anderer und sodann durch die praktische Erprobung in der Realität kann wirklich entschieden werden, wie gut oder schlecht, ziel- oder irreführend ein neugeborenes Gedankengebäude ist. Allen Ernstes und mit großer Leidenschaft hat Adolf Hitler in seinem Buch »Mein Kampf« die Objektivität als Schwäche verdammt und seinen Anhängern quasi verboten, sich mit Argumenten anderer Denkschulen und politischen Richtungen auch nur ansatzweise auseinander zu setzen. Denn Objektivität schwäche die Kraft zur entschlossenen Tat, lade die Hamlet'sche »Blässe des Gedankens« dem wild voranstürmenden Willen auf den Buckel und mindere so die Chance des Sieges der eigenen Idee. Ob diese der Auseinandersetzung mit anders lautenden Ideen standhält, interessiert nicht, alle Andersdenkenden werden ausgeblendet, als Irrende gebrandmarkt, mit Verachtung bestraft, als Gesprächspartner abgelehnt, totgeschwiegen, im Extremfall ins Irrenhaus gesteckt – nicht, weil sie im psychopathischen Sinne Irre wären; es genügt schon das angebliche Irren selbst. Das Irrenhaus wird zu einem nicht minder grauenhaften Haus für angeblich Irrende, und die Definition dessen, der irrt, liegt bei jenen, die sich gerade an der Macht befinden.

Diese Abweichung vom einzig möglichen Weg zum Frieden unter den Menschen – die Austragung von Konflikten auf intellektueller Basis, die geduldige Entwicklung von Alternativen und die gemeinsame Entscheidung für das jeweils »kleinste gemeinsame Übel« – führte und führt immer noch zu den größten Katastrophen in der Menschheitsgeschichte. Lässt man eine Evolution der Gedanken nicht zu – und das ist ein mühsamer und zeitraubender Weg –, so ist man zwangsläufig der Revolution der Panzer, Explosionen und Naturkatastrophen, dem Zurückschlagen der Andersdenkenden und der Natur ausgeliefert.

Die Relativität der Pflicht

> Ich tue meine Pflicht, alles Übrige kümmert mich nicht; denn dies ist entweder unbeseelt oder vernunftlos oder verwirrt und des Weges nicht kundig.
>
> *Marc Aurel, Selbstbetrachtungen*

Wie scheinbar einfach war jene Zeit, da man den Begriff »Pflicht« noch als etwas Absolutes auffasste und Schwierigkeiten nicht im Ziel, sondern lediglich im Weg zu diesem Ziel zu erkennen glaubte und überwinden musste! Ob Zielklarheit und Eindeutigkeit der Regeln sozialer Verantwortung im alten Griechenland und kaiserlichen Rom tatsächlich so handfest waren, lässt sich heute wohl kaum mehr belegen. Die Äußerungen darüber stammen hauptsächlich von Angehörigen der geistigen und politischen Elite, die Meinungen und der moralische Zustand der namenlosen Menge lassen sich nur noch indirekt nachvollziehen. Die Ausübung von Macht war absolut, die Informationssysteme und der Lebenskreis der meisten Menschen waren kleinräumig, die Wirkungsmöglichkeiten auf einen kleinen Kreis von Menschen beschränkt. Es war daher vergleichsweise viel leichter, einem sodann allgemein anerkannten sozialen Ethos zum Durchbruch zu verhelfen und es zu stabilisieren.

Trotz dieser Unsicherheiten kann man aber mit hoher Wahrscheinlichkeit davon ausgehen, dass der Zusammenhalt, den ein gemeinsamer Glaube und vor allem das selbstverständliche Annehmen einer Reihe von in der Seele der Menschen fest verankerten Befehlen, Verboten und Tabus bewirkten, in den so genannten alten Zeiten ausgeprägter und beständiger war als heutzutage, da zahllose Meinungen, Religionen, Weltanschauungen wie auch Scharlatane und Gaukler aller Art auf den Einzelnen mit mächtigen Mitteln einwirken.

Fundamentalismus und Chaos

Wie bei vielen Problemen, die komplex und unentwirrbar scheinen, kann man die Spannungspole an zwei Extremen festmachen. Dies ist, bei aller Fragwürdigkeit der Vereinfachung, auch im Falle des Kampfes zwischen den Übertreibungen Fundamentalismus und Anomie möglich. Sowohl die Fixierung auf ein einfach gestricktes, mit Zähnen und Klauen verteidigtes und aggressiv stabilisiertes Wertesystem – Fundamentalismus – als auch der Verlust sämtlicher sozialer Regulative – Chaos, Tohuwabohu und Wirrwarr – führen unweigerlich zu sozialen Katastrophen: zu Anarchie oder Diktatur, Terrorismus oder totale Unterdrückung, Revolution oder zähneknirschender Unterwerfung. Alle Bestrebungen, die entweder zum einen oder zum anderen Extrem führen, sind im Instinktsystem, in der Hierarchie der menschlichen Triebe, fest und mit uralten Ankern angekettet. Die Motoren sozialer Verantwortung – Mutter- und Kindesliebe, Obsorge für die Familie, die Horde und die territoriale Gruppe, die Sprach- und Glaubensgemeinschaft, die instinktive Hilfsbereitschaft beim Anblick eines Verunglückten oder eines in Not geratenen Kindes – geben mächtige Impulse, den Egoismus zu Gunsten des Lebens und der Wohlfahrt des Nächsten hintanzustellen. Nicht weniger mächtig ist aber auch das Bestreben, die eigene Einmaligkeit zu sichern, den persönlichen Geltungs- und Machtbereich, die ureigene individuelle Existenz langfristig zu wahren, sich gegen immer engere und fesselndere soziale Machtsysteme aufzulehnen. Kurzum, der Freiheitstrieb steht in ewigem Kampf mit dem Getriebe sozialer Stabilität.

Diese grundlegende Auseinandersetzung hat in den letzten Jahrzehnten in Gestalt des Kampfes zwischen Liberalismus und Globalisierung einerseits und den diversen Formen der Diktatur, des Kollektivismus und religiösen Fundamentalismus andererseits den Charakter einer weltweiten Ideologiekrise angenommen. Die Dimension dieser Konfrontation geht weit über jene in den Zeiten der Kreuzzüge, der Reformation, der Glaubenskriege und des Kolonialismus hinaus. Milliarden Menschen stehen einander in scheinbar unüberbrückbaren religiösen, weltanschaulichen und auch materiellen Positionen gegenüber. Die Fronten verlaufen offensichtlich nicht nur zwischen kulturell und religiös geschichtlich polarisierten Gruppen, sondern auch innerhalb dieser Heerhaufen traditioneller Gegenspieler. Diese Zersplitterung und Spannung wird durch die letzten Nachbeben der Aufklärung – »Gottes Tod« (Nietzsche), die Verwissenschaftlichung und Verbetriebswirtschaftlichung der Welt, die Konsequenzen der Rationalisierung (im doppelten Wortsinn) – weiter verstärkt.

Wandlungen der Macht

Macht »bedeutet jede Chance, innerhalb einer sozialen Beziehung den eigenen Willen auch gegen Widerstreben durchzusetzen, gleichviel, worauf diese Chance beruht«. Diese klassische Begriffsbestimmung des deutschen Sozial- und Wirtschaftswissenschaftlers Max Weber zeigt deutlich den formalen Charakter von Macht auf. Sie kennzeichnet ein ungleichgewichtiges soziales Verhältnis zwischen Personen.
Macht hat viele Fundamente:

- Physische Überlegenheit. Sie hat das Faustrecht zur Folge, die Unterdrückung Schwächerer durch pure Gewalt.
- Geistige Dominanz. Sie gründet auf dem rechtzeitigen Erkennen zukünftiger Situationen und deren scharfsinniger Nutzung. Sie bewirkt die Errichtung ausgefeilter Systeme und trifft Vorkehrungen zwecks Erlangung von (auch unrechtmäßigen) Vorteilen gegenüber anderen.
- Moralische Stärke. Sie errichtet, setzt durch und hält auf-

recht die ethischen Kriterien und Tabus. Dies ist insbesondere die Domäne der Religionen und Sekten.

- Geld, am feinsten Haarwürzelchen seiner Geschichte, ist gefrorene Macht. Es ist das vorläufige Endprodukt des menschlichen Strebens, Sicherheit, Macht und die hiefür nötigen materiellen Möglichkeiten zu speichern und jederzeit verfügbar zu machen. Geld hat auch die schlimme Tendenz, sich anzuhäufen und sich in den Händen einiger weniger zu kristallisieren. Die endlosen sozialen Auseinandersetzungen sind in vieler Hinsicht Ausdruck des Kampfes, diese Anhäufung teilweise wieder rückgängig zu machen.

Menschliche Macht fußt also auf physischer Kraft, Intelligenz, Moral, den angehäuften materiellen Gütern sowie den dadurch gewonnenen Vorteilen in vielen Beziehungen:

- Informations- und Ausbildungsvorsprung
- Autorität
- Manipulationsmöglichkeiten
- militärische Macht
- Arbeitgebermacht
- Repressionsmöglichkeiten

Der wesentliche Antrieb aber, nach Macht – in welcher Form auch immer – zu streben, ist das Sicherheitsbedürfnis des Einzelnen. Paradoxerweise ist gerade dieses die Hauptursache für Auseinandersetzungen, Krieg und Zerstörung.

Ich kenne etliche Menschen, die nach landläufigen Begriffen mächtig sind. Sie dirigieren Kapital und Produktion, sitzen an der Quelle von Geld, Macht und Ruhm, den schrillen Geschwistern. Ich habe unter ihnen noch keinen wirklich Glücklichen gefunden. Was eigentlich ist es, das an Macht und

Geld – Letzteres ist ja wieder Macht: auf Konten, in Aktiendepots, in Safes hinter dicken Betonmauern – so fasziniert?

Macht verschafft Einfluss auf Geschicke, gibt Spielraum, schafft Sicherheit vor Einflüssen anderer und sichert Lebensraum. Macht beginnt innerhalb der Grenzen einer Wohnung und hört – vielleicht – bei der Weltherrschaft auf. Geld wiederum, als Patenonkel der Macht, verleiht Unabhängigkeit, Freiheit und die Möglichkeit, das zu tun, was einem Spaß macht, und hilft, nach seiner Fasson selig zu werden. Dann folgt der Ruhm, die süße Speise der Eitelkeit.

Macht und Geld zu erwerben, ist allerdings ein sehr mühseliges Unterfangen. Je größer der Einflussbereich, desto gewaltiger sind die Gegenkräfte, ist die Zahl der Feinde und die Mühe, das Imperium aufrechtzuerhalten – sei es nun in der Wirtschaft, in einer politischen Partei oder in einer Glaubensgemeinschaft. Je größer das Vermögen, desto härter ist die Anstrengung, es zu bewahren. Dazu kommt noch die rasche Gewöhnung: Man braucht immer mehr, um gerade einmal für kurze Zeit zufrieden zu sein. Macht und Geld sind Gegenstand von Sucht, wie Kokain, Dope und Alkohol. Früher war es im Sinne des Wortes lebenswichtig, Vorräte zu horten und Einfluss zu gewinnen und diesen zu bewahren, um sich in unsicheren Zeiten – Krieg, Hungersnot und Mangel – durchzuschlagen. Allein die Umstände, zumindest in unseren Breiten, haben sich gewaltig geändert: Man kann heute auch ohne äußere Macht sicher, unangefochten und durchaus wohl situiert leben. In den Genen und durch die unselige Ballung von Testosteron im Blut des Mannes wirkt jener Trieb jedoch unverändert fort, obgleich der Aufwand zum Erwerb unmäßiger Mengen von Macht und Geld schon längst den Ertrag übersteigt: Die Suppe ist schon wieder teurer als das Fleisch geworden.

Wie so oft im sozialen Netzwerk haben sich auch die Regeln der Macht in den letzten Jahrzehnten entscheidend verändert. Die Macht des Wissens und – insbesondere – des Könnens hat gegenüber jener des Habens und Herrschens sehr an Bedeutung gewonnen. Wenn Wissen Macht ist, wie Francis Bacon meint, so stellt im nächsten Stockwerk der Logik dieser Aussage das Wissen um die Möglichkeiten des Zugangs zu diesem Wissen sozusagen den Mansardenbewohner der Macht dar: Wissenszugang, die Kunst, sich Kenntnisse und Information zu verschaffen, und zwar schnell, zuverlässig und kostengünstig, ist eine entscheidende Voraussetzung zur Erringung von Macht geworden. Dies gilt, im Kleinen, für den Schüler, der intelligent seinen PC und den Internetzugang nutzt, genauso wie für den Consultant, der mit einem Bruchteil des Aufwandes früherer Zeiten Wissenssysteme sammelt und mit hohem Profit weitergibt, oder den Nutzer von Satellitensystemen, der damit auf die Sekunde genau Geschehnisse auf der Erdoberfläche in situ beobachten und auswerten kann – zu friedlichen oder auch militärischen Zwecken.

Wissen ist, wie gesagt, Macht. Schule vermittelt Wissen und Können. In der Schule steckt daher eine enorme Macht über die nächste Generation. Dementsprechend leidenschaftlich war und ist die Diskussion über die Art und Weise, wie das Elixier der Macht vermittelt werden soll.

Der Schüler Gerber und das Prinzip Summerhill

Friedrich Torbergs Debütroman »Der Schüler Gerber« (1930), in welchem er beschreibt, wie ein junger Mensch von einem machtbesessenen, sadistischen Mathematiklehrer in den Selbstmord getrieben wird, ist zum Klassiker der Brandmarkung eines unmenschlichen, autoritären Schulsystems geworden. Noch nach dem Zweiten Weltkrieg war in Österreich die Prügelstrafe selbstverständlich. (Ich selbst habe bei Unbotmäßigkeit noch meine Pönitenz mit dem hölzernen Zeigestab auf die ausgestreckte Handfläche bezogen). Erziehung erfolgte auf der Basis militärischer Prinzipien, die individuelle Entfaltung der jungen Persönlichkeit war höchst eingeengt. Viele später berühmt gewordene Autoren, wie Stefan Zweig oder Hermann Hesse, beschreiben ihre Schul- und »Pennäler-Jahre« als die düstersten und freudlosesten ihrer Jugend. Die Schule hatte, neben der Aufgabe schierer Wissensvermittlung, auch das Ziel, die jeweilige politische Macht und Weltanschauung zu stärken, Kritik und Zweifel zu unterdrücken und aus den jungen Menschen dienliche Mitglieder der herrschenden Gesellschaft zu machen. Für Offenheit, Diskussion, Zweifel und Schöpferkraft war da kein Platz; sie wurden durch dieses System entweder erstickt oder in den Untergrund getrieben. Natürlich regte sich dagegen mancherlei offener oder heimlicher Widerstand. Als Beispiele seien die bekanntesten Vorkämpfer für eine menschenwürdige Erziehung genannt: Johann Heinrich Pestalozzi, Rudolf Steiner und Maria Montessori.

In den letzten Jahrzehnten des vergangenen Jahrhunderts änderte sich, wie in so vielen Belangen, auch hier das Bild schnell und gründlich. Die körperliche Strafe wurde abgeschafft, die Rechte der Schüler und der Eltern wurden sukzessive in den Vordergrund gestellt, die Sanktionsmöglichkeiten der Lehrer im selben Maße eingeschränkt. Mehr und mehr setzte sich der Gedanke durch, dass Lernen und Ausbildung in bedeutendem Maß von Lust und Vergnügen begleitet sein müsse, dass ein Lehrer, bei welchem die Schüler bisweilen angestrengt arbeiten müssen, irgendetwas falsch mache. Weithin in Europa und den USA huldigte man nach und nach dem bereits 1922 von Alexander Sutherland Neill entwickelten, nach seiner Schule benannten »Summerhill«-Prinzip:

> Das Kind soll möglichst in Freiheit aufwachsen, um sich natürlich und frei von Neurosen entwickeln zu können. Es soll seine eigenen Erfahrungen machen und daraus lernen.

Summerhill ist eine private Internatsschule in Leiston (Suffolk, England). Ziel der Schule ist es, persönliche Freiheit auch für Kinder und Jugendliche zu verwirklichen. Der Aufbau der Schule fällt in die Zeit der Reformpädagogik. Diese kostenpflichtige Schule besuchten 2002 etwa 50 Schülerinnen und Schüler im Alter von fünf bis 16 Jahren. Die Teilnahme am Unterricht ist stets freiwillig. Es gibt weder Prüfungen noch Noten oder Zeugnisse. Kennzeichnend für Summerhill sind die Grundsätze der antiautoritären Erziehung, also Freiheit des Einzelnen (jedoch begrenzt durch die Freiheitsansprüche der Mitmenschen, welche allerdings unter großen Mühen und Konflikten – wenn überhaupt – selbst entdeckt werden müssen), tabufreie Sexualerziehung und Selbstverwaltung der Gruppe. Lernen wird als Entdecken verstanden. Wöchentlich finden Schulversammlungen statt, in denen über Angelegenheiten der Schule gesprochen wird. Lehrkräfte und Heranwachsende haben jeweils eine gleichwertige Stimme. Von den Gegnern dieser Erziehungsmethode wurde immer wieder vorgebracht, dass Summerhill eine Schule für eine privilegierte Minderheit sei. Zudem lebten die Kinder und Jugendlichen in einer Scheinwelt, die nicht den Bedingungen der Gesellschaft entspräche. Eine Klage des britischen Bildungsministeriums, durch die Summerhill gezwungen werden sollte, den Schulbesuch für alle Schüler zwingend vorzuschreiben, wurde im März 2000 abgewiesen.

Die so genannte antiautoritäre Erziehungsmethode fand insbesondere in den USA und der BRD im letzten Drittel des 20. Jahrhunderts in verschiedensten Abwandlungen große Verbreitung. Wie sich nun immer mehr herauszustellen beginnt (PISA-Studie der EU 2002), ist gerade in jenen Ländern, in welchen die Rechte der Schüler nicht in einem ausgewogenen Verhältnis zu deren Pflichten stehen und Leistung in einer sozial wohl ausgewogenen Form (Projekt-, Gruppen- und Teamarbeit etc.) nachgewiesenermaßen zu erbringen ist, das Ausbildungsniveau erschreckend niedrig. Das Niveau ist interessanterweise auch nicht sehr stark abhängig von der Fülle des angebotenen Stoffes und der in der Schule zugebrachten Lernzeit. Ganz offensichtlich hat man aus Angst vor den Auswüchsen des alten, starren Schulsystems weit über das Ziel hinausgeschossen. Die Folge der Laissez-faire-Methoden im Unterricht – falsch verstandener »offener Unterricht« und »Freiarbeit« in Verbindung mit anderen, noch zu schildernden Änderungen in der Gesellschaft – sind desorientierte, aggressive oder dickfellige, leistungsunwillige oder -unfähige junge Menschen, die angesichts der später unvermittelt über sie hereinbrechenden Konkurrenz und des in einer liberalisierten Wirtschaft herrschenden Leistungsdrucks zur Revolte, zu massiver und großteils ungerechter Gesellschaftskritik, zur Flucht in Drogen und Kriminalität, zur Bildung einer früher nicht gekannten Kluft zwischen den Generationen, zur Ablehnung alles Überkommenen und zu einer gefährlichen Destabilisierung der Gesellschaft neigen. Erzog man früher tendenziell angepasste, ihren Groll in sich hineinfressende oder gebrochene Typen, so sind es heute – wiederum bewusst überzeichnet – verwöhnte, den Schmerz der Anstrengung nicht rechtzeitig kennen lernende, jede Art von Ordnung schon mit Zwang verwechselnde, sozial unangepasste Charaktere. Dieser Prozess beginnt heutzutage aber schon viel früher, nämlich in den ersten, für das soziale Verhalten ungleich wichtigeren Lebensjahren eines Menschenkindes.

Verkühlung in der Wurzel

Wer selbst Kinder aufgezogen hat und – insbesondere – die Entwicklung seiner Enkelkinder aus einer vergleichsweise kritisch-wissenden Distanz miterlebt, weiß, dass der Prozess der Sozialisierung schon in einem sehr frühen Lebensalter beginnt.

Unter Sozialisierung verstehe ich in diesem Zusammenhang die einfache Erkenntnis und das Akzeptieren der Erfahrung, dass nicht alles erlaubt ist, was möglich ist. Soll ein Mensch rechtzeitig in die Lage versetzt werden, auf die berechtigten Bedürfnisse und Freiheiten anderer Menschen Rücksicht nehmen zu können, so beschränkt dies seinen natürlichen Freiheitsdrang in einer zu Beginn für ihn sehr unangenehmen Weise. Je später in seinem Entwicklungsprozess er Gebote und Verbote zu beachten lernen muss, desto betrüblicher wird dieser Prozess für ihn ausfallen, denn augenscheinlich gibt es für diese erste Stufe sozialer Anpassung eine Prägungsphase (zwischen dem Ende des zweiten und fünften Lebensjahres), welche man nicht ungestraft verstreichen lassen kann, ohne später ernste Konflikte und Schäden in Kauf nehmen zu müssen. In einer bestimmten Reihenfolge muss die Erlangung von Selbstkompetenz, sodann soziale Kompetenz und letztendlich Sachkompetenz erfolgen, um einem Kind die Harmonie des Selbst mit dem Du zu vermitteln.

Aus Unkenntnis des oben geschilderten Zusammenhangs oder auch ganz einfach aus Schwäche und Bequemlichkeit werden heutzutage sehr viele Kinder nicht mehr rechtzeitig in die fundamentalen Bedürfnisse ihrer Mitmenschen eingewiesen. Das Resultat sind sehr oft heftige, ihre Umwelt missachtende, laute und unangenehme Zeitgenossen, deren Bändigung – spätestens in der Schule – viel Energie kostet und Konflikte mich sich bringt, das eigentliche schulische Lernen verzögert bzw. unmöglich macht, sofern sich die frustrierte Lehrerschaft überhaupt noch dazu bereit findet und nicht gleich achselzuckend resigniert. Es entwickeln sich bei Nichtberücksichtigung des vorher Gesagten Kinder, die in keiner Weise gewillt sind, Verantwortung für sich, geschweige denn für die Gemeinschaft zu übernehmen, die, von einer ständigen Unruhe getrieben, als Störenfriede ihre mangelnde Lernbereitschaft signalisieren und Lernwillige in ihrer Entwicklung dadurch behindern, dass ein beträchtlicher Teil des Unterrichts für Erziehungsmaßnahmen verwendet werden muss, wodurch die positive Grundstimmung in der Gemeinschaft häufig schwer beeinträchtigt wird. Hoffentlich finden wir dieses Klima in zwanzig Jahren nicht verstärkt in unseren Betrieben, Parlamenten und gesetzgebenden Körperschaften vor.

In zunehmendem Maße finden sich auch emotionale Störungen, deren Ursachen wohl in vielen Fällen organisch bedingt sind, die aber durch die schon geschilderten Verhältnisse noch begünstigt werden. Hyperaktivität ist eine der am weitesten verbreiteten kinder- und jugendpsychiatrischen Störungen; die Häufigkeit wird auf etwa fünf bis zehn Prozent geschätzt. Das Phänomen tritt meist bereits in der Kindheit auf und ist gekennzeichnet durch eine Minderung der Konzentrations- und Aufmerksamkeitsfähigkeit, zum Teil verbunden mit motorischer Unruhe. In den letzten Jahren hat sich das Interesse zunehmend dem ADHS-Syndrom (Aufmerksamkeitsdefizit/Hyperaktivitätsstörung) zugewandt. Bemerkbar macht sich die Störung in der Regel in der Schulzeit. Die betroffenen Kinder zeigen eine übersteigerte Aktivität und haben Schwierigkeiten, ruhig zu sitzen und sich zu konzentrieren. Die schulischen Leistungen lassen rasch nach, die Kinder sind auf Grund der eingeschränkten Fähigkeit zu sozialer Kontaktpflege oft Einzelgänger. Außerdem können sie ihre Willensimpulse schlecht beherrschen und ertragen kaum Enttäuschungen. Einige Studien legen nahe, dass diese Störung nicht mit der Pubertät nachlässt, wie man bislang angenommen hatte, sondern sich bei bis zu zwei Dritteln der Patienten bis in das Erwachsenenalter fortsetzt. Allerdings werden die meisten Erwachsenen nicht daraufhin untersucht, oder es wird eine Fehldiagnose gestellt. Hyperaktivität wurde früher als Folge eines Minimalhirnschadens angesehen. Doch weitere Untersuchungen ergaben, dass die meisten hyperaktiven Kinder keinen erkennbaren organischen Schaden aufweisen und an keiner geistigen Behinderung leiden. Als Ursache der Hyperaktivität gilt (auch) ein genetischer Defekt, der zu einem Mangel des Neurotransmitters Dopamin führt. Da sich diese Störung in einer ganzen Reihe von Symptomen äußern kann, ist es schwierig, sie eindeutig zu diagnostizieren.

Für die Behandlung der Hyperaktivität gibt es mehrere Ansätze. Als Arzneimittel der Wahl gilt Ritalin (Methylphenidat), paradoxerweise ein Stimulans, das die Verfügbarkeit von Dopamin im Gehirn erhöht. Kinderpsychologen empfehlen bis zur Pubertät autogenes Training beziehungsweise ein besonderes Verhaltenstraining. Wichtige Aspekte dieses Trainings sind Standhaftigkeit und Konsequenz von Seiten der Eltern, im schulischen Bereich liegt der Schwerpunkt auf einfachen Aufgabenstellungen. Dies ist bei intelligenten Kindern allerdings wegen der Nachteile einer Unterforderung oft nicht zielführend.

All diese Komponenten zusammengenommen, ergänzt um das Faktum, dass sehr viel mehr Ehen als früher geschieden werden, immer mehr Mütter berufstätig sind und die Zahl der so genannten Schlüsselkinder nach wie vor zunimmt, immer mehr Junge in der Großstadt aufwachsen, wo sie in keinem festen sozialen Gefüge verankert sind, führen zu einem tendenziell desorientierten, zu Aggressivität, Depression, Rebellion und übersteigerter Kritik am geltenden System neigenden jugendlichen Teil der Bevölkerung, der dieses Verhalten ins Erwachsenenalter mitnimmt und auch auf seine Nachkommen durch Nachahmung und zusätzliche Vereinsamung überträgt.

Trugbilder der Medien

Bleiben wir bei dem einfachen, aber zwingenden Bild, demzufolge der Lebensweg eines Menschen durch drei wesentliche Faktoren bestimmt wird:

1. seine genetisch fixierte Veranlagung, also die gewissermaßen angeborene »Theorie« der Welt;
2. die in den ersten Lebensjahren hinzugewonnene Verfeinerung und Ausgestaltung dieser Theorie, die programmierte Erwartungshaltung, die sich durch die Summe der Eindrücke eines ganz jungen Menschen in seinem Gemüt fixiert;
3. die äußeren Umständen, denen er fortan ausgesetzt ist.

Zu diesen drei Faktoren gesellt sich jetzt auch ein vierter. Es ist der Einfluss, welchen die Informationsflut der Medien ausübt. Sehr viele Kinder verbringen mehrere Stunden am Tag vor dem Fernsehapparat, wo sie, neben zahlreichen Gewalt- und Gräueltaten, utopische, wirklichkeitsfremde Welten vorgesetzt bekommen, denen sie in ihrem späteren Leben niemals begegnen werden. Andere wiederum lernen an den diversen sehr realistischen Spielkonsolen, wie man am besten in möglichst kurzer Zeit viele Menschen abknallt, sich in grauenvollen Umgebungen vor Monstern rettet oder sich im Umgang mit explodierenden Automobilen verhält. All dies nimmt ein junges Gehirn zweifellos in der Grundhaltung der Übung und Vorbereitung für später begierig auf; es ist ja gerade in diesem Lebensabschnitt mit gutem Grund darauf eingestellt, zu lernen, Erfahrungen vorhergegangener Generation zu übernehmen und sich für ein selbständiges Leben in einer ungewissen und unbekannten Umgebung vorzubereiten.

Nichts oder nur sehr wenig von dem, was in diesem Szenario dem Heranwachsenden vermittelt wird, trifft er an, wenn er ins selbstständige Leben entlassen wird. Man verzeiht ihm keine Ungehörigkeiten, die eine nachsichtige Mutter früher lächelnd gestattete. Die Konkurrenz im Beruf nötigt ihm Anstrengungen ab, die er nicht kennen gelernt hat. Er findet nichts von den Scheinwelten wieder, in denen er sich durch Knopfdruck als Herr des Geschehens fühlen konnte. Die

Monster aus den Computerspielen finden sich noch lange in den Bildern, die er in der Schule malt. Er hat gelernt, dass die beste Methode, sich in einer Gemeinschaft zurechtzufinden, jene der Gewalt und des Ellbogens ist. Er gleicht in gewisser Weise einem zum Sportler Auszubildenden, dessen Muskeln untrainiert bleiben, dem man immer wieder vorgemacht hat, dass Sport das reinste Vergnügen ist und er ganz selbstverständlich gewinnen wird, der nicht gelernt hat, mit anderen in einer Gruppe zu leben, kurz: einem Wesen, dessen Vorbereitungszeit für den nicht zu vermeidenden anstrengenden und mit Entbehrungen und Rücksichtnahme verbundenen Lebenskampf ungenutzt oder sogar kontraproduktiv verstrichen ist.

Natürlich habe ich bewusst überzeichnet, um den Grundgedanken der für das so genannte spätere Leben nicht geeigneten Prägung vieler Jugendlicher besonders krass herauszustellen. Der Leserin, dem Leser werden jedoch gewiss Zeitgenossen in den Sinn gekommen sein, auf welche diese Beschreibung genau zutrifft. Ich hoffe, dass sie oder er nicht gerade an die eigenen Sprösslinge denken muss. Nicht genug, dass es alle diese Dinge leider gibt – sie schaukeln sich durch einen weiteren Einfluss nochmals auf.

Nachfrageorientierte Verblödung

> In steter Notwehr gegen arge List
> Bleibt auch das redliche Gemüt nicht wahr –
> Das eben ist der Fluch der bösen Tat,
> Dass sie, fortzeugend, immer Böses muss gebären.
> *Friedrich Schiller, Wallenstein (Die Piccolomini)*

Es ist nur zu verständlich, dass derartige Nöte und Gegensätze in der Menschenseele Bedürfnisse schaffen, die befriedigt werden müssen. Die Leere, welche durch die Gewöhnung an schnell wechselnde Bilder und dröhnende Geräuschkulissen entsteht – im TV, an der Spielkonsole, im Kino – und welch Letztere unter »normalen« Verhältnissen, also im wirklichen Leben, nicht vorkommen, verlangt nach Ersatzbefriedigung. Eine ganze Industrie, das Entertainment-Business, lebt zurzeit von diesen Bedürfnissen. Mit immer utopischeren Filmen, immer lauterem Gedröhne, immer grelleren Lichteffekten in den Discos und deren Nachfolgeinstitutionen, immer brutaleren Szenen, zunehmendem Abbau der Distanz von Intimstem in den Live-Fernsehshows (»Container«) schafft sich das anerzogene Bedürfnis nach ununterbrochenen äußeren Reizen Befriedigung.

Dass diese Rückkoppelung aus Bedürfnis, Befriedigung, Abstumpfung und neuerlichem Bedürfnis nach immer stärkerem Tobak alle Ingredienzen der Sucht in sich trägt, ist offenkundig. Ein nicht geringer Teil der Langeweile, Unlust und Unzufriedenheit mit den Verhältnissen (die, objektiv und rein materiell gesehen, für die Jugend zumindest der westlichen Welt die besten seit Menschengedenken sind) lässt sich auf dieses nie ganz gestillte Verlangen nach immer massiveren Sensationen zurückführen. Es leuchtet durchaus ein, dass Menschen, welchen man eine unwirkliche Welt in möglichst naturgetreuen Farben und Tönen vorgaukelt, mit den »normalen« Verhältnissen unzufrieden sind und immer schlechter damit zurechtkommen. Das Resultat ist eine in der Tendenz desorientierte, sich am Mitmenschen ständig aggressiv reibende, ohne gemeinsam verstandene Aufgabe lebende, frustrierte und ziellos agierende Gesellschaft.

Es kann auch nicht geleugnet werden, dass die Fähigkeit, komplexere Zusammenhänge in Ruhe zu analysieren, sich geduldig in ein Problem zu vertiefen, kurz: mit schwierigen Situationen intellektuell erfolgreich umzugehen, sinkt. Ein gewisses Maß an kollektiver Verblödung, an Herdengehabe mit all den Möglichkeiten der Manipulation und Irreleitung ist zweifelsfrei festzustellen. Die Verzwicktheit der Problemstellungen nimmt zu, die Geduld und die Fähigkeit, sie nachdenkend, mit Herz und Hirn zu lösen, hingegen ab: Das Resultat ist nur allzu oft Aggression und Amok.

Verfall der Autoritäten

Vor nicht allzu langer Zeit gaben Kirche, Staatsräson, Beamtentum, militärische Hierarchien, das Reglement des Arbeitslebens sowie der damit notwendigerweise verbundene Autoritätsglaube Richtlinien vor, die weitestgehend akzeptiert, befolgt und bei Abweichungen geahndet wurden. Sie schränkten die Freiheit des Individuums in beträchtlichem Maße ein, sorgten aber für klare Orientierung und boten für fast alle Situationen des Lebens mehr oder weniger bewährte Muster an.

All das hat sich grundlegend gewandelt. Die traditionellen Religionsgemeinschaften – mit Ausnahme des Islam – befinden sich in den Ländern des Westens in einer defensiven Situation, immer weniger Menschen glauben an Gott oder an eine göttliche Ordnung. Die in der zweiten Hälfte des 19. Jahrhunderts entstandenen, einander eher feindselig gegenüberstehenden politischen Lager, als »rechts« und »links« bezeichnet, beginnen sich auf Grund des sozialen Aufstiegs der Arbeiter und Angestellten sowie der rasanten Zunahme freier Berufe zusehends aufzulösen und machen politischen Gruppierungen Platz, die in sich wenig differenziert und ideologisch unfundiert sind. Die Folge ist, dass der Staatsbürger ununterbrochen einander völlig widersprechenden kategorischen Aussagen von Propheten aller Richtungen ausgesetzt ist, die noch dazu in höchst aggressiver Weise erfolgen. Trotz Pressefreiheit ist es sehr schwer, in diesem Gewitter einander entgegengesetzter Urteile und Auffassungen ein Weltbild zu entwickeln, welches die Verhältnisse halbwegs zuverlässig abbildet und als Orientierungshilfe, als Sinngebung dienen kann. In Verbindung mit der Desorientierung, der viele Menschen schon von Kindesbeinen an ausgesetzt sind, ist dies ein unheilvolles Gebräu, das die Gesellschaft anfällig macht für selbst ernannte Heilsbringer, Volksverführer, gewissenlose Geschäftemacher, welche die Konsumsucht, die Neigung zur Depression, die Suche nach Halt und hemmungslosem Vergnügen ausnutzen, sowie zweifelhafte, im Dunkeln agierende Vereinigungen aller Art.

Die Reparaturgesellschaft

Das wachsende Bedürfnis nach Orientierung, Sinn und Trost in einer für immer mehr verirrte Wesen unüberschaubaren Welt, welchen zusätzlich die Angst vor Umweltkatastrophen, Krieg, Verlust des Arbeitsplatzes und dem »Nicht mehr mitkönnen« aufgebürdet ist, schafft naturgemäß auch Angebot. So wie aus allen Erfindungen und Folgeerscheinungen wirtschaftlicher Tätigkeit neue Bedürfnisse entstanden – man denke an die Millionen Beschäftigten, welche von der Instandsetzung von Gebrauchsgegenständen, der Müllabfuhr, der Sanierung umweltverseuchter Böden etc. leben –, verlangt die gesellschaftliche Desorientierung ebenfalls nach Service und Betreuung der Betroffenen. Es ist nicht unwahrscheinlich, dass in einigen Jahrzehnten ein größerer Teil der Menschen damit beschäftigt sein könnte, die materiellen und immateriellen Schäden, die unser Dasein und Wirken zwangsläufig hervorrufen, zu beseitigen. Auf der materiellen Ebene sind wir schon gut unterwegs, aber auch auf der geistigen und körperlichen zeichnet sich eine ähnliche Entwicklung ab. Die Zahl der Psychotherapeuten, Coaching-Experten, Sektenprediger, Seelenberater, Konfliktmanager, Gruppendynamiker und medizinischen Betreuer aller Art nimmt exponentiell zu. Die Linderung seelischer Schmerzen, das Fertigwerden mit Aggression und Frustration in Gruppen, die Begleitung gestresster Verantwortungsträger durch wirklich fähige (oder auch nur selbst ernannte) Bezugspersonen ist zu einem grandiosen Wirtschaftszweig geworden. Es scheint, als ob mit einer gewissen Verzögerung die Bewältigung des geistig-seelischen Mülls, welche unsere immer orientierungsloser dahinirrende Gesellschaft auf ihrem Weg zu eigentlich undefinierten Zielen (am klarsten scheinen da noch Profit und Wachstum zu sein) hervorbringt, ebenso viel oder noch mehr Nachfrage erzeugt als die Wegwerfgesellschaft.

Ich weiß schon, dass ich ein düsteres Bild zeichne, und frage mich bisweilen, ob ich, ein von Natur aus fröhlich-skeptischer Optimist, wohl auf dem Weg zu einem düster raunenden Kulturpessimisten bin. Ich schwanke noch. Bedenke ich, wie viele grundsätzlich neue Risiken das vergangene Jahrhundert in die Welt gebracht hat, beginne ich tatsächlich zu raunen. Erwäge ich anderseits, dass es dem Menschen immer gegeben war, trotz aller momentanen Verwirrung, Auswege und Lösungen selbst für die kompliziertesten, gefährlichsten Situationen zu finden, so schopfe ich wieder Hoffnung. Sonst hätte ich dieses Buch wohl nicht geschrieben. Karl Poppers Vertrauen in die Kreativität und Tatkraft der Menschen, die sie befähigen, im entscheidenden Augenblick einen Ausweg, eine neue Perspektive zu finden, ist es, die mich weiterdenken und -schreiben lässt. Von neuem skeptisch muss man hingegen werden, wenn man in Betracht zieht, dass die negativen Auswirkungen unserer viel gerühmten Problemlösungen oft schlimmer waren als das Problem selbst.

Ob die Menschheit aus dem gegenwärtigen Zustand der Verwirrung und der Verstrickung in zahllose Zielkonflikte, des mangelnden Vertrauens der Masse in die Führung, der individuellen Kraftlosigkeit herausfinden und auf dem schwankenden Boden eines wehleidigen Egoismus sich so weit organisieren und disziplinieren wird können, um die erforderlichen neuen Regulative auch umzusetzen, bezweifle ich. Ohne weitere schwere Schocks, Missstände und Unfälle wird es wohl nicht abgehen.

Ein zentrales Problem aber scheint mir noch vollkommen unangegangen und ungelöst: Der Ausweg aus den Zwangslagen wird ein systemischer, aus vielen einzelnen Maßnahmen bestehender sein müssen. Nun zeigt der Augenschein, dass dem Menschen aus allzu fein gesponnenen Plänen und Strategien, die auf dem grünen Tisch, auf dem Reißbrett als geistige Konstrukte entstanden, oft mehr Schaden als Nutzen erwuchs. Mit dieser Frage beschäftigt sich der folgende Abschnitt unserer gemeinsamen Wanderung durch das Labyrinth. Und es wird sich dabei eine Reihe weiterer großer Narreteien offenbaren.

III Die Herrschaft der Konstrukte

Weiter ging das fröhliche Wettspiel, und am Ende hatten alle, Tiere und Menschen, ihre Talente und Künste gezeigt. Der Eindruck war groß und freudig, auch der Patriarch lachte in seinen weißen Bart und sagte lobend, nun möge das Wasser ruhig verlaufen und ein neues Leben auf dieser Erde beginnen; denn noch sei jeder bunte Faden in Gottes Kleid vorhanden, und nichts fehle, um ein unendliches Glück auf Erden zu begründen. Einzig der Europäer hatte noch kein Kunststück gezeigt, und nun verlangten alle anderen stürmisch, er möge vortreten und das seine tun, damit man sehe, ob auch er ein Recht habe, Gottes schöne Luft zu atmen und in des Patriarchen schwimmendem Hause zu fahren. Lange weigerte sich der Mann und suchte Ausflüchte. Aber nun legte ihm Noah selbst den Finger auf die Brust und mahnte ihn, ihm zu folgen. »Auch ich«, so begann nun der weiße Mann, »auch ich habe eine Fähigkeit zu hoher Tüchtigkeit gebracht und ausgebildet. Nicht das Auge ist es, das bei mir besser wäre als bei anderen Wesen, und nicht das Ohr oder die Nase oder die Handfertigkeit oder irgendetwas dergleichen. Meine Gabe ist von höherer Art. Meine Gabe ist der Intellekt.« »Vorzeigen!«, rief der Neger, und alle drängten näher hinzu. »Da ist nichts zu zeigen«, sagte der Weiße mild. »Ihr habt mich wohl nicht recht verstanden. Das, wodurch ich mich auszeichne, ist der Verstand.« Der Neger lachte munter und zeigte schneeweiße Zähne, der Hindu kräuselte spöttisch die dünnen Lippen, der Chinese lächelte schlau und gutmütig vor sich hin. »Der Verstand?«, sagte er langsam. »Also zeige uns bitte deinen Verstand. Bisher war nichts davon zu sehen.« »Zu sehen gibt es da nichts«, wehrte sich der Europäer mürrisch. »Meine Gabe und Eigenart ist diese: Ich speichere in meinem Kopf die Bilder der Außenwelt auf und vermag aus diesen Bildern ganz allein für mich neue Bilder und Ordnungen herzustellen. Ich kann die ganze Welt in meinem Gehirn denken, also neu schaffen.« Noah fuhr sich mit der Hand über die Augen. »Erlaube«, sagte er langsam, »wozu soll das gut sein? Die Welt noch einmal schaffen, die Gott schon erschaffen hat, und ganz für dich allein in deinem kleinen Kopf innen – wozu kann das nützen?« Alle riefen Beifall und brachen in Fragen aus. »Wartet!«, rief der Europäer. »Ihr versteht mich nicht richtig. Die Arbeit des Verstandes kann man nicht so leicht vorzeigen wie irgendeine Handfertigkeit.« Der Hindu lächelte. »0 doch, weißer Vetter, das kann man wohl. Zeige uns doch einmal eine Verstandesarbeit, zum Beispiel Rechnen. Lass uns einmal um die Wette rechnen! Also: Ein Paar hat drei Kinder, von welchen jedes wieder eine Familie gründet. Jedes von den jungen Paaren bekommt jedes Jahr ein Kind. Wie viele Jahre vergehen, bis die Zahl 100 erreicht ist?« Neugierig horchten alle zu, begannen an den Fingern zu zählen und krampfhaft zu blicken. Der Europäer begann zu rechnen. Aber schon nach einem Augenblick meldete sich der Chinese, der die Rechnung gelöst hatte. »Sehr hübsch«, gab der Weiße zu, »aber das sind bloße Geschicklichkeiten. Mein Verstand ist nicht dazu da, solch kleine Kunststücke zu machen, sondern große Aufgaben zu lösen, auf denen das Glück der Menschheit beruht.«

Hermann Hesse, Der Europäer

Zwei Arten, ein Haus zu bauen

Meine Generation, insbesondere meine Zeitgenossen, die wie ich auf dem Land aufwuchsen, erlebte noch die »alte Zeit«: Ochsenkarren, Pflüge mit vorgespannten Pferden, eingemietete Erdäpfel, den Greißler um die Ecke und nicht asphaltierte Straßen durch den Ort samt Gänsen, streunenden Hunden und im Dreck spielenden Kindern. In den Sechzigerjahren des vergangenen Jahrhunderts wandelte sich diese Welt mit stetig zunehmender Geschwindigkeit zu unserer heutigen: schwere Traktoren auf den Feldern, begradigte Straßen mit zahllosen Autos, Zäune um die Kinder, die Menschen abends vor den TV-Geräten statt wie früher auf Bänken vor dem Haus oder im Wirtshaus, singend und sehr oft betrunken und spät heimkehrend. In dieser Periode einer beispiellosen Zeitenwende hat sich auch die Art, ein Haus zu bauen, von Grund auf geändert. Dies ist, stellvertretend für viele andere gesellschaftliche Prozesse, ein Musterbeispiel für den derzeit herrschenden Übergang vom Gewachsenen zum Konstruierten.

Bevor sich jemand, unterstützt von seiner Familie und der Nachbarschaft, in früheren Zeiten ein Haus baute, wurde ein einfacher Plan erstellt. Die meisten Details blieben offen für spätere Improvisation. Der Stil und die optische Erscheinung waren stark vom Lokalkolorit und den örtlich verfügbaren Baumaterialien beeinflusst. Dann schritt man ans Werk. Die Baugrube wurde mühsam händisch ausgehoben, Steine und Lehm dabei zum Teil gleich wieder verwendet, für Kellergewölbe und Außenmauern. Je nach örtlicher Verfügbarkeit wurde das Mauerwerk aus Ziegeln, Stein oder Holz errichtet, ebenso das Dach, dessen Bauart die Atmosphäre ganzer Landschaften über Jahrhunderte hinweg bestimmte. Man baute lange, denn Geld und Arbeitskraft waren nur begrenzt verfügbar. Während die Zeit verstrich und der Bauherr, meist selbst Hand anlegend, das Gebäude emporwachsen sah, kamen ihm viele Einfälle, die er sogleich verwirklichte oder für die Zeit der Vollendung aufsparte. Auch die mitwirkenden Handwerker, Familienmitglieder und Freunde hatten Gelegenheit, angesichts des immer deutlicher Gestalt annehmenden Baues ihre Ideen einzubringen und Vorschläge zu machen. So wuchs das neue Haus in einem Wechselspiel von anfänglich Geplantem, neu hinzugekommenen Einfällen, aus der näheren und ferneren Umgebung herangeschafften Materialien und immer wieder angebrachten kleinen Verbesserungen heran wie ein kleiner Garten, in dem jedes Winkelchen genutzt und liebevoll ausgestaltet ist. Fenster, Türen, Dachstuhl, Fassade etc. wurden von »Hand-Werkern« mit ganz persönlicher Expertise und Schöpferkraft gefertigt, trugen, im wahrsten Sinne des Wortes, die Handschrift einzelner Menschen.

Das Wesentliche an dieser Vorgangsweise war, dass man zwar einem groben Plan folgte, sich aber einen Freiraum für die Gestaltung im Zuge des Werdens ließ und dabei Fehler im Plan rechtzeitig ausmerzen, originelle Einfälle noch verwirklichen konnte. Das Ergebnis wich in der Regel beträchtlich vom ursprünglichen Plan ab, da man Gelegenheit gehabt hatte, die Dinge auf dem Wege der Anschauung des Werdenden und des Klügerwerdens in einer Art Koevolution, einem wechselweisen Beeinflussen, wachsen zu lassen.

Heutzutage baut man ein Haus ganz anders. Architekten entwerfen Behausungen am grünen Tisch, bis ins letzte Detail, meist mit Hilfe von Computern, welche bereits eingebaute fertige »Bausteine« für Grundelemente des Bauwerks nutzen. Um Kosten und Zeit zu sparen und möglichst viele genormte Bauteile verwenden zu können, wird ein Bauvorhaben bis zum letzten Türknopf durchgeplant. Von weither hergeholte Unternehmen, die sehr oft das Lokalkolorit am Grundstück nicht kennen, treffen einander das erste Mal auf der Baustelle und setzen die ihnen vom Architekten in zahllosen Zeichnungen, Spezifikationen, Arbeitsanweisungen, Normen und Vorschriften genau vorgegebenen Elemente zusammen. Beton wird in riesigen Trommeln herangefahren, vorgefertigte Bauelemente werden zusammengeschraubt, normierte Türen mit Kunststoffschaum eingeklebt, hoch technisierte Steuerungseinrichtungen für Strom, Heizung etc. eingepasst.

Bei all diesem Planungs- und Organisationsaufwand haben Bauherr, Professionisten und selbst der Architekt kaum noch die Möglichkeit, im Verlauf des raschen Heranwachsens des Bauwerks neu herangereifte Ideen zu berücksichtigen und Verbesserungen anzubringen. Jede Änderung bedeutet das Brechen von Verträgen, kostet Zeit und damit viel Geld. Das meiste dessen, was an Fehlern, Fantasielosigkeit, Missgestalt und schlechter Funktion unabsichtlich in die Planung »hineingerutscht« war, wird, gegen ersichtlichen Augenschein und zum Ärgernis des Bauherrn, des Architekten und auch der ausführenden Professionisten, ausgeführt und »verewigt«. Der Plan ist zum alleinigen Herrn des Projekts geworden, unterstützt vom Zeit-, Kosten- und Normierungsdruck. Ist der Entwicklungsgang erst einmal entfesselt, kann man ihn nur noch unter großen Opfern bremsen, korrigieren oder gar anhalten. Eine Koevolution von Gedanke, Plan, Augenschein des Werdenden, Inspiration durch diesen Augenschein und stetiger Korrektur ist fast unmöglich geworden. Der Plan macht sich selbständig und überrumpelt seine Schöpfer.

Angesichts dieses recht anschaulichen Beispiels lässt sich ermessen, um wie viel mehr Unheil größere Konstrukte – auf geistigem, wissenschaftlichem oder gar gesellschaftspolitischem Gebiet – anrichten können. Was lässt sich weiter daraus ableiten? So genannte große Würfe, vor allem dann, wenn sie den Anspruch auf gesellschaftliche Allgemeingültigkeit, Einbau ins moralische System, Tabuisierung und Untermauerung durch Macht und Gesetz erheben, bringen in der Regel großes Ungemach über die Welt. Unabhängig davon, ob die hinter einem solchen Entwurf stehenden Motive gruppenegoistisch, auf der Egomanie eines Einzelnen aufgebaut oder hochherzig und gut gemeint sind: Naturgesetzlich muss ein allzu umfassendes Konstrukt bei der Umsetzung in die Praxis scheitern, wenn es nicht in sich lernfähig, beweglich und daher vom Anspruch her nicht allgemein gültig gemeint ist.

Ein schlichtes, alltägliches Beispiel ist das Scheitern groß angelegter, starrer Computerarchitekturen. Auch bei noch so umfassender Konzeption werden sie niemals den Wünschen aller User gerecht, wachsen sich zu Monstern aus, die mit den steigenden Ansprüchen nicht zu Rande kommen und, ehe man sich's versieht, zu einem Hindernis für das wirkliche Leben in der Gemeinschaft der Nutzer, sei es nun eine Firma, ein Amt oder ein Verein, werden. Wirklich durchgesetzt haben sich EDV-Programme, die als Baukastensystem aufgebaut und in Form von einzelnen Anwendungen selbständig genutzt werden, gemeinsame Übergangsflächen und Durchlässigkeiten haben und somit eine rasche Abstimmung mit neuen Anforderungen erlauben, ohne dass das ganze Softwaregebäude sozusagen eingerissen und neu errichtet werden muss, was heutzutage vollkommen unbezahlbar wäre.

Die Tyrannis der großen Würfe

> Die Identifizierung angemessener Ziele – für Wirtschaftswachstum, Entwicklung der Lebensqualität, Umweltintegrität – ist zu einer Aufgabe geworden, die kein wie auch immer legitimierter und alimentierter Think Tank der Welt zu lösen vermag. Wenn etwa im Kontext der »Nachhaltigkeit« von den Bedürfnissen künftiger Generationen gesprochen wird: Sie zu antizipieren, hieße sie zu konstruieren, also die Entwicklung des Planeten so zu lenken, dass unseren Nachkommen nichts anderes übrig bliebe, als die Wünsche und Ansprüche, die wir für sie im wahrsten Sinne des Wortes vorgesehen haben, tat-

> sächlich zu haben! Noch gravierender ist jedoch, dass die Forschung so gut wie nichts über die Bedürfnisse der überwältigenden Mehrheit der heutigen Generationen aussagen kann, da diese Menschen zufälligerweise fernab von den Zitadellen der westlichen Wohlfahrt geboren worden sind. Die Fluchtpunkte des Fortschritts vagabundieren im Nebel.
>
> *Hans Joachim Schellnhuber*

Was soll man von dieser gebieterischen und gleichermaßen verwirrenden wie Besorgnis erregenden Aussage halten? Stellt sie ein Denkverbot dar, was die Verbesserung der Systeme unseres Zusammenlebens anbelangt? Ist damit der Entwurf einer neuen, besseren Gesellschaftsordnung obsolet geworden? Wird Karl Poppers Forderung nach beharrlichem Durchdenken gerade der momentanen Situationen, nach der *Pflicht* zur Entwicklung angemessener Lösungswege und, vor allem, zum ungebrochenen Optimismus, was die Fähigkeit der Menschen betrifft, ihre Welt freier, besser und menschlicher zu machen, damit abgeleugnet? Und was ist im Lichte der bereits gemachten Erfahrungen davon zu halten; was lehrt uns die Erfahrung? Es gibt eine ganze Reihe von Großprojekten, welche die Menschen zum Teil oder zur Gänze in die Irre oder gar in arges Unglück geführt haben. Es gibt auch solche, deren Auswirkungen letztendlich eher positiv zu bewerten sind, und durchaus auch etliche mit weitestgehend segensreichem Ergebnis. Je länger eine neue Idee Zeit hat, sich Schritt für Schritt zu entwickeln und zu wandeln, umso haltbarer zeigt sie sich im Sturm der Geschichte – und umgekehrt.

Demokratie

In der Antike bedeutete Demokratie die unmittelbare Teilnahme des Volkes am politischen Leben des jeweiligen Stadtstaates (Polis) und stand im Gegensatz zu den Herrschaftsformen Oligarchie (Herrschaft einiger weniger), Monarchie (Herrschaft eines Einzelnen) und Aristokratie (Herrschaft der Besten). Am politischen Leben teilnehmen durften allerdings nur die Vollbürger; die große Mehrheit der Bewohner des Staatsgebietes, u. a. Frauen, Halbfreie, Sklaven etc., waren von der Politik ausgeschlossen. Das demokratische System bestand im antiken Griechenland nur für einen kurzen Zeitraum (um 400 v. Chr.), bis es dem Ansturm der Perser erlag und dem militaristischen Sparta zum Opfer fiel. Erst im neuzeitlichen England (Bill of Rights, 1689) und in den USA (1776) konnte es sich gegen Absolutismus und Oligarchie wieder durchsetzen und eroberte seit diesem Zeitpunkt fast die gesamte Welt. Es dauerte also über 2000 Jahre und bedurfte langwieriger, oft blutiger Konfrontationen und häufigen sozialen Ausgleichs, bis sich dieses Gesellschaftssystem behaupten konnte – zweifellos eine Vision, also ein Konstrukt menschlichen Einfalls. Aber man hatte sehr viel Zeit; Zeit, das umfassende Räderwerk menschlichen Zusammenlebens auf diese neue Art der Entscheidungsfindung abzustimmen.

Kommunismus

Im Gegensatz zu dem jahrtausendealten Versuch, Gerechtigkeit unter den Menschen durch das Prinzip der Abstimmung aller, also auf demokratischem Wege, zu schaffen, erfolgte die Einführung des Kommunismus in der nachmaligen und schon wieder ehemaligen UdSSR gewaltsam und augenblicklich: als Kopfgeburt eines von Theoretikern entwickelten, konstruierten Systems.

Russland war jahrhundertelang autokratisch und repressiv regiert worden. Der größte Teil des Volkes lebte unter schwierigen wirtschaftlichen und sozialen Bedingungen. Seit dem

19. Jahrhundert waren unter Studenten, Intellektuellen, Arbeitern, Bauern und auch Adligen immer wieder Bewegungen entstanden, deren Ziele im Einzelnen zwar recht unterschiedlich waren, jedoch ausnahmslos auf den Sturz der unumschränkten Herrschaft des Zaren abzielten. Auf der Grundlage der Marx-Engels'schen Vorstellungen entwickelten Lenin und Trotzki eine Staatstheorie, welche sie nach der siegreichen Oktoberrevolution (1917) mit Brachialgewalt in die Tat umsetzten: »Das Recht auf privaten Grundbesitz wird für immer aufgehoben. … Das Recht der Grundeigentümer auf ihren Besitz wird sofort und entschädigungslos aufgehoben« usw. Die Folgen der Vernichtung jahrhundertealter, wenn auch sozial höchst ungerechter Einrichtungen waren katastrophal: Millionen Menschen fielen dem Hunger zum Opfer, weil die Landwirtschaft zusammenbrach, das Verkehrssystem kollabierte, die industrielle Produktion zerfiel. Es dauerte Jahrzehnte, kostete Millionen Menschenleben und verursachte unvorstellbares Leid, bis das bloß von einigen wenigen Gehirnen erdachte System des Kollektivismus zu funktionieren begann – und es funktionierte nur auf der Basis einer beispiellosen Vergewaltigung des Denkens und Handelns von Millionen Menschen, die sich einem politischen Konstrukt unterzuordnen hatten. Gefruchtet hat es letztendlich, wie die Geschichte zeigt, nichts. Es grenzt an ein Wunder und ist das historische Verdienst insbesondere von Michail Gorbatschow, dass das Ende der Sowjetunion im Vergleich zur Auflösung anderer Weltreiche nahezu unblutig verlief.

Faschismus

Faschismus war im engeren Sinn die Eigenbezeichnung einer politischen Bewegung, die unter der Führung von Benito Mussolini 1922 in Italien die Macht übernahm. Im weiteren

Sinn bezeichnet »Faschismus« alle politischen Strömungen und Herrschaftssysteme mit extrem nationalistischer, antidemokratischer und antikommunistischer Ideologie und autoritären Strukturen, die zwischen den beiden Weltkriegen entstanden, vor allem den deutschen Nationalsozialismus unter Adolf Hitler. Der Begriff leitet sich ab von lat. »fasces«, die Bezeichnung für das im antiken Rom von den Liktoren (den Amtsdienern der höheren Beamten) als Symbol der Amtsgewalt der Magistrate vorangetragene Rutenbündel mit Beil.

Der Faschismus ist, im Gegensatz zum Kommunismus, der eine radikal neue Gesellschaftsordnung darstellt, eigentlich ein Anachronismus, ein Rückfall in eine Staatsform, die bereits als überwunden galt. Insofern war er für die schon hoch entwickelten Staaten, in denen er eingeführt wurde, ein großer sozialer, geistiger und kultureller Schock: typisches Merkmal eines reinen Konstrukts.

Faschistische Bewegungen gab es in nahezu allen europäischen sowie in zahlreichen südamerikanischen Staaten. Im Spanischen Bürgerkrieg (1936–1939) zum Beispiel kam die Falange unter Francisco Franco mit deutscher und italienischer Hilfe an die Macht; sie konnte sich bis 1975 halten. In Portugal schuf Antonio de Oliveira Salazar mit dem Estado Novo ein faschistisch ausgerichtetes Regime, in Österreich entwickelte sich der Austrofaschismus. Alle diese Herrschaftsformen waren nicht von langer Dauer, sie wichen mehrheitlich der Gewalt, aber auch dem friedlichen Druck der nach Demokratie strebenden Völker. Ein weiteres Beispiel dafür, dass so genannten großen Würfen in der Mehrzahl der Fälle nur ein kurzes Leben und ein chaotisches Ende beschieden ist.

Die Vereinigten Staaten von Amerika

Die Geschichte der USA unterscheidet sich naturgemäß von Grund auf von jener aller anderen europäischen Staaten. Aus einer Reihe unabhängiger, von (hauptsächlich aus England, Frankreich und Deutschland stammenden) Pionieren gegründeten Einzelstaaten entwickelte sich stufenweise ein Staatenbund, der am 4. Juli 1776 durch die Unabhängigkeitserklärung zu einem gemeinsamen, jedoch recht föderalistischen Staat zusammenfand. Seit der ersten neuzeitlichen Inbesitznahme nordamerikanischen Territoriums (Gründung von Saint Augustine im heutigen Florida im Jahr 1565) dauerte es immerhin über 200 Jahre, bis sich die Amerikaner von ihren Stammländern in Europa emanzipierten. Im Gegensatz zur UdSSR übernahm man im Wesentlichen die in Europa schon entwickelten, dort aber großteils noch nicht realisierten demokratischen Ideen und Fundamente der Menschenrechte als Basis der Verfassung, die nach mancherlei Auseinandersetzungen und dem großen Konflikt des Sezessionskrieges (1861–1865) allgemein anerkannt wurden. Jener Teil des Fundaments der USA, den man als menschliches Konstrukt bezeichnen kann, ist die Idee des föderalistischen Zusammenschlusses von Einzelstaaten und der gemeinsamen Verfassung. Alle anderen Komponenten der Gesellschaft – Kultur und Religion – waren schon in Europa herangereift und zum Großteil ausgestritten und vorgeformt worden. Man startete mit der politischen Architektur der USA also auf der Basis von fertigen gesellschaftspolitischen Bausteinen, in einer nach vorne orientierten, pionierhaft gesonnenen und sich in einem potenziell ungeheuer reichen Land entwickelnden Gesellschaft. Dennoch forderte das Experiment in der Zeit von 1775–1781 (Unabhängigkeitskriege) und 1861–1865 (Bürgerkrieg) sowie im Zuge der ständigen blutigen Auseinandersetzungen mit den Indianern Millionen Todesopfer.

Die Europäische Union

Das Abenteuer Europäische Union (EU) hat – im Vergleich zu geschichtlichen Zeiträumen – gerade erst begonnen. Das letzte große, gesamteuropäische Reich war jenes der Römer, welches überwiegend auf der Grundlage von Gewalt bestand. Es begann mit der Errichtung des Prinzipats durch Augustus 27 v. Chr. und endete mit der Absetzung des letzten weströmischen Kaisers 476 n. Chr. An der Spitze des Römischen Reiches standen in dieser Epoche ein oder mehrere Kaiser; geografisch umfasste das Reich den gesamten Mittelmeerraum, Gallien sowie Teile Britanniens und Germaniens. Zwar gelang 451 n. Chr. auf den Katalaunischen Feldern noch einmal die Abwehr einer hunnisch-ostgotischen Stammeskonföderation unter Attila, danach aber versank die westliche Reichsspitze im Chaos. 476 n. Chr. schließlich setzte der germanische Heermeister Odoaker den siebzehnjährigen Kaiser Romulus Augustulus ab. Sodann zerfiel Europa in zahllose Staaten, die einander jahrhundertelang bekriegten. Nach zwei furchtbaren Weltkriegen besann man sich auf die gemeinsamen geschichtlichen Wurzeln und versuchte, den Keim für eine friedliche Zukunft zu legen.

Von der Europäischen Gemeinschaft für Kohle und Stahl (Montanunion, 1952) über die EWG (Bundesrepublik Deutschland, Frankreich, Italien, Belgien, Luxemburg, Niederlande; Römische Verträge vom 25. März 1957) zur Bildung der Europäischen Staatengemeinschaft (EU-Vertrag, am 7. Februar 1992 von den Außen- und Finanzministern der zwölf Staaten in der niederländischen Stadt Maastricht unterzeichnet) und zur Einführung einer gemeinsamen Währung (Euro, 2002) war es ein verhältnismäßig kurzer Weg. Scheinbare Analogien zur Geschichte der Staatswerdung in den USA sind, genauer betrachtet, trügerisch. Letztere entstanden aus anfangs isolierten, neu gegründeten Staaten, die gemeinsame

Interessen verbanden, auf einem neu eroberten und fast menschenleeren Kontinent voll unbegrenzter Möglichkeiten, ohne fest etablierte Gesellschaftsordnung und starre, alteingesessene Machtsysteme. Die EU hingegen ist zurzeit zweifellos ein Konstrukt, das nur ganz wenige echte Wurzeln besitzt. Ihr hoher weltpolitischer Nutzen für die USA und der damit verbundene sanfte Druck aus Washington in Richtung Entstehung und Erweiterung bleibe dabei nicht unerwähnt.

Die europäische Familie wurzelt in geografischer Einheit, einem gemeinsamen, mehrheitlich griechisch-jüdisch-christlichen Gedanken- und Religionsfundament und – paradoxerweise – in einer traurigen kriegerischen Geschichte. Die Differenzen in allen anderen Bereichen sind zum Teil grundlegend. Von der Sprache, dem Wohlstandsniveau, der Lebensart und Kultur bis hin zu nach wie vor bestehenden schweren Vorbehalten und Ressentiments einiger Nationen gegen andere (insbesondere Franzosen und Deutsche sind einander, trotz gegenteiliger Lippenbekenntnisse, keineswegs grün, ebenfalls der slawische Block dem Deutsch sprechenden) liegen Unterschiede vor, die das weitere Geschehen zu einem riskanten Unternehmen machen. Ob sich dieses Gebilde allein durch gemeinsame wirtschaftliche Interessen, Währung und Infrastruktur stabilisiert oder aber durch kulturelle Zerwürfnisse zerfällt, wird in höchstem Maße von der Bereitschaft abhängen, der Koevolution zwischen Planung, nächstem Schritt, Erprobung und Anpassung genügend Raum zu geben. Auch das weltpolitische Rundum, etwa die zunehmenden Spannungen zwischen dem Westen und dem islamischen Raum, wird die Entwicklung der EU beeinflussen, ebenso die immer stärker spürbare und deutlicher werdende amerikanische Dominanz in der Weltpolitik. Ein sanftes Zusammenwachsen wird nur in einem System aus klaren, allgemein gültigen Regeln und einem hohen Maß an Freiheit für die (ehemaligen) Nationalstaaten möglich sein — unter einer weisen, demokratisch legitimierten, anerkannten Führung. In diesem Zusammenhang bietet die wechselvolle Geschichte der USA – auch, was den periodischen Wechsel von Liberalisierung und Einschränkung der Privatinitiative anbelangt – lehrreiches Anschauungsmaterial. Zurzeit stehen die längerfristigen Chancen wohl nicht viel besser als 50 : 50.

Die Stadt auf der grünen Wiese

Es gibt eine Fülle von Beispielen, was die Entwicklung von Städten, die auf der grünen Wiese geplant und angelegt wurden, betrifft. Die allermeisten davon sind eher abschreckend. Brasília, Hauptstadt Brasiliens und des Bundesdistrikts im Osten des Hochlands von Goiás, dürfte das charakteristischeste Beispiel darstellen. Die Idee, die Hauptstadt Brasiliens ins Binnenland zu verlegen, entstand bereits Ende des 18. Jahrhunderts, aber erst 1957 wurde mit dem Bau begonnen. Mit der Errichtung von Brasília sollte sowohl die alte Hauptstadt Rio de Janeiro entlastet und die Verwaltung des Staates in dessen geografisches Zentrum umgesiedelt werden als auch die Erschließung des Binnenlandes einen entscheidenden Anstoß erhalten. Betrachtet man das aus allen Nähten platzende Rio de Janeiro heute, so ist das erste Ziel ganz sicher nicht erreicht worden.

Der Grundriss der Stadt, den der brasilianische Stadtplaner Lúcio Costa entwarf, ähnelt einem Kreuz bzw. einem Flugzeug. Entlang dem »Flugzeugrumpf« der fünf Kilometer langen Hauptachse der Stadt befinden sich die Regierungsgebäude, die Kathedrale und das Theater; an der insgesamt 13 Kilometer langen Querachse, den beiden »Flügeln«, sind quadratische Wohnblocks angesiedelt – ein Gesamtplan aus der Feder einiger weniger Menschen, hauptsächlich aus jener des berühmtesten brasilianischen Architekten, Oscar Niemeyer.

Jenseits der Grenzen dieser neuen Stadt haben sich mehrere schnell wachsende hässliche Satellitenstädte und Elendsviertel (Favelas) gebildet. Das am Reißbrett geplante Zentrum hat trotz der eindrucksvollen Architektur auch nach fünfzig Jahren noch etwas Konstruiertes und Inhumanes an sich; die Schäden an Gebäuden und Straßen lassen das Ensemble trotz guter Pflege immer etwas verwahrlost erscheinen. Wann immer sie können, besteigen Regierungsbeamte und Geschäftsleute das nächste Flugzeug nach Rio oder São Paulo, um in eine lebendige, gewachsene Lebensumwelt zu fliehen. Nach Jahren der Stagnation und großem Bemühen, die Stadt attraktiver zu machen, beträgt die Einwohnerzahl nunmehr etwa 1,9 Millionen (Rio: 5,55 Millionen) – wobei die Mehrzahl der Menschen außerhalb der auf die grüne Wiese hingesetzten Stadt leben.

Intellektualisierung der Kunst

Eingangs dieses Kapitels kann ich es mir nicht verkneifen, wieder ein wenig, nur ganz wenig, zu theoretisieren. Die konstruktivistische Philosophie befasst sich mit der »Untersuchung der Art und Weise, wie wir Menschen unsere eigenen Wirklichkeiten erschaffen« (Watzlawick 2002). Ernst von Glasersfeld (2000) beschreibt sie so:

> Was ist Radikaler Konstruktivismus? Einfach ausgedrückt, handelt es sich da um eine unkonventionelle Weise, die Probleme des Wissens und Erkennens zu betrachten. Der Radikale Konstruktivismus beruht auf der Annahme, dass alles Wissen, wie immer man es auch definieren mag, nur in den Köpfen von Menschen existiert und dass das denkende Subjekt sein Wissen nur auf der Grundlage eigener Erfahrung konstruieren kann. Was wir aus unserer Erfahrung machen, das allein bildet die Welt, in der wir bewusst leben.

Die brummende Gegenstimme des Biologen Rupert Riedl (2000):

> Zu erwarten, dass […] unser Weltbild mit der Wirklichkeit nichts zu tun haben könne, wie die Konstruktivisten meinen (z. B. Förster, Glasersfeld, Maturana; […]), kann auch nicht richtig sein.

Im Zentrum der traditionellen Erkenntnistheorie steht die Frage nach dem zu Erkennenden, nach dem Gegenstand der Erkenntnis also, von dem angenommen wird, dass es eine objektive, für alle Menschen gültige Erkenntnis von ihm geben könne. Genau dies bestreiten die Vertreter der sich als konstruktivistisch begreifenden Erkenntnistheorien wegen der aktiven Rolle des Erkennenden im Erkenntnisprozess, der deshalb als Konstruktion des zu Erkennenden verstanden wird. Das konstruktivistische Interesse gilt deshalb allen am Wahrnehmen und Erkennen beteiligten Prozessen, insbesondere der Kognition, sowie der Sprache, dem entscheidenden Instrument des Denkens und Erkennens.

Nun, ich sehe in den Betrachtungsweisen sowohl der Konstruktivisten als auch der evolutionären Erkenntnistheoretiker keinen allzu großen Gegensatz. Das Weltbild des Menschen ist ein Konstrukt – gespiegelt in einem über Jahrmillionen an der Welt trainierten und angepassten, sie im Kern schon enthaltenden Organ, dem Gehirn – aus sehr stark gefilterten und unvollkommenen Informationen. Das Konstruierte daran besteht vor allem in der Verkettung und Systematisierung dieser Informationen, was sehr stark abhängig ist von der Beschaffenheit des jeweiligen Gehirns und der Geschichte seiner Jugend.

Hiermit sei par distance Friede zwischen den Streithanseln gestiftet und überraschend sowie mehr oder weniger wohl vorbereitet zum Thema Kunst abgeschwenkt.

Die bei der Betrachtung der menschlichen Kreativität und ihrer außergewöhnlichsten Produkte – jene der Kunst – wesentliche Diskussion über den scheinbaren oder tatsächlichen Widerstreit von Gefühl und Intellekt, Instinkt und Intuition, rechter und linker Gehirnhälfte wird, mit unterschiedlichen Ausdrücken und Begriffen, über lange Zeit hinweg mit unentschiedenem Ausgang geführt. Näher betrachtet, ist sie – wie viele Entweder-oder-Auseinandersetzungen – in sich unsinnig und mündet in ein Sowohl-als-auch. Da es aber eine der häufigsten Narreteien der Menschheit ist, Nuancen und fließende Übergänge zu übersehen und Grautöne taxfrei auf schwarz-weiß zu reduzieren, hat man diesen scheinbaren Gegensatz künstlich am Leben erhalten. Tatsächlich ist sowohl klares Denken als auch die Erfassung von Bildern und Tönen ohne ein harmonisches Zusammenwirken der beiden spezialisierten Gehirnhälften nicht möglich: Sie ergänzen und unterstützen einander auch dann, wenn man ein Kunstwerk schafft. Und so hat logischerweise die Intellektualisierung Eingang auch in die Kunst gefunden.

Sehr oft bedient man sich im Zuge der Verbreitung einer neuen, umwälzenden Idee, einer alternativen Betrachtungsweise in einem konservativen Umfeld aus Gründen des Selbstschutzes, und weil man Verbündete sucht, semantischer Tricks, einer begrifflichen Falschmünzerei: in unserem Fall des Konstruktivismus in der Kunst eben der gleichen Bezeichnung wie für eine philosophische Richtung, und das nicht zufällig und zeitlich fast zusammenfallend. Grundlegende geistige Strömungen bilden nämlich an allen möglichen Stellen der Oberfläche des kulturellen Geschehens plötzliche Wirbel.

Als Konstruktivismus wird auch eine russische Kunstströmung zu Beginn des 20. Jahrhunderts bezeichnet, welche die Entwicklung der modernen Kunst prägte. Ihre reduzierte Formensprache beschränkte sich auf die Verwendung geometrischer Figuren. Der Konstruktivismus entstand in Fortsetzung von Kubismus, Futurismus und Kubofuturismus. Er wurde von den russischen Bildhauern und Malern Wladimir Tatlin, El Lissitzky und Aleksandr Rodtschenko begründet. Im Gegensatz und in Ergänzung dazu erhebt der Dekonstruktivismus, eine Stilrichtung der jüngeren Architektur, den Anspruch auf eine Ablösung der Postmoderne. Gemeinsame Charakteristika ihrer Bauten sind Überlagerungen von Formen und gesplitterte oder fragmentarische Bauelemente. Die zeitlich aufeinander folgenden Planungsstadien werden im dekonstruktivistisch verstandenen Bauwerk gleichzeitig und sich räumlich überlagernd gezeigt. Der Planungsprozess eines Gebäudes wird nicht nur gezeigt, sondern er wird zum eigentlichen Entwurfsinhalt. In beiden Fällen – Konstruktivismus und Dekonstruktivismus – findet ein sehr starker intellektueller Aspekt, finden mathematische und logische Komponenten Eingang in eine bis zu diesem Zeitpunkt fast ausschließlich dem Schönen, was immer das auch sei, und der Überhöhung der Natur und ihren Aus- und Eindrücken gewidmete schöpferische Tätigkeit des Menschen. Hirn schlägt Herz, Plan überwuchert Werk.

Diese Entwicklungen spiegeln in interessanter und charakteristischer Form indirekt auch zentrale Tendenzen im Denken und in der Weltanschauung wieder. Friedrich Schiller schilderte die Aufgabe des Theaters in seiner berühmten Rede insbesondere als eine, die auf das Volk moralisch bildend wirken sollte:

> Wenn keine Moral mehr gelehrt wird, keine Religion mehr Glauben findet, wenn kein Gesetz mehr vorhanden ist, wird uns Medea noch anschauern, wenn sie die Treppen des Palastes herunter wankt und der Kindermord jetzt geschehen ist. Heilsame Schauer werden die Menschheit ergreifen, und in der Stille wird jeder sein gutes Gewissen preisen, wenn Lady Macbeth, eine schreckliche Nachtwandlerin, ihre Hände

> wäscht und alle Wohlgerüche Arabiens herbeiruft, den hässlichen Mordgeruch zu vertilgen. So gewiss sichtbare Darstellung mächtiger wirkt als toter Buchstab' und kalte Erzählung, so gewiss wirkt die Schaubühne tiefer und dauernder als Moral und Gesetze.
>
> *Die Bühne als moralische Anstalt (1784)*

In bemerkenswertem Gegensatz dazu legt Bertolt Brecht seine Stücke so an, dass der offene Schluss und der gebrochene Charakter zahlreicher Figuren Interpretationen zwar nahe legen, aber nicht zwingend lenken. Der deutsche Philosoph, Essayist und Kritiker Walter Benjamin, der Brecht seit 1929 verbunden war, schrieb zehn Jahre später einen erläuternden Essay, in dem er unter anderem Brechts »proletarische« Theaterkonzeption von einer bildungsbürgerlichen im Sinne Friedrich Schillers abzugrenzen suchte:

> Brecht verliert die Massen nicht aus dem Auge. In dem Bestreben, sein Publikum fachmännisch, jedoch ganz und gar nicht auf dem Wege über die bloße Bildung am Theater zu interessieren, setzt sich ein politischer Wille durch.
>
> *Was ist episches Theater? (1939)*

Selbstredend beseelte beide Dichter ein politischer Wille, allerdings mit unterschiedlichen Zielrichtungen, aus einer anderen gesellschaftlichen Sicht und – vor allem – mit völlig unterschiedlichen Wirkungsmustern. Herkunft und Biografie der beiden gegensätzlichen Naturen entsprachen allerdings in keiner Weise ihrer späteren gesellschaftspolitischen Einstellung. Schiller wurde am 10. November 1759 in Marbach am Neckar geboren. Sein Vater war Offizier und Intendant der herzoglichen Hofgärtnerei der Solitude bei Stuttgart. Brecht kam am 10. Februar 1898 als Sohn des Direktors einer Papierfabrik in Augsburg zur Welt. Beide stammten also aus so genannten gutbürgerlichen Verhältnissen, beide wurden in jungen Jahren zu Revolutionären, die aus ihren ersten Wirkungskreisen wegen diverser Konflikte mit der Obrigkeit fliehen mussten, und beide artikulierten ihre Unzufriedenheit mit den herrschenden Verhältnissen durch Darstellung der Konflikte auf der Bühne. Während Schiller die in seinen Dramen behandelten Konflikte dazu nutzt, daraus das Allgemeinmenschliche abzuleiten, und die zu ziehenden »Lehren« als Schlussfolgerung präsentiert, bevorzugt es Brecht, dem Zuschauer die Interpretation der dargestellten Schicksale und Verwicklungen selbst zu überlassen. Klarerweise unterscheiden sich die beiden Stile in ihren Auswirkungen beträchtlich. Während der Besucher Schiller'scher Stücke das Theater ob der Wucht des Schicksals geläutert, mit guten Vorsätzen erfüllt und dem Allgemeinen verpflichtet verlässt, ist die Wirkung Brecht'scher Bühnenwerke eine ganz andere: Sie lassen den Zuschauer mit der Schilderung der immer wiederkehrenden haarsträubenden Verfehlungen der Menschen, der Unbarmherzigkeit der Sachzwänge, den Auswüchsen gesellschaftlicher Übelstände allein. Bewusst soll der Einzelne dazu veranlasst werden, die »richtigen« Schlüsse zu ziehen, aktiv zu werden bei sich selbst und auf der gesellschaftlich-politischen Bühne, um die Zustände zu bessern. Dass dabei jeder seine ganz individuellen Gedanken und Schlussfolgerungen entwickelt, die unter Umständen eher zu einer weiteren Zersplitterung gesellschaftlichen Wollens führen, dass Misswollen, ja Hass, Feindschaft und Zwietracht zwischen den Menschen dadurch eher vermehrt als vermindert werden, zeigt die Erfahrung.

Insbesondere in der Literatur der letzten Jahrzehnte lässt sich eine immer stärkere Tendenz zu bedingungsloser Kritik gesellschaftlicher Zustände, oft in Verbindung mit gewollten und provozierenden Tabubrüchen, feststellen, denen aber keinerlei konstruktiver Ansatz zur Besserung des Kritisierten folgt. Typische Vertreter solch dekonstruktivistischen – im

Wortsinn – Stils sind die österreichischen Dramatiker Peter Turrini, Wolfgang Bauer und Thomas Bernhard sowie die Literatin Elfriede Jelinek, die Aktionisten Günter Brus, Hermann Nitsch, Rudolf Schwarzkogler und Otto Mühl. Letztere Künstler thematisieren Sexualität, körperliche Befindlichkeiten, Verletzbarkeit, Tod, greifen in meist schockierender und provozierender Form gesellschaftliche und religiöse Tabus an und propagieren eine Befreiung von kulturellen Zwängen mit Hilfe einer Katharsis durch Kunst. Zu mehr als dem schockierenden Hinweis und teilweise grotesker Überzeichnung reicht es allerdings oft nicht.

Die Folgen solcher im Grunde durchaus berechtigten, in Form, Methoden und psychologischen Kunstgriffen jedoch schockierenden und überzeichnenden Darstellungen gesellschaftlicher Vorgänge sind eine zunehmende Abwendung vieler Menschen vom Gemeinsamen, das insgeheim immer mehr als unerreichbare Utopie gesehen wird, der Verlust des Glaubens an das Gute im Menschen und eine Grundhaltung, die durch eine teilweise verdrängte und von oberflächlicher Heiterkeit, Geschäftigkeit und Seichtheit verdeckte existenzielle Hoffnungslosigkeit gekennzeichnet ist. Diese mit einem tüchtigen Schuss Zynismus, mit Galgenhumor, Rundum-Vorwürfen und betulicher Kritik an allem und jedem gewürzte Einstellung ist für einen bedeutenden Teil der heutzutage schreibenden Zunft charakteristisch Es ist, als ob die zumindest intellektuell und menschlich unangreifbaren Mahnungen und Hinweise Karl Poppers innerhalb des kurzen Zeitraums von etwa 20 Jahren ungehört verhallt wären. Popper predigte die Idee der Verpflichtung des Menschen zum skeptischen Optimismus, zum Ersinnen neuer, menschenwürdiger Zukunftsmodelle und der Wege zu deren Verwirklichung. Seinem Streben lag die Überzeugung zu Grunde, dass menschliches Denken, Fühlen und Handeln in höchstem Maße von der gerade herrschenden Theorie über die Zukunft bestimmt ist, es aber immer nur Menschen sind, die diese Theorie aufstellen. Menschliches Schicksal wäre demnach das Produkt eines selbstreferenten, rückbezüglichen Prozesses: Wie in den – immer unzureichenden – Gleichnissen von der Katze, die sich in den Schwanz beißt, der sich selbst verzehrenden Schlange oder dem Henne-Ei-Prinzip ist Popper der Meinung, dass das Schicksal der Menschen in vielen Bezügen das Ergebnis einer sich selbst erfüllenden Prophezeiung sei: Das Bild unserer persönlichen und gesellschaftlichen Zukunft erschafft sich weitestgehend selbst. Ausnahmen bilden lediglich Einflüsse, die von außerhalb des Systems kommen, wie Naturkatastrophen, rein materielle Umstände, große wirtschaftliche Krisen etc. Verläuft der Prozess der gesellschaftlichen Entwicklung einigermaßen geradlinig, so gilt die Popper'sche These von der selbst gemachten Zukunft und der vielfach im Unterbewusstsein wirksamen hypnotischen Kraft einer Zielsetzung, der sich selbst erfüllenden Prophezeiung, zweifellos in hohem Maße. Gerät dieser Mechanismus aber in falsche Hände, so sind wir wieder dort, wo wir nicht hinwollen: beim unmenschlichen Konstrukt. Es gibt also kein wirklich verlässliches Patentrezept.

Die große Einheit

Fusionen und Takeovers sind keine Erfindung der heutigen Zeit. Schon die USA kämpften zu Zeiten Woodrow Wilsons (1856–1924) mit der Bildung von immer größeren Firmenkonglomeraten, die hauptsächlich durch Übernahme schwächelnder oder insolventer Gesellschaften durch ihre Konkurrenten entstanden. Die marktbeherrschende Stellung derart großer wirtschaftlicher Einheiten führte zur Bildung von Monopolen und damit zu kontrollierten Preisen, was nicht im Interesse der Allgemeinheit liegen konnte. Man versuchte daher, dies von Staats wegen durch die so genannte Anti-

Trust-Gesetzgebung zu unterbinden, was auch teilweise gelang. Das bekannteste Beispiel dafür ist die amtlich angeordnete Zerschlagung der AT&T Corporation (American Telephone & Telegraph Corporation), eines international tätigen Konzerns der Telekommunikationsbranche mit Sitz in New York. 1997 erreichte der Konzern, der im gleichen Jahr zu den zwanzig größten der Welt zählte, einen Umsatz von rund 43 Milliarden Dollar und beschäftigte etwa 130.000 Mitarbeiter. AT&T wurde 1885 als Tochtergesellschaft der 1877 von Alexander Graham Bell errichteten Fernmeldegesellschaft Bell Telephone Company gegründet, um das Fernverbindungsnetz der Muttergesellschaft zu finanzieren, zu erweitern und zu betreiben. Bis 1899 war die AT&T innerhalb des Konzerns zu so großer Bedeutung aufgestiegen, dass sie in die Muttergesellschaft des Konzerns umgewandelt wurde. In der Geschichte des Unternehmens kam es zu zahlreichen Verfahren wegen Monopolbildung, die zwar lange Zeit zu keiner Auflösung des Quasimonopols als Telefondienstleister führten, den Konzern aber strenger staatlicher Reglementierung unterwarfen. 1984 wurde dem Konzern die Kontrolle über seine 22 regionalen Telefongesellschaften entzogen, er musste sich in viele unabhängige Firmen (»Baby-Bells«) aufgliedern. Trotz dieser und anderer Beispiele für die von Staats wegen angeordnete Zerlegung großer, monopolartiger Gebilde vollzieht sich ein immer stärker werdender Konzentrationsprozess in der Weltwirtschaft und auch im regionalen Umfeld.

In den letzten Jahrzehnten änderten sich die hinter Großfusionen stehende Absichten. Nicht mehr die totale Marktbeherrschung (die von eigens dazu geschaffenen staatlichen Stellen in den USA und der EU scharf überwacht wird) ist die eigentliche Motivation, sondern die exzessive Nutzung der Economies of Scale, also der kosten- und marktbedingten Größenvorteile, vor allem aber die Anbetung der schieren Größe eines Unternehmens als Wert an sich. Die pure Lust der

Manager an der Vergrößerung ihres Machtbereichs wird allzu oft mit der Notwendigkeit des Größenwachstums getarnt. Es gibt wenig Lustgewinn im Managerleben. An das viele Geld gewöhnt man sich sehr schnell. Auf dem Schreibtisch, am Telefon, im Konferenzsaal häufen sich fast ausschließlich Probleme, die gelöst werden wollen. Man befindet sich in einer latenten Sandwich-Situation zwischen den einander widersprechenden Interessen von Eigentümer, Mitarbeitern, Kunden und der Öffentlichkeit. Einer der wenigen Wege, um sich einen Lustgewinn und vorübergehende Befriedigung zu verschaffen, besteht darin, den eigenen Machtbereich zu vergrößern. Macht und Gewinn sind die einzigen Faktoren, die innerhalb der Clique der Manager wirklich zählen und Anerkennung verschaffen. Diesem obersten Ziel verfällt fast jeder Firmenchef, der in einem Konzern das Sagen hat. Tut er es nicht, behält er seinen Platz nicht lange.

Dass schieres Größenwachstum nicht der Weisheit letzter Schluss ist und die Mär von den Economies of Scale in vielen Fällen ganz einfach nicht stimmt, zeigt die jammervolle Geschichte einer ganzen Reihe zu Anfang bejubelter Großhochzeiten auf dem wirtschaftlichen Schauplatz. Die Beispiele, insbesondere der letzten paar Jahre, sind zahlreich: der Beinahe-Zusammenbruch der deutschen Telekom, verursacht durch eine beispiellose Serie von Firmenaufkäufen, gefolgt von irrwitziger Verschuldung und spektakulärer Absetzung des anfangs so sehr gefeierten Vorstandsvorsitzenden; die von den eitlen Eroberungszügen und nachfolgenden Finanzproblemen in die Kriminalität getriebenen Manager der amerikanischen Energiegesellschaft Enron; der durch die Wirkung ähnlicher Gelüste in die Fast-Insolvenz geschlitterte französische Telekom-Konzern Vivendi und sein englisches Gegenstück British Telecom; die großen Probleme beim amerikanischen Kommunikationskonzern Time Warner und schließlich das Scheitern des viele Jahre hindurch als Musterbeispiel einer gelungenen

Fusion geltenden schwedisch-schweizerischen Konzerns ABB, dessen Geschichte ich selbst als Verantwortungsträger von Anfang an miterlebte, wobei ich es mir als Verdienst anrechne, das Ende schon Jahre zuvor vorausgesehen und die entsprechenden Konsequenzen gezogen zu haben. Gerade dieses Beispiel verschaffte mir eine tiefe Einsicht bezüglich der im Hintergrund wirkenden Kräfte.

Wachstum

Es soll hier nicht die Rede sein von der Bildung von Großreichen und wachsenden politischen Einheiten, obgleich die dahinter liegenden Motivationen jenen ähneln, von denen gesprochen werden soll. Die Frage ist, warum Gewerbebetriebe zu Firmen, Firmen zu Kapitalgesellschaften und Kapitalgesellschaften zu Konzernen werden und welche Motive zu deren Bildung einem wirtschaftlichen Gesetz entspringen oder ausschließlich menschlicher Absicht und den diese beeinflussenden Instinkten und Trugbildern. Es sei also unterschieden zwischen dem Sachzwang der Ökonomie und dem nicht minder starken – wenn nicht stärkeren – des Macht- und Geltungsdranges der handelnden Personen.

Es gibt eine Menge guter Gründe, warum eine wirtschaftliche Einheit wachsen soll und in vielen Fällen sogar muss. Zum Ersten ist da die Verlockung, den Umsatz, also die Menge des Produzierten, zu steigern und damit den Gewinn zu erhöhen. Zum Zweiten erreicht man bei einer Ausdehnung des Geschäfts mehr Kunden, vermag die Produktion auszuweiten und zu straffen, die Kosten pro Produktionseinheit zu senken und Lieferanten preislich unter Druck zu setzen. Dies alles vergrößert wiederum den Gewinn. Drittens ermöglicht eine Steigerung des Gewinns Investitionen in neue Maschinen, neue Verfahren und in die Forschung. Und zu guter

Letzt, vor allem bei Kapitalgesellschaften, die vielen anonymen Aktionären gehören, ermöglicht Wachstum die ausreichende Verzinsung des eingesetzten Kapitals, also die Ausschüttung einer Dividende an die Aktieneigner: ein für den Aktienkurs und damit den Börsenwert des Unternehmens besonders wichtiger Faktor. Treffen alle diese Erwartungen nicht ein, beginnt ein Unternehmen zu kränkeln, kann sich Forschung und Entwicklung nicht mehr leisten, erzeugt Frustration bei den Aktionären und wird zum Anwärter für Insolvenz, Verkauf oder feindliche Übernahme.

Der Einfluss der Unternehmensgröße ist jedoch sehr stark vom Entwicklungsstand des Wirtschaftszweiges, von der Technologie, vom Markt, von der Gliederung der Konkurrenz und vom Kundenumfeld abhängig. Grob gesprochen kann man sagen, dass Unternehmen, die sehr große Mengen ähnlicher Güter mit teuren Maschinen und Anlagen produzieren und einen geografisch weit gestreuten Kundenkreis haben, zum Beispiel die Produzenten von Autos, Fernsehapparaten oder Personalcomputern, bei richtiger Organisation von der Größe stark profitieren. Gesellschaften, die eher auf Kundennähe, Service, Einführung von Neuerungen und schnellen Produktwechsel angewiesen sind und sehr flexibel auf Marktveränderungen reagieren müssen, um erfolgreich zu bleiben, werden ab einer gewissen Größe in ihrem Fortkommen behindert. Je größer ein Unternehmen ist, desto straffer nämlich müssen die Regeln und organisatorischen Gliederungen eingerichtet werden, um den gesamten Apparat überschau- und lenkbar zu machen. Die Bürokratie neigt dazu, progressiv mit der Unternehmensgröße zu wachsen, was die gewonnenen Kostenvorteile wieder auffressen kann. Der wichtigste Faktor ist aber der Umstand, dass schöpferische und aktive Menschen – also genau jene Typen, die heute in der Wirtschaft dringend gesucht werden, um dem rasanten Wechsel erfinderisch zu begegnen und ihn organisatorisch zu bewältigen – die in

Großbetrieben unvermeidlichen Lähmungen und bürokratischen Hindernisse verabscheuen und solche Unternehmen entweder nicht als Dienstgeber wählen oder sie nach einigen frustrierenden Jahren wieder verlassen. Zurück bleibt nur allzu oft ein riesiger Apparat voll von desillusionierten, deaktivierten Befehlsempfängern und drittklassigen Managern.

Es scheint, dass die Motivation zur Vergrößerung organisatorischer Gebilde den Boden der Vernunft bereits verlassen und sich selbständig gemacht hat. Besonders skurril ist ein weiterer Umstand. Manche Konzerne erreichen finanzielle Dimensionen, welche an die Budgets kleinerer Staaten heranreichen. Nun wird jeder stramme Manager und kritiklose Anhänger des Kapitalismus entrüstet aufschreien, wenn man ihm im Zusammenhang mit modernem Management Planwirtschaft und Kollektivismus als Vorbild vorschlägt. Was aber ist die Struktur, Zielhierarchie, sorgfältige mehrjährige Planung, straffe Zuweisung von Mitteln, das genau geregelte leistungsabhängige Entlohnungsschema anderes als das seinerzeit vom Kommunismus für ein ganzes Land eingeführte Regulativ? Im Mai 1935 erhob Jossif Wissarionowitsch Stalin in einer öffentlichen Rede die Forderung nach Erhöhung der industriellen Arbeitsleistungen. Nach intensiver Vorbereitung und mit Unterstützung ausgewählter Helfer gelang es am 31. August 1935 dem Hauer Aleksej Grigorjewitsch Stachanow (1906–1977) in einer Kohlengrube im Donezbecken, die gültige Arbeitsnorm um das Dreizehnfache zu überbieten und in einer einzigen Schicht 102 Tonnen Kohle zu fördern. Unter Berufung auf diesen Erfolg kam es in den folgenden Jahren in der ganzen Sowjetunion zu einer intensiven Rekordbewegung zur Steigerung der Arbeitsleistungen.

Bei manchen Großkonzernen könnte Stachanow noch einiges dazulernen, was eine perfekte Planwirtschaft und die damit verbundene Gängelung und Gleichschaltung der Menschen betrifft: Genau das, was Anhänger des Neoliberalismus beim Staat – meist zu Recht – verdammen, betrachtet der Konzern als sein Privileg und übersieht dabei, dass auf Grund seiner Größe bereits Mechanismen wirken, die jenen im Staat sehr ähnlich sind und die Effizienz des riesigen Apparates in Frage stellen. Einer der wenigen Unterschiede zum kommunistischen System besteht darin, dass der geschaffene Mehrwert nicht nur allen Mitarbeitern, sondern auch den Aktionären zukommt und die Einkommenspyramide steiler ist als in der UdSSR seligen Andenkens (wenn man die korrupten Funktionäre in ihren Datschas ausklammert). Diese Differenz ist allerdings nicht so groß, bedenkt man, dass die Dividenden in der Regel nur einen Bruchteil der an die Mitarbeiter ausbezahlten Löhne und Gehälter ausmachen – ein fundamentaler Unterschied zu den Verhältnissen in der Anfangszeit des Kapitalismus.

Wie dem auch sei, Tatsache ist, dass Größe an sich zum Wert, zum erstrebenswerten Ziel geworden ist – ein weiteres Beispiel dafür, wie rasch und unbemerkt auch für kluge Menschen Mittel zum Zweck werden und sich verselbständigen können. Die Wut, Einflusssphären zu vergrößern und einem einzigen Ideen- und Machtsystem unterzuordnen, also einem gedanklichen Konstrukt, steht in krassem Gegensatz zum Koevolutionsprinzip, wonach sich ein Untersystem einer größeren Ordnung zwangsläufig im Gleichschritt mit der sich wandelnden Ordnung des gesamte Systems – in unserem Fall der Konzern mit der vielfach verflochtenen Wechselwirkung von Kundenbedürfnis, neuen Techniken, neuen Produkten und anderen Verhaltensweisen der Konkurrenz – entwickeln muss. Es liegt auf der Hand, dass dies einem Gebilde, welches zum Großteil auf dem Reißbrett von Organisationstheoretikern entstand und den einzelnen aktiven Bereichen – Abteilungen und Einzelmenschen – wenig Freiraum zur Anpassung an geänderte Verhältnisse lässt, nur sehr schwer möglich ist. In erster Linie von diesem Blickwinkel aus erklären sich die Zusammenbrüche oder zumindest schweren Krisen, denen Großorganisationen regelmäßig ausgesetzt sind: Sie sind für eine Koevolution schlechter gerüstet als Gebilde, deren Außenfläche zur Umwelt spezifisch größer ist als ihre eigene. In gleichem Maße, wie die Empfindlichkeit eines Lebewesens gegenüber Kälte mit zunehmender Größe sinkt (die Oberfläche wächst mit dem Quadrat, das Volumen aber mit der dritten Potenz seiner Größe, es kann also immer mehr Wärme bzw. Energie oder Ordnung speichern, je größer es ist), fällt seine Sensibilität gegenüber Veränderungen in der Umwelt ab, und damit auch der Anpassungsdruck. Dieser staut sich sodann über längere Zeiträume so stark an, dass eine revolutionäre, krisenhafte Anpassung – bis hin zum Zusammenbruch – an die Stelle eines evolutiven, also allmählichen Bewältigens der Situation tritt.

Natürlich haben weitblickende Unternehmensführer diese Gesetzmäßigkeit – zumindest in ihren fatalen kommerziellen Konsequenzen – längst erkannt. Man versucht, durch Aufteilung von Großkonzernen in kleine, fast selbständige Einheiten die Flexibilität des Ganzen zu erhöhen. Der Einfluss zentralistischer Grundeinstellungen und deren reglementierende Wirkung, die Machtlust und der Betätigungsdrang des mittleren Managements, welches den ausdrücklichen Willen der Konzernleitung zur Liberalisierung häufig bewusst ignoriert, verkehren solche Dezentralisationsbestrebungen oft in ihr Gegenteil. Man hat dann die Nachteile sowohl der Zentralisation als auch der Zersplitterung als die Summe aller Übel zu tragen.

Als Fazit bleibt die Feststellung, dass Wachstum organisatorischer Einheiten stets bis zu einer Größenordnung erfolgt, ab welcher sie nicht mehr überlebensfähig sind und zerfallen – wie ein alter Baum, der vermodert. Je größer sie zum Zeitpunkt des Zerfalls sind, desto verhängnisvoller wirkt sich der Zusammenbruch auf die Glieder der Organisation und deren unmittelbare Umgebung aus – wiederum sehr ähnlich dem krachenden Sturz eines großen Baumes, der auch in seinem Umkreis viele kleinere Gewächse zerschmettert.

Neukonstruktion des Lebens

Autoktalytische, also sich selbst beschleunigt vermehrende, sich selbst vervielfachende virenartige Gebilde herzustellen, die unter Umständen verderbliche Wirkungen hervorrufen und theoretisch die gesamte Biomasse der Erde für sich nutzen könnten (»Grey goo«-Unfall) oder, im positiven Anwendungsfall, im menschlichen Organismus heilsame Kräfte entfalten können (zum Beispiel künstliche rote Blutkörperchen), rückt in den nächsten 20 Jahren in den Bereich des Möglichen. Wieder einmal kann man von vornherein nicht abschätzen, ob die nutzbringenden Möglichkeiten einer neuen Technik größer sein werden als ihre verderblichen. Man bedenke, erst die Nuklearunfälle in Three Mile Island, Tschernobyl und die schweren Störfälle in den japanischen Wiederaufbereitungsanlagen haben die Menschheit dazu veranlasst, den Weg der friedlichen Nutzung der Kernenergie zaudernd zu verlassen. Die Wirkungen dieser Unfälle waren zwar enorm, haben die Menschheit insgesamt aber nicht bedroht. Ein einziger Unfall mit einem gentechnisch veränderten Bakterium oder Virus, einem künstlich hergestellten Lebewesen, einer Chimäre, könnte einen Großteil des Lebens auf der Erde in kurzer Zeit auslöschen, auch wenn man nicht die gräuliche Vision des Grey goo von Bill Joy als Extrem in Betracht zieht. Die beiden Grundsatzfragen, die sich uns mit diesem immer unübersichtlicher und drängender werdenden Bedrohungsbild stellen, sind folgende:

1. Ist der Mensch fähig, aus Einsicht bewusst nicht auszuprobieren, was im grundsätzlich möglich wäre, weil die nega-

tiven Wirkungen die positiven bei weitem überwiegen und seine Gattung gefährden könnten?
2. Ist er in der Lage, Theorien und Verhaltenweisen zu ersinnen, um mit den Bedrohungen, denen er gegenübersteht, als Ganzes fertig zu werden?

Den ersten Punkt verneine ich aus voller Überzeugung: Auch Verbote und Kontrollen werden nicht verhindern, dass Chimären gezüchtet, Menschen geklont werden und gentechnische Rassenhygiene praktiziert wird. Wir werden auf das Glück angewiesen sein – das Glück, dass der erste Unfall nicht schon so groß ist, dass er unwiderruflich der letzte war. Bei Punkt 2 bin ich (mit der weiter unten geschilderten, sehr gewichtigen Ausnahme) optimistisch. Wie sich in den Fällen Kerntechnik und Umweltverschmutzung gezeigt hat, ist man sehr wohl in der Lage, binnen relativ kurzer Zeit anerkannte Normen zu schaffen, welche nachhaltige Besserung garantieren. Mit der Atombombe und dem später unternommenen Versuch, die Kräfte des Atomkerns friedlichen Zwecken dienstbar zu machen, brachte der Mensch, abgesehen von einigen künstlichen Materialien und chemischen Verbindungen, das erste Mal in der Geschichte unseres Planeten Stoffe und Energien in die Biosphäre, die diese nicht gekannt hatte und deren Restprodukte zum Teil Jahrmillionen brauchen, um daraus wieder zu verschwinden. Die friedliche Nutzung der Kernkraft wurde von einer beispiellosen Welle der Zuversicht und der Hoffnung auf ein Leben in Überfluss, auf eine Welt voll Milch und Honig, welche diese angeblich unerschöpfliche Energiequelle ermöglichen sollte, begleitet. Die damals gestellten Prognosen und verfassten Jubelhymnen lesen sich sehr ähnlich wie Jeremy Rifkins jüngstes Buch über Biotechnologie: »Das biotechnische Zeitalter«. Auch dort das goldene Zeitalter, voll der Segnungen für Kranke durch künstliche Organe, neue Medikamente, die den Krebs besiegen werden, produziert durch genmanipulierte Mikroben. Eine unerschöpfliche Fülle von Nahrung, hervorgebracht durch gentechnisch konstruierte Pflanzen, die nicht Tod und Teufel, Dürre und Schädlinge, ja nicht einmal ein anderes Konstrukt des Menschen, das sich nach großen Anfangserfolgen ebenfalls als verhängnisvoll erwiesen hat – die Pestizide – scheuen. Es gehört eigentlich recht wenig an prophetischer Gabe zu dem, was ich jetzt, als Schluss dieses Abschnittes, dazu äußern werde.

Die Biotechnologie, also die Konstruktion neuer reproduktionsfähiger Lebewesen durch gentechnische Operationen, wird – wie auch die Nutzung radioaktiver Stoffe in der Medizin – auf vielen Gebieten segensreiche Auswirkungen zeitigen. Langfristig wird sie aber nichts Stabiles hervorzubringen vermögen, was die Natur in den drei Milliarden Jahren, in denen es Leben auf der Erde gibt, nicht schon ausprobiert hätte. Unzählige Versuche der Natur führten zum Ausscheiden nicht systemangepasster »fitter« Organismen. Meist ging dieses Ausscheiden langsam und unspektakulär, manchmal, ausgelöst durch äußere Katastrophen, recht schnell vor sich. Und vor allem: Das Leben nahm einen stetigen Verlauf »nach oben«, hin zu immer komplexeren, höher organisierten Wesen, dessen vorläufiger Höhepunkt wir selbst, die Menschen, sind. Zugleich aber sind wir, wohl auf Grund unseres hohen Organisationsgrades, diejenige Lebensform, die am anfälligsten, am sensibelsten und verwundbarsten von allen ist, was durch die große Zahl von Individuen und die komplizierten Organisations- und Logistiksysteme, die für deren Ernährung und Versorgung notwendig wurden, noch verstärkt wird. Im Oktober 1999 überschritt die Weltbevölkerung die Sechsmilliardenmarke. Da die Zahlen immer nur annähernd geschätzt werden können, ist der genaue Zeitpunkt nicht feststellbar. Es wurde daher der 12. Oktober 1999 zum »Tag der 6 Milliarden« ernannt. 1987 war die Fünfmilliardenmarke überschritten worden. Seit 1960 hat sich die Weltbevölkerung verdoppelt. Gegenwärtig wächst die Weltbevölkerung um jährlich 80 Millionen Menschen, jede Minute werden 160 Menschen geboren. 98 Prozent des Bevölkerungswachstums findet in den Entwicklungsländern statt. Alle diese Menschen ruhen in einem einigermaßen im Gleichgewicht befindlichen System von Mikroben, höheren Tieren, Pflanzen und einer Umwelt, die Milliarden von Jahren gebraucht hat, dieses System jeweils stabil zu halten. Wir sind die Einzigen, die wirklichen Wirbel machen.

Werden nun auf der untersten Ebene, jener der Mikroorganismen, völlig neue Wesen, Chimären, auf die weder wir noch alle anderen Lebewesen dieser Erde jemals eine Antwort, eine Medizin, eine Abwehrreaktion entwickeln mussten, eingeführt, so ist die Wahrscheinlichkeit, dass es größere oder auch sehr große, völlig unerwartete Katastrophen geben wird, praktisch 100 Prozent. Was nützen uns dann Pflanzen, die auch in der Sahara wachsen? Kühe, die 100 Liter Milch am Tag geben? Künstliche Lebern, die das Leben von bedauernswerten Kranken um einige Jahre verlängern? Mikroorganismen, die dem Bergmann das mühsame Herausklopfen der Erze aus dem Bauch der Erde abnehmen? Man wird die Reserven der Erde dadurch nicht vergrößern, sondern bloß die Geschwindigkeit ihres Abbaus. Man wird die Menge an erzeugbarer Biomasse und Nahrung nicht beliebig vergrößern, denn Boden, Wasser und Atmosphäre werden dem eine klare Grenze setzen. Und all die zweifellos zu erwartenden Benefizien, insbesondere auf medizinischem Gebiet, werden den Schaden nicht aufwiegen können, wenn ein entkommener künstlicher Bakterienstamm in kürzester Zeit eine Baumart weltweit vernichtet, alle Hunde hinwegrafft oder ganze Meere von Fischen leer fegt. Von einer ähnlichen Katastrophe, die den Menschen direkt treffen könnte, will ich nicht sprechen, denn es wäre unvorstellbar, träfe allerdings auch die direkt Schuldigen.

Wie schon gesagt: Der einfache, gesunde Menschenverstand spricht für diese Prognose. Da das Vokabular der Jubelpropheten aber viel öfter die Ausdrücke Profit, Wachstum, Menge, Sensation, unglaublich, Börse enthält als die langweiligen Begriffe aus der klassischen Biologie, Evolutions- und Systemtheorie (in Rifkins Autorenverzeichnis kommen die Namen Uexküll, Lorenz, Riedl usw. nicht einmal vor), sind die treibenden Kräfte und der Betrachtungshorizont augenfällig. Zu Rifkins Ehrenrettung sei gesagt, dass er die möglichen Nebenwirkungen in seinem Buch anschaulich beschreibt. Der subjektive Gesamteindruck einer durch pflichtgemäße Skepsis leicht verbrämten Jubelschrift bleibt dennoch bestehen.

Natürlich wird der – nicht wenigen – Warner erst dann gedacht werden, wenn die erste Katastrophe augenscheinlich ist und Entsetzen die Menschen erfasst hat. Tschernobyl wird im Vergleich dazu nur die Detonation einer Handgranate sein. Es bleibt zu hoffen, dass die Überlebenden Zeit und Klugheit genug aufbringen werden, spätestens dann ihren eigenen Werken mehr zu misstrauen als bisher.

Die Letzten werden die Ersten sein

Wie bei fast allen Sprichwörtern gibt es immer ein Gegensatzpaar. So auch in unserem konkreten Fall. »Wer wagt, gewinnt« und »Wer sich in Gefahr begibt, kommt darin um«, heißen die spiegelbildlichen Zwillinge. Die Evolution hat immer gewagt, aber in winzig kleinen Schritten. Die weitaus überwiegende Zahl von Mutationen kam über ein einziges Exemplar, das mit seinem Tod endgültig verschwand, nicht hinaus. Nur wenige passten in ihre Umwelt, vermehrten sich, formten ihre Umgebung mit und wurden wiederum von ihr weiterentwickelt, bis auch sie, oft erst nach vielen Millionen Jahren, durch geänderte Umstände aus dem System hinausgedrängt wurden. Der

Mut der Evolution beschränkt sich gewissermaßen auf ganz kleine Versuche, die nach und nach getestet und ausgebaut werden. Sie wagt immerzu und gewinnt bisweilen. Der Verlust spielt sich jedoch stets im ganz Kleinen ab. Ausschließlich durch äußere Katastrophen, wie plötzliche Klimaänderungen oder Einflüsse aus dem Weltall, ereigneten sich auch kleinere biologische Weltuntergänge. Die Saurier wüssten ein Lied davon zu singen ...

Seit dem Zeitpunkt, da der Mensch naturfremde Stoffe in die Welt brachte, seit er sich an der Keimbahn zu schaffen macht, kommt ein neues, selbstmörderisches Abenteurertum ins Spiel. Das Ausmaß der Experimente ist so groß geworden, die möglichen Auswirkungen der Konstrukte sind so gefährlich, dass jetzt das zweite Sprichwort zu Ehren kommt: Wer sich andauernd in große Gefahr begibt, wird irgendwann unfehlbar darin umkommen. Hoffen wir, dass die zu erwartenden Fehlschläge unserer Konstrukte auf jene Gegenden beschränkt bleiben, in denen ihre Verursacher zu Hause sind, und die besonneneren unter unseren Zeitgenossen von den ungewollten, heutzutage nonchalant »Kollateralschäden« genannten Folgen verschont bleiben und das alte Bibelwort sich wieder bewahrheitet: »Die Letzten (in der langen Kette der Abenteurer) werden die Ersten sein.«

Wenn nun sowohl Ordnungsverlust als auch allzu straffe, konstruierte Systeme sich als längerfristig untauglich erwiesen haben, das Zusammenleben der Menschen und ihre Umwelt stabil zu erhalten, erhebt sich die Frage: Wie soll es denn dann überhaupt weitergehen? Meine Antwort darauf mag frustrierend sein: Es gibt kein einfaches Rezept. Die zu beschreitenden Wege werden wohl ähnlich auszuwählen sein wie bei dem im Zusammenhang mit rein wirtschaftlichen Fragen schon erörterten Gleichnis von der Hecke. Auch die Entwicklungszyklen der Gesellschaft entsprechen jenen eines lebenden Zaunes: Lässt man ihn nicht eine Zeit lang wild wachsen, verträgt er den Schnitt nicht; schneidet man ihn nicht bisweilen radikal zurück, so wächst er in unkontrollierter Form monströs aus. Allerdings sollte die jeweilige Wildwuchsphase, um in diesem Gleichnis zu bleiben, viel kürzer sein, als ihr derzeit gestattet wird.

Keinesfalls nützlich ist ein Patentrezept, ein Konstrukt, das einem ja auch beim Autofahren allein nicht hilft: Man schaut wohl in die Karte, beobachtet Wegweiser und hört den Verkehrsfunk. All dies aber erspart uns nicht das Bremsen bei unerwarteten Ereignissen, den Umweg um die Baustelle und den Stopp an der Tankstelle. Eine Patentkarte für das Zusammenleben der Menschen gib es ja auch nicht, genauso wenig wie einen sicheren Autopiloten für den Pkw. Das Lenken, Bremsen und auch das immer wiederkehrende sorgfältige Service für das ganze Fahrzeug nimmt uns niemand ab. Am allerwenigsten ein Große Bruder, wie ihn George Orwell uns in seinem Roman »1984« vorgestellt hat.

IV Der Kult der Oberflächen

Stelle dir Menschen vor in einer unterirdischen Wohnstätte. Von Kind auf sind sie in dieser Höhle festgebannt. Von oben her aber aus der Ferne von rückwärts erscheint ihnen ein Feuerschein; zwischen dem Feuer aber und den Gefesselten läuft oben ein Weg hin, längs dessen eine niedrige Mauer errichtet ist. Längs dieser Mauer tragen Menschen allerlei Gerätschaften vorbei. Können solche Gefangenen von sich selbst sowohl wie gegenseitig voneinander mehr gesehen haben als die Schatten, die durch die Wirkung des Feuers auf die ihnen gegenüber liegende Wand der Höhle geworfen werden?

Durchweg also würden die Gefangenen nichts anderes für wahr gelten lassen als die Schatten der künstlichen Gegenstände. Wenn einer von ihnen entfesselt und genötigt würde, plötzlich aufzustehen, nach dem Lichte emporzublicken. Und wenn man ihn nun zwänge, sein Licht auf das Licht selbst zu richten, so würden ihn doch seine Augen schmerzen. Wenn man ihn nun aber von da gewaltsam durch den Aufgang aufwärts schleppte und nicht eher ruhte, als bis man ihn an das Licht der Sonne gebracht hätte, würde er diese Gewaltsamkeit nicht schmerzlich empfinden und sich dagegen sträuben?

Zuletzt dann würde er die Sonne, nicht etwa bloß Abspiegelungen derselben im Wasser, in voller Wirklichkeit schauen und ihre Beschaffenheit zu betrachten im Stande sein. Wenn ein solcher wieder hinabstiege in die Höhle und dort wieder seinen alten Platz einnähme, würden dann seine Augen nicht förmlich eingetaucht werden in Finsternis. Und wenn er nun wieder wetteifern müsste in der Deutung jener Schattenbilder, würde er sich da nicht lächerlich machen und würde es nicht von ihm heißen, sein Aufstieg nach oben sei schuld daran, und schon der bloße Versuch, nach oben zu gelangen, sei verwerflich?

Platon, Der Staat

Dieses in der Geschichte der Philosophie wohl berühmteste Gleichnis hat die uralte Diskussion um das »Ding an sich«, also das, was hinter den von uns gesehen, gerochenen, gehörten und gefühlten Eindrücken »wirklich« stecken könnte, immer wieder inspiriert. Wenn auch Ludwig Wittgenstein diesen Disput für unsinnig hielt und die evolutionäre Erkenntnistheorie sowie die Konstruktivisten fundamentale neue Überlegungen zum Fragenkomplex »Erscheinung, Form und Inhalt« gebracht haben, ist Platon zumindest in einem Punkt immer noch höchst aktuell: Die äußere Erscheinung einer Sache, sei es nun ein Haus, ein Mensch, das Erscheinungsbild einer politischen Partei oder eines Produktes, wirkt auf den Menschen zunächst viel stärker ein als dessen dahinter verborgener Inhalt. Erst später, nachdem man sich mit der Sache vertraut gemacht, sie durchdrungen, daran geklopft und gerochen, sie zerschnitten und wieder zusammengesetzt, röntgenisiert und dem Computertomographen ausgesetzt, die chemische Zusammensetzung analysiert hat usw., sie also genau untersucht und den ersten Augenschein um viele andere Erfahrungen ergänzt hat, wird man sich der gesamten Qualität einer Sache immer sicherer.

Die Tyrannis des ersten Augenscheins

All dies aber braucht Zeit. Da Zeit aber eine immer knapper werdendes Gut ist und der Mensch von seinem selbst geschaffenen System von Zwängen immer mehr gefangen genommen wird, kann auch, im Durchschnitt des Tagesablaufes, zunehmend weniger Sorgfalt aufgewendet werden. Die Folge: Man ist immer stärker den mannigfachen »Täuschungen des ersten Augenscheins« ausgeliefert. Diesen Umstand machen sich

Werbestrategen, Demagogen und Populisten, Fertighauslieferanten und Architekten, Baustofffirmen und – insbesondere – die Hersteller von Farben, Verkleidungen, Fassaden aller Art zu Nutze, um ihre ganz speziellen Absichten zu verfolgen – eine Erscheinung, die das gesamte moderne Leben in nicht immer dienlicher Weise durchdringt.

Gefördert werden diese Mechanismen durch den Vormarsch der elektronischen Medien, die eine Fülle von großteils unkontrollierbaren Informationen vermitteln und den Einzelnen entweder in einem Zustand tiefster Verunsicherung zurücklassen oder ihn von Fakten überzeugen, welche einer näheren Untersuchung oft nicht standhalten. Dies wiederum führt zu völlig abgehobenen, realitätsfremden oder ganz einfach falschen Meinungen oder aber zu einem grundlegenden Misstrauen gegenüber allem und jedem, was an Informationen übermittelt wird, bis hin zu einer Abwendung nicht weniger Menschen vom Mainstream der Gesellschaft. Extrem vereinfacht gesehen, ist eine widersprechende, gegenläufige Entwicklung festzustellen: Sehr viele Menschen richten sich nach dem Diktat der gerade veröffentlichten Meinung, und nicht wenige wenden sich von dem, was gerade en vogue ist, vollkommen ab.

Inhalte und Oberflächen

Ein Dom ist ein durch und durch massives Bauwerk. Stein für Stein wurde er, folgend den Notwendigkeiten der Statik (nicht wenige im Entstehen begriffene Bauwerke stürzten ein, zum Beispiel der Deutsche Dom in Berlin im Juli 1781) und den gerade üblichen ästhetischen Richtungen im Sinne des Wortes aufgetürmt.

Die wechselseitige Beeinflussung der beiden wichtigsten Größen im Bauwesen – innere Gesetzlichkeit des Materials und Vision des Konstruktionsprinzips – ist umso stärker, je abhängiger der Baumeister von seinem Material, den verfügbaren Werkzeugen und der verwendbaren Energie (Transport und Heben) ist. In grauer Vorzeit – in entlegenen Weltgegenden noch heute – begnügte sich der Mensch mit Hütten aus Holz, verkleidet mit Lehm und gedeckt mit pflanzlichem Material. Der anmutsvollen Gestaltung waren dadurch naturgemäß sehr enge Grenzen gesetzt. Wichtig war der Schutz vor Witterung und dem äußeren Feind. Die Form des Bauwerkes ergab sich zwangsläufig aus den Baustoffen und der wahrscheinlich begrenzten Zeit, die man für die Errichtung zur Verfügung hatte. Die Nutzung des Steines oder Ziegels – im nordafrikanischen und vorderasiatischen Raum schon vor Jahrtausenden, in Mittel- und Nordeuropa erst sehr spät – gab dem Architekten und Baumeister schon erheblich mehr Freiheiten. Kombiniert mit der Anwendung von Metall und widerstandsfähigen betonartigen Materialien, konnte man bereits kühne, von der ursprünglichen einfachen Hausform weit abweichende Konstruktionen errichten. Noch immer aber waren Inhalt und Oberfläche ineinander übergehend, keine vergängliche, der Form aufgesetzte Fassade täuschte ganz andere Materialen und Inhalte vor als tatsächlich verwendet wurden. Man baute bewusst für lange Zeit, fest und haltbar – so gut es eben ging. Das Schöne war ein willkommenes Nebenprodukt. Und eben dieses »Schöne« beschäftigte bezüglich seines Ursprungs und seiner Eigenart die Menschen über Jahrtausende hinweg.

Die ersten philosophischen Theorien des Schönen stammen von Platon, welcher Schönheit und Kunst als voneinander unabhängige Erscheinungen behandelte. Der neuzeitliche Begriff des »Kunstschönen« war ihm fremd. Als Inbegriff der Schönheit gilt Platon in erster Linie die menschliche Gestalt. Bei seinem Schüler Aristoteles finden sich nur wenige Ausführungen zur Schönheit. In seiner »Metaphysik« definiert er das

Schöne als Zusammenspiel von Ordnung, Gleichmaß und Begrenztheit. Von den Künstlerphilosophen der Renaissance wurde Schönheit nicht mehr als Ausdruck einer den Kosmos ordnenden Macht Gottes gedacht, sondern von ihrer Wirkung auf den Betrachter her verstanden. Im Mittelpunkt der ästhetischen Theorie Immanuel Kants, die in seiner »Kritik der Urteilskraft« (1790) vorgetragen wird, steht eine Analyse des ästhetischen Geschmacks. Für Kant werden Erscheinungen dann als schön empfunden, wenn sie zweckfrei sind und ein Lustgefühl erwecken, das unabhängig ist von einem bloß sinnlichen Genießen. Daher spricht Kant vom »interesselosen Wohlgefallen«. Arthur Schopenhauer wiederum führt aus, dass der Mensch in der Kunst seinen Willen, der ihn ansonsten permanent gefangen hält, hinter sich lässt. Der Kunstgenuss entlastet ihn vom Druck andauernder Bedürfnisbefriedigung. Walter Benjamin hält es für besonders wichtig, dass jedes Kunstwerk eine Kritik an gesellschaftlichen Verhältnissen leistet. Hier ist bereits derselbe Effekt bemerkbar, der auch in der Geschichte des Dramas auffällig ist: Nach der industriellen Revolution werden immer mehr Themen und Aspekte der Kunst aus dem Blickwinkel der Gesellschaftskritik betrachtet. In seiner »Ästhetischen Theorie« (1970) begreift Theodor Adorno das Ästhetische als Korrektiv zur instrumentalistisch verkürzten Vernunft der Neuzeit. Man sieht, auch die Definition des Schönen unterliegt ganz wesentlichen Wandlungen – und einer bedeutenden Rationalisierung. Doch zurück zum Bauen.

Beton und Stahl eignen sich nicht zur Dämmung gegen die Kälte. Isolationsschichten aus neu entwickelten Materialien müssen her: geschäumte Kunststoffe, Mineralwolle, Plastikfolien. In vielen Fällen ist es auch notwendig, zusätzliche äußere Hüllen anzubringen, um eine gefällige Optik herzustellen: Die vorgehängte Fassade wurde erfunden. Die Kombination dieser beiden Elemente – Isolation und Fassade – führte endgültig zur Trennung zwischen dem Charakter des Inneren eines Bauwerkes und dessen späterem äußeren Erscheinungsbild. Lediglich der Umriss, das Profil, lässt beim Anblick eines Bauwerks noch auf sein Inneres, seine Substanz, schließen, und selbst das trifft im Falle eines künstlich auf »alt« behübschten Hauses, das innen aus modernen Materialien, außen aus auf antik gestylten Fassadenelementen besteht, nicht mehr zu. Ohne Täuschungsabsicht wächst Innen und Außen in der Architektur in den allermeisten Fällen völlig auseinander. Die Kriterien, welche ursprünglich das Erscheinungsbild eines Bauwerks maßgeblich bestimmten, wurden nach und nach abstrahiert, theoretischen Überlegungen und auch dem Gesetz der Wirtschaftlichkeit untergeordnet. Dies muss keineswegs bedeuten, dass dabei nicht auch eindrucksvolle und unmittelbar schön anmutende Werke entstehen können, ihre Häufigkeit, betrachtet man unsere Städte und Dörfer, nimmt aber eindeutig ab. Genau dieser Effekt ist es, der unser so genanntes modernes Leben insgesamt charakterisiert.

Form und Inhalt

Die Frage des Verhältnisses von Form zu Inhalt, von Oberfläche zu Volumen ist eine fundamentale in vielerlei Hinsicht. Da der Erkenntnisapparat des Menschen sich auf einige wenige Eigenschaften reduziert (im Vergleich zu all jenen, die uns sinnlich nicht zugänglich sind) – Hören, Sehen, Riechen, Fühlen etc. – und in den Käfigen der Dreidimensionalität und linearen Zeit gefangen ist, ist er auf Rückschlüsse aus diesen vergleichsweise geringen Informationen über das Äußere eines Gegenstandes angewiesen. Der Brückenbauer zwischen diesem bruchstückhaften Mosaik aus Beobachtungen und ersten Eindrücken, der »Oberfläche« oder »Form«, und dem »Inhalt«, auf den daraus sich indirekt schließen lässt, ist die Logik, welche in den Gesetzen der Mathematik ihre reinste Ausprägung findet.

In seiner schwülstigen Art, aber dennoch einigermaßen verständlich, hat der deutsche Philosoph Georg Wilhelm Friedrich Hegel das verknäuelte Begriffspaar beschrieben:

> Form und Inhalt sind ein Paar Bestimmungen, deren sich der reflektierende Verstand sehr häufig bedient, und zwar vornehmlich in der Art, dass der Inhalt als das Wesentliche und Selbstständige, die Form dagegen als das Unwesentliche und Unselbstständige betrachtet wird. Dawider ist jedoch zu bemerken, dass in der Tat beide gleich wesentlich sind und dass, während es einen formlosen Inhalt so wenig gibt als einen formlosen Stoff, diese beiden (Inhalt und Stoff oder Materie) sich eben dadurch voneinander unterscheiden, dass die Letztere, obschon an sich nicht ohne die Form, doch in ihrem Dasein sich als gegen dieselbe gleichgültig erweist, wohingegen der Inhalt als solcher das, was er ist, nur dadurch ist, dass er die ausgebildete Form in sich enthält.

»Die Zahl ist das Wesen aller Dinge«, meinte andererseits der griechische Mathematiker Pythagoras im 6. Jahrhundert v. Chr. Heute scheint es, dass allein die Mathematik in der Lage ist, die Komplexität unserer Welt angemessen zu beschreiben. Die Codes, die den CD-Spieler und die Handy-Kommunikation möglich machen, lassen sich mit Hilfe mathematischer Algorithmen darstellen. Gewinnmaximierung und Aktienrendite werden gerne als »Funktionen« aufgefasst, und der Gestalt des Weltalls nähert man sich am besten mit der Differenzialgeometrie.

Dass sich zahlreiche Gesetzmäßigkeiten unserer Welt mittels mathematischen Strukturen beschreiben lassen, ist allerdings nichts als ein Hilfsmittel des menschlichen Geistes, dessen Entsprechung in die äußere Welt hineingedacht erscheint.

Höhere Mathematik ist eine Krücke des Intellekts, die aber nichts wirklich anschaulich erklärt. Man kann mit dem Einstein'schen Energieäquivalent $e = mc^2$ viele Erscheinungen vorausberechnen, ein anschauliches Bild von der Krümmung des Raumes wird uns allerdings immer verborgen bleiben, weil wir nur in drei Dimensionen zu denken, allerdings in beliebig vielen zu rechnen verstehen. Lange war die Mathematik eine Wissenschaft, um konkrete Probleme des Alltags zu lösen. Die alten Ägypter und Babylonier begannen zu rechnen, um die Größe ihrer Anbauflächen festzulegen. Die negativen Zahlen hat man gleichzeitig mit der Bilanzrechnung (sic!) entdeckt, und noch heute ist die Möglichkeit, die Welt mit Hilfe der Mathematik zu erfassen, häufig Motivation und Anlass für das Betreiben derselben. Die zahlreichen mathematischen Bezüge in der Architektur, etwa der goldene Schnitt, entstammen, untersucht man sie genauer, in ihren Ursprüngen allerdings wiederum den Eigenschaften der verwendeten Baustoffe, den Grundgesetzen der Statik und einer apriorischen, dem Menschen gleichsam angeborenen Ästhetik.

Die Maske

Masken kommen in vielerlei Varianten vor, haben viele Hintergründe und bauen auf den unterschiedlichsten Motiven auf – bewussten und, in den meisten Fällen, unbewussten. Die Lust, sich eine Zeit lang in einen anderen zu verwandeln, aus seiner Haut zu schlüpfen, die zur Routine oder Plage gewordene Identität abzuschütteln, kann man in ihrer harmlosesten Form im Karneval beobachten. Ohne es zumeist selbst zu wissen, entlarven sich die meisten Menschen durch ihre Verlarvung mehr, als sie ahnen: Der brave Bürohengst wird zum verwegenen Cowboy, die biedere Hausfrau zur lasziven Nymphe, der schmächtige Jüngling zum zottigen Bären. Verborgene

Träume und Wünsche manifestieren sich, oft in der kuriosesten Weise, gerade dann, wenn man sich zu verbergen meint. Insbesondere bei Kindern, die sich selbst ja noch nicht so beobachten wie die vorsichtigeren Erwachsenen, findet das heimliche Wunschbild von sich selbst Ausdruck in der Maskierung, im Rollenspiel, aber auch in der Rolle, die sie anderen einräumen. Diese Lust am Identitätswechsel ist jedoch schon viel älter als die Menschheit und im gesamten Tier- und Pflanzenreich anzutreffen.

Camouflage, die Bezeichnung für Tarnung, stammt von franz. »camoufler« – Vorhang oder Schleier. Tarnung, auch schützende Geheimhaltung, bedeutet, einen Gegenstand verbergen, um diesen oder jemand anderen dadurch zu schützen, oder einem Gegenstand eine andere Bedeutung verleihen. Im späten 19. Jahrhundert machte der amerikanische Künstler Abbott Thayer (1849–1921) eine wichtige Beobachtung über Tiere in der Wildnis. Er stellte fest, dass der Farbton des Fells vieler Tiere vom Rücken zur Unterseite sich von dunkel zu hell wandelt. Das macht das Tier kleiner, schwerer zu entdecken und fast zweidimensional – ein Trick, dessen sich auch der Kubismus in der modernen Kunst bediente. Die französische Armee nutzte im Ersten Weltkrieg das Wissen der Kubisten, um systematische Tarnungsprinzipien für militärische Zwecke zu entwickeln.

Ahmt ein Lebewesen Körpergestalt, Färbung und Verhalten eines anderen Tieres nach, so spricht man von Mimikry. Es werden meist solche Tiere nachgeahmt, die auf Grund ihrer Wehrfähigkeit oder ihres schlechten Geschmacks vor Feinden geschützt sind. Hat ein Räuber erst einmal schlechte Erfahrungen mit einer schlecht schmeckenden oder wehrhaften Beute gemacht, so wird er sich deren charakteristische Merkmale einprägen und diese Arten in Zukunft meiden. Der Bockkäfer Plagionotus ahmt durch seine schwarz-gelbe Färbung Wespen nach, der Hornissenschwärmer Trochilium apiforme erinnert im Aussehen stark an Hornissen. Die verwegene Lederbekleidung manch halbwüchsiger schmächtiger Motorradrowdys beruht wohl auch auf nicht wesentlich anderen Motiven: Der gewaltige »Wilde auf seiner Maschin'«, Marlon Brando seligen Andenkens, soll vorgetäuscht werden. Je kürzer die Beine, desto martialischer das Outfit. Es steckt jedenfalls bei weitem nicht das dahinter, was das Äußere vorgibt. – Täuschungen also, und im Fall der bewussten Täuschung ganz einfach Betrug.

Viele profitorientierte Gesellschaften betreiben Mimikry und Camouflage parallel zueinander. Die heute üblichen, normierten Verfahren zur Erstellung von Leitbildern, Unternehmenskonzepten und die damit verbundenen meist phrasenhaften Botschaften, Image- und Reklamestrategien täuschen Inhalte, Potenziale und Qualitäten vor, die in vielen Fällen reines Wunschdenken sind. So werden kleine Softwarefirmen auf dem Hochglanzpapier zu hoch innovativen Entwicklungsschmieden, unübersichtliche Firmenkonstruktionen zu profitablen Konzernen und selbst ernannte Heilsbringer zu bedeutungsschwangeren Gurus, die Legionen von Orientierung suchenden Leuten, insbesondere ahnungslose Aktionäre, in die Irre führen. Alle diese bewusst oder halb bewusst trügerische Inhalte vortäuschenden Einrichtungen und Personen nutzen die in steigendem Maße verfügbaren technischen und kommunikativen Möglichkeiten, aus Oberfläche Inhalt zu gestalten, der in vielen Fällen nicht vorhanden ist. Die Gesellschaft hat sich an diese Kultur der Maskierung bereits so sehr gewöhnt, dass Letztere selbst in augenscheinlichen Fällen achselzuckend akzeptiert wird.

Jedermann weiß, dass in praktisch allen Waschmittelpackungen etwa gleich wirkende Pülverchen enthalten sind; dennoch kauft man nicht das billige No-Name-Produkt, sondern bezahlt mit dem viel teureren Markenprodukt die Mittel, mit denen man selbst getäuscht wurde, die Werbung, jeweils mit. Je würdiger und glänzender der Prospekt einer Investmentgesellschaft, desto höher deren Glaubwürdigkeit; je überzeugter, lauter und unverschämter die Suada eines Politikers, desto größer die Schar seiner tumben Anhängerschaft; je uniformer das Styling einer Girlie-Band mit dem gerade herrschenden Schönheits- und Kultideal, desto größer die Anzahl der verkauften CDs – wenngleich man recht bald schon merkt, dass es sich dabei nur um jämmerliches Gepiepse handelt.

Wie ist es möglich, dass sich Millionen Menschen so sehr täuschen lassen?

Geschäft und Börse

Im Laufe des Jahres 2002 stellte sich heraus, dass die amerikanische Energiehandelsfirma ENRON ihre Bilanzen Jahre hindurch im Ausmaß von Milliarden Dollars gefälscht hatte. Tausende Anleger verloren ihr Kapital, ihre sauer angesparten Pensionen und den Glauben an das, was ihnen Hochglanzprospekte, scheinbar honorige Wirtschaftsprüfer und betuliche Analysten jahrelang vorgemacht hatten. Aufgeschreckt von diesem Betrugsfall, gingen die zuständigen Behörden in den USA daran, systematisch große börsennotierte Gesellschaften und internationale Consultants zu überprüfen. Es stellte sich heraus, dass eine ganze Anzahl von als Blue-Chips, also erstklassige Adressen, geltende multinationale Unternehmen die Bilanzierungsregeln bis aufs Äußerste ausgereizt hatten, um die Börsenkurse und das Einkommen der Spitzenmanager hochzuhalten. Diese Vorfälle erschütterten die von den USA weltweit sorgfältigst und mit Einsatz beträchtlicher finanzieller Mittel gepflegte Legende von den überragenden Segnungen des Neoliberalismus, der vermittels seiner »unsichtbaren Hand« die Menschheit weiterbringt, in ihrem Fundament.

Die Emission junger Aktien (Initial Public Offering – IPO) von Internetfirmen zu Ende der Neunzigerjahre war stets von bombastischen Ankündigungen, was deren glorreiche Zukunft betrifft, begleitet. TV-Spots, begeisterte Kommentare auch seriöser Wirtschaftsjournalisten in renommierten Blättern und eine zunehmend hysterischer werdende Jagd auf diese so viel versprechenden und lauthals angepriesenen Papiere führten zu grotesken Entwicklungen. Der Börsenwert von Gesellschaften, die außer schönen Plänen und smarten, laptopbewehrten und mit dem Mut der Unwissenheit ausgestatteten Jungmanagern keinerlei Substanz beinhalteten, überstieg in vielen Fällen jenen alteingesessener, solider Großfirmen mit bedeutendem Vermögen und kerngesundem Geschäft um das Vielfache. Einige Jahre später zeigte sich, dass die allermeisten dieser neu gegründeten Firmen ihre schönen Pläne nicht umsetzen konnten und Pleite gingen. Das Geld war vertan, das Vertrauen in die Börse ebenfalls. Schnell lackierte Oberflächen, Wortgeklingel und in vielen Fällen auch absichtliche Manipulation durch große, renommierte Investmenthäuser und Anlageberater hatten in massivster Weise Inhalte vorgetäuscht, die in der Realität ganz einfach nicht vorhanden waren. Wieder einmal bestätigte sich die Erfahrung, dass ab einem gewissen Veröffentlichungs- und Zustimmungsgrad einer Botschaft, nach Einschwenken auch einer kritischen Menge und Anzahl von Menschen, die Form für den Inhalt und damit die Botschaft für wahr gehalten wird. Nur ganz wenige Menschen besitzen die Ruhe und die Kraft, diesem psychologischen Druck zu widerstehen, dem Augenschein zu misstrauen und sich ihres gesunden Menschenverstandes unbeeinflusst zu bedienen. Nachträglich betrachtet, erscheint es unbegreiflich, dass bestens ausgebildete Wirtschaftsfachleute, vorsichtige, erfahrene Investoren und Fondsmanager allen Ernstes in den Glauben versetzt werden konnten, dass sich innerhalb einiger weniger Jahre mit neu gegründeten Gesellschaften, die Informationen in zugegebenermaßen origineller, neuartiger Form zu verarbeiten versprachen, mehr Geld machen ließe als mit Autos, Nahrungsmitteln und Maschinen: Der Götze Oberfläche hatte seine Opfer gefunden. Es war nicht das erste Mal und wird nicht das letzte Mal bleiben.

Wahr- oder Falschnehmung?

Was hat es mit Wahrnehmungstäuschungen auf sich? Warum muss das Thema »Wahrnehmung« überhaupt beachtet werden? Oder umgekehrt: Kann man jemals sicher sein, keiner Täuschung zu unterliegen?

Wahrnehmung entsteht im Gehirn. Sie ist ein Prozess, umfangreicher und störanfälliger, als man es sich naiverweise vorstellt. Unser Gehirn bildet für uns die Welt nicht einfach ab, wie sie von den Sinnen vermittelt wird. Was wir bereits über die Welt wissen oder zu wissen meinen, was wir von ihr erwarten und was wir hoffen oder befürchten: das sind die unverzichtbaren Einflussgrößen, welche die Wahrnehmung bestimmen, ob wir wollen oder nicht.

Nervenverbindungen führen nicht einfach wie Einbahnstraßen allein vom Sinnesorgan zum Gehirn. Es gibt eine Reihe von Rückkopplungsmechanismen: Kognitiv (erkenntnismäßig) höhere Schichten des Gehirns sind mit niedrigeren Lagen vernetzt. Das Gehirn fragt unterwegs nach, was im Kopf schon an Bildern und Vorurteilen (oder besser: Voraus-Urteilen) vorhanden ist, und vermengt diese Information mit den einströmenden Sinnesdaten. Die erste Illusion, die wir über Bord zu werfen haben, ist, zu meinen, wir könnten frei von Vorurteilen – weniger abwertend: Theorien – sein. Und danach gleich den nächste Selbstbetrug: dass wir unsere Sinne schon irgendwie »im Griff« haben. Denn nur allzu oft stimmt das Ergebnis des Wahrnehmungsprozesses nicht mit den Reizgegebenheiten überein oder ist sogar in sich selbst widersprüchlich. Immer dann spricht man von Wahrnehmungstäuschungen.

Gewiss, im Alltagsleben können wir uns in der Regel auf unsere Sinne verlassen, denn unser Wahrnehmungssystem hat im Verlauf der Stammesgeschichte viel gelernt, und daran haben wir uns gewöhnt. Auf persönlichen Erlebnissen, die die Sinne uns im Laufe des Lebens vermittelt haben, beruhen unsere tiefsten Überzeugungen, die Basis des eigenen Handelns und unser Weltbild. Worauf auch sonst! Doch Hand aufs Herz: Sind Sie bereit, Ihre tiefsten Überzeugungen, Ihre Lebensweisheiten oder Ihr Weltbild in Frage zu stellen und immer wieder auf mögliche Täuschungen abzuklopfen? Und damit meine ich nicht irgendwelche Einzelerlebnisse, sondern gerade die emotional überzeugendsten Faszinationen, die persönlich als überwältigend erlebten »Wahrheiten«. Die Wahrnehmungsforschung aber belehrt uns: Der Grad der subjektiven Überzeugung ist alles andere als entscheidend für den Wahrheitsgehalt oder die Objektivität unserer Erlebnisse. Von Geburt an ist der Mensch mit seinen fünf Grundsinnen ausgestattet, die für ihn persönlich das Fenster zur Welt bedeuten. Je nach gesellschaftlicher Prägung werden einige unserer Sinne mehr, andere weniger beansprucht und trainiert. Beispielsweise spielt in unserer Gesellschaft der olfaktorische Sinn, das Riechen, scheinbar eine untergeordnete Rolle. Obwohl unsere Nase mit fünf Millionen Geruchszellen ausgekleidet ist, können wir oftmals verschiedene, durchaus bekannte Gerüche nicht richtig zuordnen, geschweige denn in Worten ausdrücken (wiederum ein Riesenloch in der Logik). Dennoch bleiben gerade Geruchseindrücke besonders gut haften, und Geruchserinnerungen sind häufig stark gefühlsmäßig besetzt, spielen also – oft unbewusst – eine entscheidende, wenn auch oft unterschätzte Rolle in unserem alltäglichen Leben.

Wie stark werden wir von solchen unbewussten Eindrücken beeinflusst? Warum sind gerade Geruchseindrücke stark emotional belastet? Welche Mechanismen im Gehirn sind dafür verantwortlich? »Rot« kann man weder beschreiben noch riechen oder hören – es ist eine exklusive Qualität unseres Gesichtssinnes. Daran lässt sich wiederum festmachen, dass wir unsere Welt durch Ausschnitte wahrnehmen und die Zusammenführung der einzelnen Wahrnehmung im Fühlen und Denken ein unvollständiger Prozess ist. Auch das blinde Ertasten der Dinge um uns herum, ohne gleichzeitig unseren wichtigsten Sinn, das Sehen, mit einzubeziehen, wird im tagtäglichen Leben kaum trainiert. Können wir Dinge allein an ihrer Form tastend erkennen? Was erleben wir, wenn wir uns, nur von unserem Tastsinn geleitet, durch ein stockdunkles Labyrinth mit unterschiedlichen Hindernissen bewegen? Sich auf flüchtigen Sinneseindruck zu verlassen kann – auch im Wortsinn – zu einem sehr teuren Abenteuer werden.

Andererseits ist gerade in der modernen Medienwelt unseres Kulturkreises zu beobachten, dass wir mit vielen Sinnesreizen überflutet werden, zum Teil sogar in manipulierender Absicht. Man denke an die Elevator-Music, die uns allgegenwärtig umdudelt, oder die Tausenden von Bildern auf Plakaten, Zeitungsständern und Hauswänden, die man großteils nur mehr unterbewusst »wahr«-nimmt – oder auch »falsch-«. Auf uns strömt mehr ein, als wir sofort verarbeiten können, die spezifische Oberfläche der Welt ist um ein Vielfaches größer geworden. Ein Filtermechanismus im Gehirn des Menschen sorgt dafür, dass nur ein Teil der Sinnesdaten zum Bewusstsein durchgelassen wird. Auf welchen Unterscheidungszeichen beruht die Auswahl? Können wir diesen Prozess steuern? Naturvölker, die fernab von unserer westlichen Zivilisation leben, nehmen viele Eindrücke anders wahr, auch wenn ihre Sinnesreize mit unseren übereinstimmen. Menschen etwa, die zuvor nie mit bildlichen Darstellungen konfrontiert waren, konnten mit Bildern, die man ihnen zeigte, anscheinend nichts oder nur wenig anfangen. Obwohl bei allen Menschen die Augen nach demselben Prinzip funktionieren, bedeutet das nicht, dass die Welt von allen identisch wahrgenommen wird. Wahrnehmung kommt zwar von Wahrheit, doch wo Wahrheit ist, da ist auch Täuschung möglich.

Optische Täuschungen beweisen, dass unsere Augen nur Informationen an das Gehirn liefern. Das eigentliche Sehen, also die Interpretation der Informationen, erledigt unser Gehirn, das die gelieferten Informationen mit den individuellen Erfahrungen, dem »Gelernten«, vergleicht. Ein Blick in den nächtlichen Himmel genügt, um zu erahnen, wie wenig wir allein unseren Augen trauen sollten. Denn viele der Sterne, die wir dort sehen, sind bereits erloschen, existieren nicht mehr. Unsere Augen nehmen nur noch die Lichtwellen wahr, die einst von ihnen ausgegangen sind. Aber auch auf der Erde gibt es optische Täuschungen in Hülle und Fülle. An eine haben wir uns so sehr gewöhnt, dass wir schon gar nicht mehr darüber nachdenken: die der laufenden Bilder von Kino und Fernsehen. Wer denkt darüber nach, dass es sich bei Spielfilmen lediglich um eine große Zahl von Fotografien handelt, die mit 24 Bildern pro Sekunde hintereinander abgespult werden? Es ist noch nicht allzu lange her, dass man Aktien von Silberminen in Südamerika ausgab und sehr viel Geld damit einnahm – doch diese Minen hat es nie gegeben. Man konnte sich, auf Grund der damals gegebenen Beschränkungen in der Kontrolle der einschlägigen Informationsquellen, nicht ausreichend informieren und saß daher Betrügern auf.

Die Zeiten solch ganz plumper Tricks sind großteils vorbei – allein man hat viele andere ersonnen. Zwei besonders verwerfliche Methoden von Camouflage und Mimikry sollen etwas eingehender untersucht werden.

Populismus und Tabuisierung

Die grundlegende Methode populistischer Politik besteht darin, unter bewusster Verzerrung der Wirklichkeit – also in absichtlich verfälschender Weise – leicht verständliche, einfache Bilder zu schaffen, mit denen niedere Instinkte, wie Neid, Angst und Feindbilder, angeregt werden. Populistische Politiker versuchen, oft mit kurzfristig enormem Erfolg, die verborgene allgemeine Unzufriedenheit der Menschen auf einige wenige negativ besetzte Grundmuster zu lenken – die Reichen, die Politiker, die Ausländer, die Juden ...; im militanten Extrem: die Faschisten, die Antisemiten, die Antidemokraten, die Fremdenhasser ... – und sich selbst als Vertreter aller positiv besetzten Begriffe und Eigenschaften – die Fleißigen, die Heimattreuen, die sozial Denkenden, die Uneigennützigen, die Ehrlichen ... – darzustellen. Allein die Tugend und Uneigennützigkeit vorgebende Form bildet den meist sehr egoistischen, oft psychopathischen Inhalt derartiger Bewegungen keineswegs ab: ein Konstrukt, dessen Fassade über den wahren Inhalt auf hinterhältige Weise hinwegtäuscht.

Das Unehrliche des Populismus liegt einerseits darin, sich selbst und seine Anhänger durch eine kollektive Anschwärzung aller nur in Nuancen Andersdenkenden als alleinige Vertreter des Heils gleichsam zu immunisieren, andererseits durch eine unreflektierte und selbstverständliche Zuordnung einer Reihe von Begriffen, Denkweisen zu allen anderen Gesellschaftsgruppen Letztere zu verteufeln und auch nur den geringsten Kontakt dorthin öffentlich und aggressiv zu tabuisieren. Diese Vorgangsweise beruht auf einer plumpen, jedoch sehr wirksamen intellektuellen und emotionalen Täuschung, welche die Geschichte der Menschheit seit Jahrtausenden begleitet. Man könnte diese Täuschung auch als das Prinzip der planmäßigen Tabuisierung bezeichnen.

Das Wort »Tabu« stammt aus Polynesien (dort eigentlich »tapu« bzw. »ta pu«) und zählt zu den seltenen Wörtern, die aus der Südsee in die Sprachen westlicher Zivilisationen Eingang gefunden haben. Der britische Weltumsegler James Cook brachte dieses Wort im Jahre 1777 von seiner Südseereise nach Europa mit, von wo aus es sich schnell in andere Sprachen verbreitete. Ein Grund für die rasche Verbreitung war nach Betz (1978) neben dem exotischen Klang das »fördernde Vakuum einer wirklichen Wortschatzlücke« in den Sprachen der westlichen Zivilisationen. Darüber hinaus bot sich dieses neue Wort, so Kuhn (1987), »geradezu an, das Fremde, Irrationale und nicht Verstehbare des seltsamen Südseetreibens in einem Ausdruck kompakt zu bezeichnen«. »Tabu« steht sozusagen exemplarisch für das Andere und Fremde der archaischen Welt. »Tabu« war also ein zentraler Ausdruck der reisenden Aufklärer, um zu erklären, was innerhalb ihres Konzepts der Vernunft nicht zu erklären war.

In unserem heutigen Verständnis ist das Tabu ein Begriff, der auf all das, was in einer Gesellschaft strengstens verpönt ist, angewandt wird. Der Umgang mit tabuisierten Gegenständen und Wesen oder deren Beschädigung (z. B. heilige Figuren, heilige Tiere) sowie bestimmte Verhaltensweisen (Inzest, Kontakt mit Fäkalien, Heiraten außerhalb definierter Gesellschaftsschichten, Töten heiliger Kühe usw.) werden mit gesellschaftlicher Ächtung belegt, die sich im Bewusstsein des Einzelnen so stark verankern kann, dass bei Übertretung von Tabus starke Schuldgefühle bis hin zu tödlichen Wirkungen auftreten. Zur Kategorie der verbalen Tabus gehören einerseits Themen, über die entweder gar nicht oder nur in verschleierter Form kommuniziert werden soll, andererseits sprachliche Ausdrücke, die vermieden bzw. durch andere Bezeichnungen ersetzt werden sollen (»Das sagt man nicht«, »Darüber spricht man nicht«). Durch Tabuisierung wird eine moralische Kategorie geschaffen, welche sich einen uralten, Ethos bildenden

Mechanismen der Seele zu Nutze macht, nämlich das von den Machtträgern und einer Vielzahl von Menschen über lange Zeit als »gut« oder »böse« Definierte und Vorgelebte, Belohnte und Bestrafte in das Unterbewusstsein als unumstößliche Norm einzupflanzen. Es handelt sich also, etwas nachlässig gesagt, um eine Programmierung des Gewissens.

Wie alle starken emotionalen Hebel hat das Prinzip des Tabus eine lange evolutionäre Geschichte. Es hängt mit den Urängsten (Abgrund, Verlassensein, Finsternis, Kälte etc.) zusammen, mit den in einer urtümlichen Umwelt sehr nützlichen Phobien (Spinnen, Schlangen etc.), vor allem aber mit den Mechanismen der Evolution sozialer Systeme. Durch geduldiges Predigen über einen langen Zeitraum hinweg und fortgesetztes Verbreiten bestimmter Verhaltensweisen, deren Annahme durch immer mehr Menschen und stetig ansteigende Sanktionierung können selbst der größte Unfug, die verderblichsten Abartigkeiten in Tabus verwandeln werden – eine besonders bösartige Folge des Betruges.

Was den Menschen bewegt, sucht er in Bild, Schrift, Wort, und Schauspiel auszudrücken. Insofern sind jene Themen, welche in einer bestimmten Epoche Zentrum des Schauspiels waren, von besonderer Aussagekraft in Bezug auf die Befindlichkeit und das Problembewusstsein der jeweiligen Gesellschaft. Schon ein kursorischer Blick in die Geschichte des Dramas zeigt, dass der Tabubruch stets ein sehr wichtiges und interessantes Thema für die Bühne war. Ob es sich um das oft wiederkehrende Problem des Kindes-, Gatten- und Vatermordes (Medea, Klytämnestra, Ödipus), den Abfall vom allein seligmachenden Glauben (Giordano Bruno) oder den Bruch sexueller Tabus (Arthur Schnitzler) handelte, immer erregten derartige Verstrickungen das Interesse des Autors und des Publikums in hohem Maße.

Darüber hinaus lässt sich aus der Themengeschichte des Theaters auch ableiten, dass in den alten Zeiten die gesellschaftliche Übereinkunft über Gut und Böse, die Fundamente ethischer Systeme wesentlich stabiler waren als heute und im Laufe der Geschichte nach und nach brüchiger wurden. War von Sophokles bis herauf zur deutschen Klassik die schicksalhafte Verstrickung einzelner Personen Kernpunkt der Dramen, so stehen seit dem Beginn der industriellen Revolution zunehmend Probleme der Gesellschaft, der Beziehung des Einzelnen zu dieser, die Auseinandersetzungen zwischen den Klassen, Gesellschaftsschichten und Religionen sowie das Auseinanderdriften der Ziele, Lebensweisen und gesellschaftlichen Gruppen im Vordergrund. Man kann, grob gesprochen, feststellen, dass die Themengeschichte des Schauspiels geprägt ist von einem wachsenden Irrewerden an so genannten fundamentalen Werten.

Gezielte öffentliche Tabubrüche – häufig von Künstlern, Philosophen und Schriftstellern bewirkt – gehen sehr oft mit lange nachwirkenden Änderungen in den moralischen Auffassungen der Gesellschaft einher. Man kann sie, um einen Vergleich aus der Biologie zu bemühen, mit Mutationen gleichsetzen. Wie alle Umschwünge sind sie Versuche, innerhalb eines stabilen Systems Neues zu versuchen und dieses Neue – gegen meist stürmischen Widerstand – in das bestehende Regelwerk einzubauen, um dieses auf Dauer zu verändern. Ist die »Immunreaktion« des Traditionellen stark genug, wird der Änderungsversuch abgewehrt: Die Mutation »stirbt aus«. Ist das nicht der Fall, ändert sich das System bleibend. Entscheidend für die Qualität der Änderung ist nicht, ob sie »gut« oder »böse« ist – diese Begriffe unterliegen ja ebenfalls der Veränderung –, sondern ob sich das System als Ganzes, in unserem Fall die Gesellschaft, danach fruchtbarer weiterentwickelt oder nicht. An dieser Metaebene kann eine Änderung im Rückblick sehr wohl gemessen werden. Hierbei zeigen sich allerdings große Unterschiede in der »Fruchtbarkeit« von Tabubrüchen. Einige Beispiele gefällig?

Die Befreiung des Menschen vom Tabu vieler mit Sexualität verbundenen Begriffe und Handlungen wirkte sich in Summe sicherlich segensreich aus. Schon der Gedanke an »unkeusche« Begriffe war tabuisiert und verursachte bei sensiblen Naturen starke Schuldgefühle und Hemmungen. Zahllose psychosomatische Krankheitsbilder, Impotenz, Frigidität, Verbrechensmuster und Geschäfte mit versteckter, in den Untergrund getriebener Perversität gingen auf das Konto verdrängter sexueller Anwandlungen. Übertriebene sexuelle Freizügigkeit bis hin zur Pornografie wiederum hat eindeutig negative Auswirkungen insbesondere auf das Gemüt und die soziale Entwicklung ganz junger Menschen und stellt – wie so oft – die Übertreibung einer an und für sich positiven Entwicklung dar.

Andererseits gibt es viele Fälle von Tabubrüchen, welche langfristig der Gesellschaft Schaden zufügen. Die meisten davon sind bewusste Provokation der Öffentlichkeit aus niedrigen Motiven. Während das Motiv manch bleibender Änderung von Wertordnungen in der Vergangenheit die intellektuelle oder moralische Not ihrer Urheber war (Kopernikus, Galilei, Nietzsche, Marx, Sartre, Popper et. al.), der Sprung über den Rand eines gültigen Paradigmas aus – subjektiv gesehen – »edlen« Motiven gewagt wurde, findet der Tabubruch heutzutage nicht selten als Akt der selbstgefälligen öffentlichen Erregung, aus Geltungssucht, Profitinteresse oder kurzatmiger Eitelkeit statt. Aufmerksamkeit ist ihm allemal gewiss, denn es liegt in der Natur eines Tabus, dass seine Übertretung viele Menschen im Innersten berührt. Es scheint nun der Fall einzutreten, dass durch die große Zahl immer öfter ungeahndet bleibender Tabubrüche das Prinzip Tabu selbst zu erodieren beginnt und auch gesellschaftlich höchst wichtige, ja unentbehrliche Regulative keineswegs mehr zum moralischen Allgemeingut zählen. Dies würde – und tut es ansatzweise auch schon – dazu führen, dass sich jedermann dazu befugt glaubt, seine eigenen Regeln aufstellen zu dürfen, und die alte Gleichung »Was des einen Recht, ist des anderen Pflicht« letztlich nicht mehr aufgeht. Was dann?

Ungestraft können Ungleichgewichte zwischen »Ich« und »Wir« nicht lange bleiben. Zu stark sind die Reibungsflächen und Interessenkonflikte, die sich in einer dicht besiedelten Welt voller zahlloser wechselseitiger Abhängigkeiten auftun. Wirft man Erprobtes und Wohltätiges aus Misstrauen, Unsicherheit, Überdruss, Langeweile und Gedankenlosigkeit weg, so wird man es unter Schmerzen wieder neu erfinden müssen. Ein Haus ist schnell eingerissen, der Neubau allerdings nur mühsam wiedererrichtet – vor allem, wenn man während der Bauzeit im Freien übernachten muss. Scheinbar braucht die Menschheit diese Beschäftigungstherapie dennoch.

V Die Einebnung

Ein Hirsch mit prächtigem Geweih
Von achtzehn Enden ging spazieren.
Ein Hase lief vorbei,
Sah ihn und stutzte. Starr auf allen vieren
Steht er und gafft ihn an,
Macht Männchen, geht heran,
Sagt: »Lieber, sieh mich an!
Ich bin ein kleiner Hirsch.
Denn spitz ich meine Ohren,
So hab ich ein Geweih wie du!«
Ein Esel hörte zu,
Sprach: »Häschen, du hast Recht!
Wir sind von einerlei Geschlecht,
Der Hirsch und ich und du!«
Der Hirsch tat einen Seitenblick
Und ging in seinen Wald zurück.

Johann Wilhelm Glein

Meine längst verstorbene Nachbarin, eine Kleinhäuslerfrau, wie man bei uns sagte, stolz auf ihren Besitz, einen kleinen Acker und eine Nebenerwerbslandwirtschaft, sprach noch den urtümlichen Dialekt unseres Dorfes. Das Dorf war klein, hatte vielleicht 300 Einwohner, drei Gasthäuser, einen Bürgermeister, ein Feuerwehrhaus und einen Eisschützenklub. Es ist längst in einem größeren Stadtgebilde aufgegangen. Geblieben sind lediglich Feuerwehrhaus und Eisschützenklub. Niemand kennt mehr den charakteristischen Klang, die ganz eigenen, mir unvergesslichen Ausdrücke des alten Dialekts. Er ist, ohne eine Spur zu hinterlassen, verschollen. Verschollen sind auch die ortsüblichen Gewänder, die Alltags- und Sonntagstracht, und viele der mehrstimmigen, meist lustigen und frechen Lieder, die abends im verrauchten Wirtshaus gesungen wurden, sehr zum Missvergnügen der zu Hause auf ihre heimwankenden Männer zornig wartenden Bauersfrauen. Auch die Wirtshäuser sind dem allgegenwärtigen TV und einer Internet-Wettbude samt Schnapsausschank gewichen.

Diese persönliche Erfahrung des Verschwindens der Eigenart ließ mir Stefan Zweigs melancholische Betrachtungen über die Monotonisierung der Welt, die ich ganz in der Nähe der Stätte seines Todes, Petrópolis in den brasilianischen Bergen, las, so besonders nahe gehen. Woran liegt es, dass täglich einige Arten von Lebewesen von der Erdoberfläche verschwinden, da doch früher jeweils etliche dazugekommen waren? Warum ebnet sich die Vielfalt an Lebensäußerungen, kulturellen Eigenheiten, Liedern, Stilen zu malen, zu bauen, zu leben mit rasender Geschwindigkeit ein? Hier, auf dieser entlegenen Insel, wo ich diesen Abschnitt meines Buches gerade in meinen japanischstämmigen Computer tippe, tragen die kaffeebraunen Jugendlichen die gleichen Jeans wie die Teenager zu Hause, pfeifen dieselben Schlager, trinken aus den gleichen

Cola-Flaschen. Noch vor fünfzig Jahren fuhren sie mit selbst gebauten Kanus von einer Insel zur anderen. Heute tuckert man, getrieben von zwei Yamaha-Außenbordern, in glasfaserverstärkten Kunststoff-Katamarans dahin. Nur die Form der großen, rostigen Fischmesser ist dieselbe geblieben. Man stochert nach wie vor damit in grotesker und den Atem stocken lassender Weise in dem blendend weißen Gebiss herum. Gott sei Dank sind sie meist recht stumpf.

Nun, man kann und soll den Lauf der Welt nicht aufhalten. Vieles daran ist ohne Zweifel ja auch gut: das neue, blitzsaubere Spital, die vielen kleinen Häuschen statt der elenden, nach Moder riechenden, palmwedelgedeckten Hütten, die adrette Schule. Die fröhlichen, freundlichen Gesichter zeigen, dass es gut ist. Und dennoch ist Vielfalt, Eigenart, Buntheit dabei, auf Nimmerwiedersehen aus der Welt zu verschwinden, ganz so wie das viel beklagte Artensterben, um das sich so viele beflissene NGO kümmern. Warum tut man nicht dasselbe im Falle der Vielfalt an Kulturen, Sprachen, Lebensarten? Warum ebnet man das alles, dem angeblich so aufgeklärten, toleranten Trend genau entgegengesetzt, mit rasender Geschwindigkeit ein? Die Ursachen sind, wie bei allen großflächigen, geschichtlichen Geschehnissen, vielfältig und sollen und können hier nicht umfassend dargelegt werden. Sie stellen aber die Wurzeln meines diesbezüglichen Unbehagens dar, weshalb doch darauf eingegangen werden soll.

Die Möglichkeiten, schnell von einem Ort zum anderen zu gelangen, haben sich in den letzten beiden Jahrhunderten, beginnend mit der Ausbreitung der Eisenbahn und des Dampfschiffs, später des Flugzeugs, vervielfacht. Der weiße Mann eroberte für ein Jahrhundert die ganze Welt und verordnete ihr seine so genannte Kultur: Religion, Tabus, Freiheiten, Zwänge, eine überlegene Technik, die zwingende Macht seiner Waffen. Durch geschickte und mit Gewalt durchgesetzte Handelssysteme gelang es, einen bedeutenden

Teil des in den Kolonien geschaffenen Mehrwerts in die »Mutter«- besser »Stiefmutter«-Länder zu lenken und der Dritten Welt auch noch die dort erzeugten Industrieprodukte aufzudrängen, zusammen mit deren Stil und Gleichförmigkeit. Ein krasses Beispiel ist die Zwangsbeglückung der Inder mit englischen Textilprodukten im 19. Jahrhundert. Sie hat nicht nur die heimische Textilindustrie ruiniert, sondern auch die lokalen Stile und Eigenarten zu Gunsten des British way of life vergewaltigt. Ähnliches geschah in Mittel- und Südamerika sowie in Afrika. Die durch die Erfindung vielfältiger Maschinen möglich gewordene Massenproduktion von Gebrauchsartikeln, Kleidung, Fahrzeugen führte zu einer Vereinheitlichung, die im Laufe von etwas mehr als hundert Jahren die ganze Welt überzog. In Massen hergestellte Bücher, Radio, Film und Fernsehen vereinheitlichten das Denken, produzierten weltweit angebetete standardisierte Filmgöttinnen und -heroen. Die bodenständigen Mythen, Sagen, Geschichten, Volkslieder, Märchen gerieten zu Gunsten der vorwiegend aus Profitinteresse erzeugten filmischen und akustischen Industrieprodukte zunehmend in Vergessenheit. Die Entdeckung, dass man aus dem uralten Bedürfnis der Menschen nach Liedern, Geschichten, Dramen und der Darstellung menschlicher Schicksale und sozialer Verhältnisse Kapital schlagen kann, bewirkte die Kommerzialisierung eines ursprünglich vom Gelderwerb weitestgehend unabhängigen Bereichs: der darstellenden Kunst und Poesie. Sophokles, Euripides, Kleist und Schiller haben, bevor sie den Federkiel zur Hand nahmen, sicher nicht daran gedacht, wie viel Geld ihnen ihre Schöpfungen wohl einbringen würden:

Die Einebnung der Vielfalt ist durch die Technik, die Massenproduktion und die immer stärkere Überwucherung aller Bereiche durch das Geld, die gefrorene Macht, in die Welt gekommen – wie auch das Verschwinden jeweils einiger Arten pro Tag.

Fern liegt es mir, in ein trauriges Raunen über all dies zu verfallen. Es ist ein schicksalhafter, von niemandem direkt gewollter Vorgang, der eine gewaltige Eigendynamik bekommen hat, einen Impuls, den man heutzutage achselzuckend »Sachzwang« nennt und dem auch die mächtigsten Profiteure nicht mehr voran-, sondern hintennachrennen, obgleich sie, die testosterongeschwängerten, dem Gockel so verzweifelt ähnelnden Macher, dies natürlich nie zugeben würden. Als Erdensohn sei mir aber dennoch gestattet, gefühlsduselig über manche Begleiterscheinungen dieser Riesenwoge einfach traurig zu sein, bei all meinem sonstigen impulsiven Optimismus, den ich lieber nicht genauer untersuchen will, um ihn nicht unnötig zu gefährden. Im Folgenden, wegen meiner wilden Entschlossenheit, aus meinem Herzen keine Mördergrube zu machen, ja sogar mit einem Anflug von Mut (manche werden es Verrücktheit nennen) gehe ich ein nicht unbeträchtliches Risiko ein: Ich betrete vermintes Land. Um meinen Hals ranken sich stachelige Lianen. Mein Fuß sinkt in schmatzenden, tiefgründigen Morast, eine Brühe, den ganze Komposthaufen von Lügen hinterlassen haben. Lügen und Unwahrheiten (der Unterschied liegt in der Absichtlichkeit), die nur zu einem sehr geringen Teil dem bösen Willen entsprangen, zum weitaus größeren aber dem festen Glauben an ihre heilsame Kraft. Wie alle – oder fast alle – nicht den Tatsachen entsprechenden Theorien (Galileis und Giordano Brunos sei an dieser Stelle als aufrechte Lügentöter dankbar gedacht) erreichten sie allerdings das Gegenteil. Die Dinge wurden nicht zum Besseren, sondern zum Schlechteren gewendet.

Wie bei jedem alt und zäh gewordenen Lügengespinst ist die Folge, dass man vor lauter Unsicherheit, worauf man sich denn noch verlassen könne in einem Umfeld von Unzuverlässigem, nicht mehr genau weiß, was wahr oder falsch, ehrlich oder erlogen, glaubwürdig oder Trugbild ist. Die Rede ist von einer der charakteristischesten Erscheinungen unserer Zeit, einer Narrheit sondergleichen: dem Wegdisputieren, Fortargumentieren von uralten und naturgegebenen Unterschieden um einer unehrlichen und folgenschweren Sucht zur Gleichmacherei willen, einem Bedürfnis nach einer Welt, die, mit dem geistigen Rasenmäher bearbeitbar und überschaubar wird und, aller Nuancen, Schattierungen, Helligkeiten und Finsternisse beraubt, auch dem flachen Geist wohl einsehbar ist.

Dem schlichten Auge stellt sich die Umwelt einfach dar, dem flachen Geist zeigt die Welt auch nur flache Konturen. Das veranlasst mich, meine Zweifel an der verwünschten, fluchwürdigen und dummen, letztendlich schädlichen Gleichmacherei zu artikulieren. Sie führt nämlich, meist in bester Absicht, zu einem Punkt, den niemand erreichen wollte: zu geheimem Grimm, versteckter Feindschaft, Doppelbödigkeit.

Das Andere

»Des Menschen Seele ist ein weites Land«, schrieb Arthur Schnitzler, Kind und Repräsentant einer zu Ende gehenden Epoche. Eine Zwiebel sei des Menschen Seele, mit vielen Schichten, sinnierte Hermann Hesse, wieder entdeckter Liebling der 68-er Blumenkinder, etwas später in einer offensichtlichen Lebenskrise. »Des Menschen Seele ist ein stetig wachsendes Labyrinth«, lehrt uns die evolutionäre Erkenntnistheorie, ein Resultat, Abbild und Werkzeug dessen, was Millionen Wesen vor ihm erlebten, ausprobierten und lernten und was er selbst in ununterbrochenem Einströmen neuer Eindrücke hinzugewann. Dabei gleicht die Seele nicht im Entferntesten der plumpen Festplatte eines Computers. Neue Eindrücke werden sowohl gespeichert als auch – gleichzeitig – zu ergänzenden Bestandteilen eines unmessbar komplexen Programms, das seine Hauptaufgabe darin sieht, in einer grundsätzlich unberechenbaren Umwelt sich zurechtzufinden und zu überleben.

Während wir erleben, programmiert sie sich ununterbrochen aufs Neue. Es ist aussichtslos, sie jemals ganz verstehen zu wollen, so wie es aussichtslos ist, das Bild auf der Rückseite eines Spiegels zu finden. Sehr leicht ist es aber, sie mit Bildern, Vorurteilen, Ressentiments, Hass und Zwietracht zu erfüllen. Eben darum, weil sie so weich und anpassungsfähig ist, so inständig nach Halt, Orientierung und Sicherheit, nach dem Rahmen des Bildes sucht.

Vorurteile betreffend Rasse, Hautfarbe, Religion, Volk, Sprache, Herkunft, Stand: alles, was Unterschiede zwischen Menschen ausmacht, ob sie nun naturgegeben oder kulturell bedingt sind, haben im Laufe der Menschheitsgeschichte immer wieder zu Mord, Totschlag und Unterdrückung geführt. Im Zeichen des Kreuzes verübte die Menschheit unglaubliche Gräueltaten, detto in jenem des Halbmondes. Selbst im angeblich so beispielhaft demokratischen Amerika wurden jahrzehntelang Indianer ausgerottet und Schwarze als Sklaven gehalten. Die Juden verfolgte man nahezu vier Jahrtausende lang und hat immer noch nicht damit aufgehört. Als ich geboren wurde, löste man gerade jene Lager auf, in denen zahllose Menschen, die nicht in das Bild von der germanischen Herrenrasse passten, vermittels industrieller Verfahren systematisch vernichtet worden waren.

Jene, die dieses unternahmen, waren sich in der Mehrzahl der Verbrechen, die sie begingen, nicht bewusst. So gesehen ist des Menschen Seele nicht nur ein weites Land, sie kann auch sehr schnell – allerorts und bei fast jedermann – zu einer höllischen Gegend werden, wenn sie das Gefühl bekommt, sich im Einklang mit der Mehrzahl ihrer Zeitgenossen zu befinden und dieses Gefühl Zeit genug hat, sich zu verfestigen. Wie das Beispiel vieler Gesellschaften zeigt, für welche Sklaverei, Menschenhandel, massenhafte Tötung von Menschen zu Belustigungszwecken, Ausrottung und Versklavung der Nachbarvölker eine Selbstverständlichkeit, ja geradezu staatsbürgerliche Pflicht war, ist der Glaube an die Menschenrechte, die Doktrin von der Gleichheit der Menschen, das Prinzip »one person – one vote« eine sehr junge Errungenschaft der Geschichte. In manchen Gegenden eines unserer Nachbarländer gilt es für Angehörige des weiblichen Geschlechts erst seit ein paar Jahren.

Das Entsetzen, welches der Zweite Weltkrieg, die Entdeckung der Untaten des Nationalsozialismus verbreiteten, die echte oder geheuchelte Reue, welche die Kolonialmächte angesichts des Elends erfasste, das sie in ihren ehemaligen Kolonien zurückließen, führten dazu, dass man ängstlich jeden Anlass, der an die tieferen Ursachen dieser Untaten erinnerte, auszumerzen versuchte. Für eine der wesentlichen Ursachen hielt man – großteils zu Recht, aber in vielfacher Weise missverstanden, wie die nachfolgenden Überlegungen zeigen werden – die Doktrin vom Unterschied in der Wertigkeit von Menschen, Kulturen, Rassen und Hautfarben. Der Ausdruck »Wertigkeit« ist in diesem Zusammenhang besonders wichtig.

Das Anderssein ist immer Anlass für Unsicherheit, erhöhte Aufmerksamkeit, manchmal auch Unbehagen und Stress. Der Mensch ist, wie der sprichwörtliche Ochs vorm neuen Tor, ein Gewohnheitstier. Kaum ist er mit einer neuen Situation, einem neuen Lerninhalt fertig geworden, versenkt er die gesamte Lektion in sein Unterbewusstsein, von wo sie bei Bedarf, wie das Makro eines Computerprogramms oder ein auswendig einstudiertes Klavierstück, in einem Guss abgerufen werden kann. Für neue Situationen fehlt ihm solch ein fertiges Reaktionsmuster in seinen zahllosen Schubladen: Er muss ein neues stricken. Das kostet Aufmerksamkeit, Energie, bringt oft Unlust und Unsicherheit mit sich. Darüber hinaus wohnt seit Jahrmillionen in seinen Genen die Angst vor dem Unbekannten, vor dem, was »außerhalb des Zaunes« ist, vor dem unbekannten Eindringling, der seinen Zaun übersteigt, sein Futter wegfrisst, Weib und Kinder verschleppt. Das alles zusammen lässt dem Menschen Unbekanntes oder Andersartiges – aus der Perspektive seiner Stammesgeschichte betrachtet völlig zu Recht – in einem verdächtigen, feindlichen, bestenfalls unangenehmen Licht erscheinen.

Wer kennt nicht das Gefühl der Entrüstung und des Zorns, von dem man unwillkürlich ergriffen wird, findet man den mühsam eroberten Liegestuhl am Strand morgens im Besitz eines neu angekommenen Gastes vor, der die Regeln noch nicht kennt? Den Unwillen, der die allermeisten Menschen befällt, wenn an Orten, die ihnen seit langem vertraut sind, auf einmal fremde Menschen auftauchen und ungeschriebene »Gesetze« verletzt werden? Das Geschrei, wenn sich ein Mann in die Damentoilette verirrt? Das schaurige Gefühl, das vor allem Kinder heimsucht, wenn sie beim Maskenumzug der Fratzen, der Zerrbilder menschlicher Antlitze, ansichtig werden oder dem Krampus begegnen? Das Gefühl der Disharmonie und des »falsch Klingens« beim Anhören fremdländischer Musik? Das Andersartige, Fremde, Unterschiedene wird zumindest eine Zeit lang, bis es sich als harmlos herausstellt, als gefährlich, bedrohlich, zumindest als unangenehm empfunden. Niemand kann das, will er ehrlich sein, wirklich ableugnen.

Die Sozialwissenschaft bezeichnet eine Einstellung, in der die eigene Gruppe oder Gesellschaft als überlegen bewertet wird, als Ethnozentrismus. Ethnozentrische Haltungen finden ihren Niederschlag in negativen Vorurteilen gegenüber Fremdgruppen und in einer Abwendung von diesen. Das wiederum ist eine »Unterabteilung« der Xenophobie. Diese ist durch die abweisende, häufig aggressive Haltung einer sozialen Gruppe oder einzelner Individuen gegenüber Menschen aus anderen Kulturen gekennzeichnet. Fremdenfeindlichkeit ist eng verbunden mit Nationalismus, Rassismus, Antisemitismus und Regionalismus, die allesamt eine Überlegenheit der eigenen Kultur gegenüber Fremden propagieren. Die eigene Hautfarbe, Sprache, Sozialstruktur und Kultur wird als Maßstab an anderen Gruppen angelegt und für allgemein gültig und höherwertig gehalten, die Wertvorstellungen und Eigenschaften der eigenen Gruppe dienen als Bezugssystem für die Beurteilung von Fremdgruppen. Betrachtet man die jahrhundertelangen Auseinandersetzungen zwischen Stämmen, Religionen, Staaten und Sprachgruppen sowie die dabei geübten Aufhetzungen, die Ausformungen der Vorurteile gegenüber anderen durch Propaganda und Kampfesmotivation, bis hin zu kriegerischer Literatur und Liedgut, so stellt man fest, dass die angeborene Scheu vor dem Fremden regelrecht kultiviert und in den Dienst der jeweils herrschenden Mächte gestellt wurde. Ihre Wurzeln sind daher sehr alt, tief und fest verankert.

Neben Eroberungslust, Besitzgier und skrupellosem Ausbeutertum war der Glaube an fundamentale Unterschiede in der Wertigkeit (nicht im Geartetsein!), insbesondere was die moralischen und intellektuellen Fähigkeiten von Menschen anderer Kulturen, Rassen und Hautfarben anbelangt, der Grund für die eingangs geschilderten Missstände. Lange Zeit versuchte man, mit Hilfe von wissenschaftlichen Methoden zu beweisen, dass manche Rassen gar nicht der menschlichen zuzuordnen seien.

Ein früher Vertreter dieser Auffassung war Joseph Arthur Gobineau, (1816–1882), ein französischer Diplomat und Schriftsteller, dessen Theorie später den Nationalsozialisten als philosophische Grundlage ihrer Rassenlehre diente. Gobineaus bekanntestes Werk ist sein »Essai sur l'inégalité des races humaines« (1853–1855; Versuch über die Ungleichheit der Menschenrassen), in welchem er behauptet, dass die »arische« Rasse allen anderen Rassen körperlich und geistig überlegen sei. Seine Theorie wirkte nachhaltig auf Richard Wagner und auf dessen Schwiegersohn Houston Stewart Chamberlain ein, der in seinem lange Zeit einflussreichen Hauptwerk »Die Grundlagen des 19. Jahrhunderts« (1899) die Überlegenheit der nordischen Rasse proklamierte. Seine antisemitisch und rassistisch geprägten Schriften und Ideen von der »Reinheit der Rasse« hatten später großen Einfluss auf Adolf Hitlers nationalsozialistische Ideologie.

Eine sich dazu parallel entwickelnde Richtung war der Sozialdarwinismus, eine Tendenz innerhalb der soziologischen Theorie, welche die Prinzipien der biologischen Evolutionstheorie von Charles Darwin auf gesellschaftliche Zusammenhänge zu übertragen versucht. Dabei wird die gesellschaftliche Entwicklung als sozialer Auslese- und Anpassungsprozess verstanden und als Naturnotwendigkeit aufgefasst, die sich vollziehen soll. Im Rahmen der Auseinandersetzung der gesellschaftlichen Talente entwickeln sich die Begabteren naturgemäß zu Herrschenden, die weniger Begabten werden von ihnen geführt. Die Geschichte des Menschen wird als »Kampf ums Dasein« interpretiert. Aus der Übernahme biologischer Vergleiche entwickelte sich im Laufe der Zeit eine offen rassistische Theorie, die von der naturgegebenen Überlegenheit bestimmter Rassen oder Völker ausgeht und unter anderem dem englischen Imperialismus den Boden bereitete.

Der in der zweiten Hälfte des 19. Jahrhunderts vorherrschende theoretische Ansatz war der Evolutionismus. Dessen Anhänger gingen davon aus, dass alle Kulturen verschiedene Stadien der gleichen Entwicklung durchleben, die nach bestimmten, vorgegebenen Gesetzmäßigkeiten verläuft. Die Vertreter des Evolutionismus versuchten eine die Natur und menschliche Gesellschaft umfassende Einheitswissenschaft zu schaffen, die sich auf das allgemeine Grundprinzip »Entwicklung« zurückführen ließe. In ihrem Bestreben, das religiöse Weltbild ihrer Zeit, in dem alles als durch den göttlichen Schöpfungswillen festgelegt aufgefasst wurde, zu überwinden, waren sie vom Gedankengut der Aufklärung beeinflusst. Im Zeitalter des Imperialismus dienten ihre Theorien aber in hohem Maße der Rechtfertigung von kolonialer Herrschaft und Zwangsmissionierung.

Erst im 20. Jahrhundert setzte ein weltweites Umdenken in diesen Fragen ein. Die Mobilität immer größerer Gruppen von Menschen führte dazu, dass das gegenseitige Kennenlernen und Verstehen zunahm. In der UNO sind Vertreter aller Rassen und Kulturen gleichwertig (zumindest was den Willen dazu anbelangt) vertreten. Die Verflechtung der Wirtschaftsbeziehungen, das steigende Selbstbewusstsein insbesondere der rohstoffreichen Länder außerhalb des industrialisierten Westens führt nahezu zwangsläufig zu einer wachsenden Anerkennung der Gleichwertigkeit der dort lebenden Menschen. Zuallerletzt aber breitete sich, fast wie eine Religion, die Haltung der Political Correctness aus. Und ab diesem Zeitpunkt kommt, so wie bei allen großen gesellschaftlichen Strömungen, das destruktive Element der Übertreibung ins Spiel.

Political Correctness

Anfang der Neunzigerjahre wurde der Begriff »Political Correctness« (PC) an Universitäten der USA geprägt. Er steht, grob gesprochen und was die dahinter steckenden guten Absichten betrifft, für eine Einstellung, die alle Handlungen und Ausdrucksweisen ablehnt, welche Personen auf Grund ihrer Rasse, ihres Geschlechts, ihrer Zugehörigkeit zu einer bestimmten sozialen Schicht, ihrer körperlichen und geistigen Verfassung oder sexuellen Neigung diskriminieren oder verächtlich machen. Speziell in Deutschland verbindet sich damit auch die aus der deutschen Geschichte des 20. Jahrhunderts resultierende, von begründeten Schuldgefühlen geprägte Einstellung zu Nationalismus und Militarismus. Den Verfechtern der PC geht es vor allem darum, die kritisierten Einstellungen durch eine Problematisierung der sprachlichen Ausdrucksweisen, durch Stigmatisierung und letztlich Ersetzung durch »politisch korrekte« Ausdrucksweisen zu verändern.

Außer in den USA, wo die PC bereits zu zahlreichen, zum Teil sogar mit Sanktionen bedrohten Sprachregelungen geführt hat, stößt das Konzept überwiegend auf Skepsis, ja sogar auf Ablehnung. Dennoch zeitigt es auch im deutschsprachigen Raum merkliche Auswirkungen auf den öffentlichen Sprachgebrauch. Zwar werden, anders als in den USA, meist keine verbindlich »richtigen« Bezeichnungen vorgegeben, es werden vielmehr Wörter aufgelistet, die nicht mehr unreflektiert verwendet werden sollen. Dabei handelt es sich häufig nicht um Bezeichnungen, die offensichtlich diskriminierend gemeint sind, sondern vielmehr um solche, die lange Zeit neutral verwendet und deshalb auch in Wörterbüchern nicht mit Zusätzen wie zum Beispiel »abwertend« gekennzeichnet wurden.

Drei Zigeuner

Drei Zigeuner sah ich einmal liegen an einer Weide,
als mein Fuhrwerk mit müder Qual schlich durch die sandige Heide.
Hielt der eine für sich allein in den Händen die Fidel,
spielte, umglüht vom Abendschein, sich ein feuriges Liedel.

Hielt der Zweite die Pfeif' im Mund, blickte nach seinem Rauche,
froh, als ob er vom Erdenrund nichts zum Glücke mehr brauche.
Und der Dritte behaglich schlief, und sein Zimbel am Baum hing,
über die Saiten ein Windhauch lief, über sein Herz ein Traum ging.

An den Kleidern trugen die drei Löcher und bunte Flicken;
aber sie boten trotzig frei Spott den Erdengeschicken.
Dreifach haben sie mir gezeigt, wenn das Leben uns nachtet,
wie man's verraucht, verschläft, vergeigt und es dreimal verachtet.

Nach den Zigeunern lang noch schaun musst' ich im Weiterfahren,
nach den Gesichtern dunkelbraun, und den schwarzlockigen Haaren.

Nikolaus Lenau

Sinti und Roma, wie Zigeuner heute »politisch korrekt« genannt werden, konnten ihre kulturelle Eigenheit, ihr Nomadentum und ihre Sprache trotz einer fast eineinhalbtausend Jahre währenden Wanderschaft weitestgehend erhalten. Trotz immer wiederkehrender Versuche der Gastländer, sie sesshaft zu machen, gelang dies nur mangelhaft. Fast überall stehen Sinti und Roma unter starkem Druck, ihre traditionelle Lebensweise aufzugeben. In Großbritannien etwa wurde ihnen in jahrelangen Gerichtsprozessen das Recht abgesprochen, Lagerplätze aufzuschlagen. Dennoch bleibt zu hoffen, dass die Kultur der Sinti und Roma überleben wird, da man sich in letzter Zeit wieder verstärkt der gemeinsamen Ursprünge, Sprache und Traditionen besinnt.

Doch während man gerade den Anpassungsdruck der Mehrheit in Richtung Sesshaftmachen als selbstverständlich empfindet und dabei geflissentlich übersieht, dass damit ein besonderes Volk seiner Identität und selbst gewählten Lebensart beraubt werden soll, kratzt man selbstgefällig und pseudotugendhaft an der Oberfläche, indem man die Bezeichnung »Zigeuner« tabuisiert.

Die Attribute »Zigeuner«, »Neger«, »Kaffer«, sogar die noch nicht inkriminierte Bezeichnung »Juden« wurden nach und nach mit gesellschaftlichem Bann belegt. Wenn derartige Tabuisierungen erfolgen, weil sich die betroffenen Personengruppen durch die entsprechenden Bezeichnungen beleidigt fühlen sollten, so sind sie völlig gerechtfertigt. In vielen Fällen, zum Beispiel in jenem der Zigeuner, erfolgen sie aber aus einem ganz anderen Kalkül: Der eher als abwertend empfundene Inhalt, welcher der uralten Bezeichnung »Zigeuner« anhaftete, sollte durch eine Neuschöpfung oder Verfemung dieser Bezeichnung getilgt und durch eine neutrale, unbelastete Bezeichnung ersetzt werden. Man hofft so, eine vermutete oder tatsächlich bestehende Stigmatisierung auf diese Weise zu beseitigen. – Das Ganze ist ein semantisches Experiment.

Dies gilt für viele der im Zuge der Political-Correctness-Kampagnen erfassten Begriffe und Bezeichnungen.

Nun ist es naiv, anzunehmen, dass mit der Verfemung eines Wortes und der Sanktionierung seiner Verwendung gleich die ganze Geschichte dieses Begriffs aus der Welt geschafft wird. Es tritt, wie bei vielen mit mehr oder weniger sanfter Gewalt eingeführten Bräuchen, Verhaltensweisen und Bezeichnungen, eher das Gegenteil ein: Man fügt sich zwar nach außen hin den neuen Regeln, vermeidet brav das geächtete Vokabular und verschafft so den in mehr oder weniger begründeter Selbstgerechtigkeit schwelgenden Urhebern der Begriffsmutation einen Triumph. Der durch neues, zu Anfang neutrales Vokabular ersetzte Begriff aber lebt weiter, geht sozusagen in den semantischen Untergrund und verbindet sich heimlich unlösbar mit den neuen Bezeichnungen. Dieser Verbindung überlagert zusätzlich noch ein stiller Ingrimm darüber, dass man gezwungen wurde, überkommene und gewohnte Bezeichnungen durch neue zu ersetzen. Es entsteht somit ein höchst unerfreuliches Gebräu aus dem Gefühl verbaler Vergewaltigung, Selbstherrlichkeit einer bestimmten gesellschaftlichen Gruppe, die sich anmaßt, aus eigener Machtvollkommenheit die Herrschaft über die Begriffe anzutreten, und der Empfindung, nicht mehr das sagen zu dürfen, von dem man überzeugt ist, dass es der Wahrheit entspreche. Die Leidtragenden sind letztendlich jene, die durch diesen Vorgang geschützt werden sollten. Auf sie wird, meist unverschuldeterweise, die Urheberschaft an diesem Etikettenschwindel projiziert.

Otto Graf Lambsdorff, damals FDP-Ehrenvorsitzender, lamentierte in der Ausgabe der »Frankfurter Allgemeinen Zeitung« vom 2. August 1995 über »Deutschlands neue Denkverbote«. Lauthals wurde von Lambsdorff beklagt, dass allem, »was nicht links ist, gleich die Ku-Klux-Klan-Kappe übergestülpt wird und bloße rechte Worte sehr voreilig zu Benzinkanistern in den Händen geistiger Brandstifter umdefiniert werden«. Lambsdorff weiter: »Verstärkt durch die Diktatur der Political Correctness, tritt Ausgrenzung an die Stelle von Auseinandersetzung. Selbst moderat konservative Äußerungen werden an den Rand des Abgrunds der öffentlichen Akzeptanz gedrückt und haben Schwierigkeiten, überhaupt diskussionswürdig zu sein.«

Ich fühle mich gar nicht rechts im politischen Sinne, aber in der obigen Feststellung muss ich Lambsdorff fast ohne Einschränkung zustimmen, insbesondere in der so heiklen Frage des Denkverbotes. Es handelt sich, wie ich – politisch völlig unkorrekt, aber aus eigenem Augenschein, dem allein ich in vielen Fragen noch einigermaßen vertraue – meine, um einen abscheulichen und schädlichen Etikettenschwindel. Zigeuner zum Beispiel – Sinti und Roma, wie man sie heute nennen muss – sind grundlegend anders als sesshafte Mitteleuropäer. Sie haben einen völlig anderen Zugang zu Wohnen, Erwerb, Ordnung, Schule und sozialem Verhalten. Sie stehen den Begriffen Reinlichkeit, Pünktlichkeit, Arbeitsleben anders gegenüber. Es ist wahrscheinlich nicht leicht, Zigeuner zu Nachbarn zu haben, weil ihre Lebensart von der unsrigen so völlig verschieden ist. Warum akzeptiert man das aber nicht? Warum versucht man durch Wortschöpfungen und Lügen eine Fälschung ihrer offenkundigen Identität, ihres freien Willens, anders zu leben und zu sein als viele andere? Warum will man sie zwingen, unsere Lebensart anzunehmen und gibt ihnen dafür das zweifelhafte Geschenk einer Wortschöpfung? Warum erzeugt man, zusätzlich zur unvermeidlichen Belastung, die das Anderssein, und zwar über fünfzehn Jahrhunderte hinweg, mit sich bringt, noch den heimlichen Ingrimm des Zwanges zu dessen Leugnung? Jeder von uns weiß, wie demütigend ein verstecktes Bemitleiden, ein absichtliches Hinwegsehen über eine vermeintlich oder tatsächlich unangenehme Lage sein kann – und wie befreiend die Übereinkunft darüber, dass es nun einmal so ist, wie es ist. Was ermächtigt zu der Anmaßung, über die augenfällige Verschiedenheit von Kulturen und Menschengruppen hinwegzulügen und diesen die »Gnade« zu erweisen, so zu tun, als seien sie genau so wie wir? Sie wollen das nämlich gar nicht, wenn ich mich nicht irre. Wirklich fundamental hingegen ist die Tatsche, dass alle Menschen – ohne Ansehen der Rasse, Hautfarbe, Kultur oder Sprache – die gleiche Würde, das gleiche Recht auf Respekt und Toleranz ihrer Eigenart haben – und nicht auf deren Leugnung und Einebenung.

Man kann (falsche) Bescheidenheit und Toleranz auch so weit übertreiben, dass sie zur Lüge wird. Und indem wir mit diktatorischem Gehabe das Märchen von der Gleichheit von Schwarz und Weiß, Mann und Frau, dumm und klug, schwach und stark etc. weitererzählen, machen wir uns einer verhängnisvollen Lüge schuldig: Wir verwechseln dabei nämlich Wert und Eigenheit – ein unverzeihlicher und folgenschwerer Denkfehler.

Kluge und Dumme

Da ich schon einmal hoffnungslos im Sumpf der politischen Unkorrektheit stecke, von stacheligen Lianen umwunden, sei – ist die Kuh hin, soll's auch das Kalb sein – auch an die Heuchelei erinnert, die bezüglich der menschlichen Intelligenz herrschte und zum Teil immer noch herrscht. In Pädagogenkreisen war es eine Zeit lang Mode, davon zu sprechen, ein Kind zu »be-gaben« – eine semantische Spielerei, die eigentlich eine glatte Unwahrheit ist. Seit die Behavioristen durch die unwiderlegbaren Erkenntnisse der Gentechnik als reduktionistische Mechaniker und Computertechniker der menschlichen Seele überführt wurden, als Vertreter einer »Nothing-else-buttery«, ist das uralte Gefühl, die Menschen kämen als höchst unterschiedliche Wesen auf die Welt, zur Gewissheit geworden. Weil man in den letzten Jahrzehnten, nicht zuletzt auf Grund der Aufsplitterung der Wissenschaften, zunehmend verlernt hat, dem klaren Augenschein zu trauen, konnte erst der Blick durchs Rasterelektronenmikroskop und die chemische Zerschnipselung der Gensequenzen diesen Unfug aus der Welt schaffen. So wie es Menschen mit verschiedensten Nasen, Haar- und Hautfarben, mehr oder weniger leistungsfähigen Beinen, Armen und Stimmbändern gibt, ist auch ein guter Teil der erreichbaren Leistungen des menschlichen Gehirns abhängig von ererbten Eigenschaften. Es lässt sich zwar, wie wahrscheinlich kein anderes Organ, trainieren, es lassen sich Schwächen zum Teil kompensieren und Teilbegabungen oft zu erstaunlichen Fertigkeiten entwickeln. Aus seiner Haut, wie man zu sagen pflegt, kann letztendlich aber keiner. Aus keiner weißen, gelben oder schwarzen.

Was die reine Intelligenz betrifft, also die Fähigkeit, logische Schlüsse richtig und schnell zu ziehen und auf komplexe Situationen zweckmäßig zu reagieren, gibt es angeborene Unterschiede, die von keinem Pestalozzi dieser Welt gänzlich überwunden werden können. Da in unserer Epoche der Anbetung der so genannten Vernunft deren hemmungsloser Einsatz zum höchsten Wert stilisiert wurde, andererseits aus falsch verstandenem, unehrlichem Mitleid mit jenen, die offensichtlich weniger davon aufzuweisen haben, Zuflucht zur Lüge genommen wird, verheddert man sich in einem unlösbaren Gespinst – mit sehr unangenehmen Folgen, auf die weiter unten näher eingegangen werden soll. Die Grundfrage ist: Warum soll ausschließlich der Intellekt über den so genannten Wert eines Menschen entscheiden? Jeder, auch der Dümmste, hat Fähigkeiten, die andere nicht haben; er kann ein hervorragender Handwerker, ein begnadeter Künstler, ein toller Akrobat, Fußballspieler, Langstreckenläufer, Liebhaber und was immer werden – vorausgesetzt, dass man nicht krampfhaft versucht, gerade das zu trainieren, wozu einem vielleicht nicht die günstigste Ausgangsposition geschenkt ist. Im Übrigen sind die Menschen, mit welchen ich am liebsten zusammen bin, nicht immer gerade die Klügsten. Und um einem weiteren Vorurteil zu widersprechen: Einer der brillantesten Köpfe, mit welchen ich jemals zusammenarbeiten durfte, war ein kohlrabenschwarzer Kollege in Brasilien, dem ich in seinem Fach, der Chemie, nicht annähernd das Wasser reichen konnte. Andererseits waren viele unserer braunen Arbeiter im Camp eindeutig fauler und unzuverlässiger als jene zum Beispiel in der Steiermark, zum Teil aber ungleich liebenswürdiger und lustiger, von ihren tänzerischen und sonstigen Fähigkeiten ganz zu schweigen.

Die Einebnungssucht, welche auch zur Lüge führt, alle Menschen kämen mit gleichen Fähigkeiten zur Welt, die man dann bloß zu erwecken bräuchte, hat besonders das Erziehungswesen auf falsche Geleise geführt. Überproportionale Anstrengungen der gestressten Lehrer werden auf das geweissagte Erscheinen der angeblich schlummernden Anlagen von Lernschwachen verwendet, mit wenig Erfolg und dem Ergebnis, dass die Wacheren, Interessierteren und Begabten vernachlässigt und in ihrer möglichen Entwicklung gehemmt wurden. Das Resultat ist eine Nivellierung der Kenntnisse, Fertigkeiten und des Ausbildungsniveaus, was letztlich zu einem Absinken des Niveaus der Schulabgänger in ihrer Gesamtheit führt. Gleichzeitig bleiben viele besondere Fertigkeiten der Lernschwachen unentwickelt, weil man sich fast ausschließlich der Besserung dieses Übels widmet und zu wenig Aufmerksamkeit auf die Entdeckung und Entwicklung ihrer sonstigen Begabungen richtet.

Um dieser Gegebenheit wirklich zu entsprechen und sie nicht, wie derzeit üblich, unter den Teppich zu kehren, wäre es erforderlich, für die wachsende Zahl von verhaltensauffälligen Schülern bzw. Schülern mit Intelligenzdefekten und angeborener Lernschwäche speziell ausgebildete Lehrkräfte einzusetzen und entsprechende Organisationsformen zu entwickeln, um eine Desintegration dieser Schülergruppen zu verhindern und damit dem normalen Unterrichtsbetrieb wieder den angemessenen Freiraum zu verschaffen.

In dem Allheilmittel Integrationsklassen sind jedoch überwiegend heilpädagogisch ungeschulte und auch pädagogisch unerfahrene junge Kräfte tätig, die der überaus komplizierten, oft dramatischen Situation einzelner Kinder, besonders der psychisch geschädigten, gutwillig, aber nicht professionell begegnen. Die zur Verfügung stehenden Mittel reichen bei weitem nicht aus, um dem Anspruch individueller Betreuung gerecht zu werden. »Wasch mir den Pelz, aber mach mich nicht nass«, lautet die Devise: Eine sehr häufige Folge von nicht ganz durchdachten oder zurechtgebogenen Strategien.

Frauen und Männer

Solange physische Kraft, auch physische Gewalt, zu den wichtigsten Macht- und Überlebensfaktoren für den Menschen zählte, war das weibliche Geschlecht massiv benachteiligt. Es war einerseits von der Macht des Mannes, der die Familie gegen äußere Gefahren beschützte, für die Errichtung der Heimstatt sorgte und als Jäger Nahrung heranschaffte, existenziell abhängig, anderseits aber der puren Kraft des Mannes schutzlos ausgeliefert, wenn nicht überkommene kulturelle Faktoren dies ausschlossen, was beileibe nicht immer der Fall war. So konnte es dazu kommen, dass noch im 20. Jahrhundert der materielle Wert einer Frau im arabischen Raum (in Kuh-Einheiten ausgedrückt) weit unter jenem eines Kamels lag.

Während der Französischen Revolution plädierten republikanische Frauenklubs dafür, dass die Ziele Freiheit, Gleichheit und Brüderlichkeit für alle gelten sollten, unabhängig vom Geschlecht. Durch den Code Napoléon allerdings, der auf römischem Recht beruhte, wurden auf dem Kontinent jegliche Hoffnungen auf eine sofortige Realisierung solcher Forderungen zerschlagen. In England schrieb unterdessen Mary Wollstonecraft mit »A Vindication of the Rights of Woman« (1792) das erste bedeutende feministische Werk, das in sehr mutigem, revolutionärem Ton die Gleichstellung von Mann und Frau forderte. In demselben Maße, in welchem Muskelkraft und physische Gewalt gegenüber Bildung, Kenntnis, Fertigkeiten und sozialem Nutzwert an Bedeutung verloren, stieg auch die gesellschaftliche Wertigkeit und damit der Freiheitsgrad der Frau. Das Wahlrecht erhielten Frauen in Deutschland erst 1918, nach Beendigung des Ersten Weltkriegs. In Großbritannien bekamen zunächst Frauen das Wahlrecht, die älter als 30 Jahre waren. Diese Altersgrenze wurde 1928 auf 21 Jahre gesenkt. In der ehemaligen Sowjetunion war das Wahlrecht für Frauen bereits 1917 eingeführt worden, 1919 in Polen, Österreich und Schweden. Später erhielten auch in Frankreich (1944), Italien (1945), China (1947) und Indien (1949) die Frauen das Wahlrecht. In der Schweiz konnten Frauen bis 1971 nicht an nationalen Wahlen teilnehmen, und das Wahlrecht für die regionalen Volksvertretungen blieb ihnen in einigen Kantonen bis 1990 verwehrt. In Kuwait, Jordanien und Saudi-Arabien dürfen Frauen auch heute noch nicht wählen. In vielen Berufen werden sie immer noch schlechter bezahlt als Männer, in den Führungsetagen sind sie unterrepräsentiert.

Wie in allen anderen geschilderten Beispielen der Einebnung ist man auch im Falle des ewigen Geschlechterkampfes dabei, weit über das Ziel – die Anerkennung der Frau als gleichwertiger und auf vielen Gebieten sogar überlegener Partner und ihre Teilhabe an allen gesellschaftlichen und wirtschaftlichen Möglichkeiten – hinauszuschießen. Selbstverständlich soll für gleiche Leistung gleiches Entgelt bezahlt werden. Selbstverständlich sollen alle Berufe den Frauen offen stehen, alle Ausbildungsmöglichkeiten frei genutzt werden können. Wer aber hat den zum Himmel schreienden Unfug erfunden, dass Frauen die besseren Männer werden sollen? Dass sie sich vornehmlich darauf konzentrieren sollen, in jenen Disziplinen, in welchen Männer auf Grund günstigerer Voraussetzungen einfach überlegen sind, Dominanz zu gewinnen? Medizinische Studien jüngsten Datums weisen nach, dass Frauen im Durchschnitt ein wesentlich höheres Niveau an Stresshormonen besitzen und weitaus mehr »freie Radikale« im Blut mit sich schleppen als Männer: die Folgen chronischer Überforderung, falscher Lebensführung.

Es gibt praktisch keinen Beruf, den Frauen in einer aufgeklärten Gesellschaft nicht ebenso gut ausüben können wie Männer, sieht man von Steinbrucharbeiten oder anderen schweren körperlichen Tätigkeiten ab. Ich vermute, dass es in unserer Welt sogar wesentlich friedlicher und, im Ganzen gesehen, vernünftiger zugehen würde, hätten Frauen mehr Entscheidungsgewalt und Einfluss auf das Geschehen. Unsere Zeit mit ihrer Hetze, ihrer versteckten bis offen zu Tage tretenden Aggressivität, dem Rückgang des Zwischenmenschlichen, den vielen ungelösten Zielkonflikten scheint den Frauen allerdings viel mehr Probleme und psychisches Ungemach zu bereiten als den in dieser Hinsicht vielleicht etwas robusteren oder verdrängungsstärkeren Männern. Die Zahl der bei Psychotherapeuten und in esoterischen Zirkeln anzutreffenden Frauen ist deutlich höher als jene der Männer. Dies mag vielleicht auch daran liegen, dass es jenen unpassend erscheint, ihre seelischen Probleme zuzugeben oder sich ihrer gar mit fremder Hilfe erwehren zu wollen. Das weibliche Gemüt ist aber doch empfindlicher und verletzbarer, in einer Welt voller Dornen und Gefühlsarmut daher gefährdeter als jenes der Männer, die diese Welt ja zum großen Teil erbauen halfen.

Wenn unsere Schwestern klug sind, dann halten sie sich aus der ganzen Narretei so weit wie möglich heraus und widmen sich vorzugsweise jenen Themen, für die sie eine hohe Eignung und Neigung besitzen und die ihnen gleichzeitig etwas Schutz vor dem Ungemach des modernen Wettlaufs aller gegen alle geben: sozialen und pädagogischen Berufen, wissenschaftlichen Fragen, der Medizin und anderen heilenden Aufgaben, der Journalistik und Kommunikationsbranche, künstlerischen Tätigkeiten etc. Im gnadenlosen Räderwerk straff organisierter, weitestgehend von Männern erfundener und auf die Rudelinstinkte von Männern ausgerichteter Machtstrukturen großer Organisationen und Konzerne findet sich kein günstiges Psychotop für die Ansprüche einer weiblichen Seele, insbesondere wenn sie in direkte Konkurrenz mit Männern treten muss. Es gibt aber auch in derartigen Systemen viel Platz und hervorragende Entfaltungsmöglichkeiten für Frauen, zum beiderseitigen Nutzen, aber, wie gesagt, nicht überall. Dies gilt, mit umgekehrten Vorzeichen, übrigens auch für Männer. Wäre ich eine Frau, ich würde den Narrheiten der Männer nicht unreflektiert folgen und sie dabei noch zu übertrumpfen suchen, und ich würde sehr genau darauf achten, was meine Weiblichkeit für Wettbewerbsvor- und -nachteile gegenüber den Männern bietet.

Es mag der Restbestand an Überkommenem sein, der mich vielleicht verblendet, aber ich habe die Beobachtung gemacht, dass Frauen tendenziell bessere Einzelkämpfer sind als Männer, dass ihnen die Erledigung von Aufgaben in Teams – insbesondere in Teams, die von Frauen dominiert werden – weniger liegt und dass sich Gruppen von Frauen wesentlich schwerer und unter stärkeren Krämpfen zu eindeutigen Entscheidungen durchringen können, sich gern in langen Disputen und in Nebensächlichkeiten verlieren. Dennoch sei jeder Frau ohne Einschränkung das Recht zugestanden, jeden Beruf, für den sie sich geeignet fühlt, zu ergreifen. Auf einem anderen

Blatt jedoch steht, ob sie darin auch ihr Lebensglück finden wird. Eine zentrale Frage ist es, ob es gelingt, die berufliche Tätigkeit mit jener als Mutter langfristig und in befriedigender Weise in Einklang zu bringen, vor allem aber sicherzustellen, dass die so wichtige Gegenwart der Mutter in den ersten Lebensjahren der Kinder gewährleistet ist. Kein noch so liebevoller Vater oder sonst jemand kann sie in dieser Zeit auch nur annähernd ersetzen. Gelingt dies nicht, so fehlt zweifellos ein großes Stück an Glück und Befriedigung in ihrem Leben, das auch durch noch so große berufliche und materielle Erfolge niemals aufgewogen werden kann. Meistens wird das aber erst bemerkt, wenn der Schaden schon unumkehrbar geworden ist.

So manche Leserin wird mich jetzt, blitzenden Auges, entrüstet einen verdammten Macho nennen, vielleicht sogar das Buch von sich schleudern. Halt! Bitte vor dem Schleudern noch ein letztes Wort: Lieber bin ich ein ehrlicher Macho (was immer das dann auch wäre) und mache mich unbeliebt, als zu einem gleisnerischen Heuchler herabzusinken, der in den verächtlichen (und auch von den Frauen verachteten) Chor jener einstimmt, die zu säuseln pflegen, dass Frauen ja doch die stärkeren Männer seien, man ihnen bloß mehr Zeit und Quoten in allen Berufen einräumen müsse, um dies auch beweisen zu können, und man ihnen damit das Glück auf Erden beschere. Nichts von dem stimmt und wird auch niemals stimmen.

Übertriebene Toleranz

So unduldsam und kriegerisch die vergangenen Jahrhunderte in fast jedem Belange waren, so seltsam nachsichtig wurde man in den letzten Jahrzehnten gegenüber ganz offensichtlichen Verstößen gegen das Interesse der Allgemeinheit. Auch in Bezug auf die Duldung von Verhalten, das Regeln, welche die Gemeinschaft zusammenhalten, beleidigt und diese missachtet und untergräbt, scheint man aus einer Art von schlechtem Gewissen betreffend die Fehler der Vergangenheit übers Ziel hinauszuschießen. Toleranz heißt die Devise. Was man versteht an anderen, ist auch schon verziehen, sei es auch noch so dumm, provokant, pervers, grausam, abartig oder feindlich. Mich als einen frommen Heiden stößt es zutiefst ab, wenn manche Menschen, ausschließlich, um billige Aufmerksamkeit und Publicity zu erregen, das religiöse Empfinden anderer absichtlich verletzen. Die zum Teil extremen Beleidigungen und Beschimpfungen, welchen Lehrer, Beamte, Politiker und andere leidlich ihre Pflicht tuende Amtsträger insbesondere in Großstädten ausgesetzt sind, bleiben meist gänzlich ungeahndet.

Die Gräueltaten extremistischer Moslems (New York 2001, Bali 2002, etc.) veranlassen viele im Westen sogleich dazu, sich an die Brust zu schlagen und die Schuld bei sich selbst zu suchen. Haben wir denn nicht über Jahrhunderte hinweg den christlichen Glauben mit Feuer und Schwert über die ganze Welt verbreitet und schwerstes Leid verursacht? Haben wir nicht fremde Völker physisch und psychisch massakriert und zu unserer Lebensart gezwungen? Haben wir nicht uralte Stammesriten und Kulturen in Afrika und Asien zerstört und nichts hinterlassen als Desorientierung, Konsumgesinnung ohne entsprechenden Hintergrund und damit Verelendung und kulturellen Verfall ausgelöst? Wurde nicht gerade dadurch ein ganzer Kontinent – Afrika – ins Elend gestürzt? Wie passt dazu der Bibelspruch: »Gott hat Frieden verkündigt durch Jesus Christus, welcher ist Herr über alle« (Apostelgeschichte 10,36)? Zweifellos stimmt das in hohem Maße, und das latente Schuldbewusstsein der abendländischen Kulturen ist durchaus begründet. Vergessen wird dabei aber eine – eminent wichtige – Tatsache nicht: Hätte nicht der Europäer den Eroberungszug angetreten, wären früher oder später andere

Völkerschaften auf diese Idee gekommen, und das grausame Spiel hätte sich mit umgekehrten Vorzeichen zugetragen. Zu jener Zeit, als dies alles geschah, war die gegenseitige Rücksichtnahme ganz und gar nicht so ausgeprägt, wie es heute der Fall zu sein scheint. Hätten dies alles nicht die abendländischen Völker, die Europäer, getan, so wären andere die materiellen, physischen und geistigen Sieger gewesen. Man vergesse nicht, dass viele Jahrhunderte hindurch asiatische Völkerschaften und der Islam versuchten, Europa zu erobern. Noch nicht lange ist es her, dass Spanien besetzt war von Mauren und Arabern. Karl der Große und die Karolinger verdanken ihren Ruhm und ihre späteren politischen und kulturellen Gestaltungsmöglichkeiten nicht zuletzt einer geschichtlichen Konfrontation zwischen zwei Weltreligionen und -kulturen: 732 n. Chr. schlug Karl Martell in der Schlacht von Tours und Poitiers die Araber vernichtend und verhinderte so die Ausbreitung des Islam nach Mitteleuropa. Von den Osmanen neuerlich politisch geeint, setzte der islamische Osten nach dem Fall von Konstantinopel seit dem Spätmittelalter wiederum zur Eroberung großer Teile Europas an, was immerhin zur Besetzung Kretas, Zyperns und großer Teile des Balkans sowie zur zweimaligen Belagerung Wiens führte. Noch heute findet man in den unweit meines Heimatortes gelegenen Höhlen Knöpfe von Türkenuniformen; die erbärmlichen Bauernhütten meiner Ururururgroßeltern wurden mehrfach niedergebrannt, alle Männer zu Tode gebracht, Frauen, Kinder und Vieh auf Nimmerwiedersehen fortgeführt. Der Sammelplatz für Letztere ist noch heute zu besichtigen.

Jahrhunderte hindurch galten verzweifelte Anstrengungen der Bewohner der östlichen Randbereiche Europas der Abwehr zentralasiatischer Eroberungsversuche – Attila, Dschingis Khan, Kublai Khan. Legendär ist Timur-i-Leng (Timur der Lahme, 1336–1405), ein türkisierter Mongole, dessen Reich sich von Indien bis zum Mittelmeer erstreckte.

Der Name dieses schrecklichen Mannes, in Europa zu Tamerlan verkürzt, geht auf seine zum Teil gelähmte linke Seite zurück. Hätten nicht die christlichen Europäer alle diese Eroberungsversuche erfolgreich abgewehrt, wäre ihnen ein ähnliches Schicksal zuteil geworden wie jenes, das sie ihren bedauernswerten Opfern später in den Kolonien bestimmten. 1398 fiel Timur-i-Leng in Indien ein, eroberte Delhi und richtete unter der Einwohnerschaft ein Blutbad an. 1401 entriss er Syrien den Mamelucken, plünderte Damaskus und nahm Bagdad ein. Timur-i-Leng starb am 18. Februar 1405 in der Nähe von Tschimkent (im heutigen Kasachstan) auf einem Feldzug gegen China; er wurde in seiner Hauptstadt Samarkand bestattet. Sein Mausoleum Gur-e-Amir ist eines der bedeutendsten Architekturdenkmäler von Samarkand. Wäre alles anders gekommen, stünde es vielleicht in München.

Dass der Islam dort, wo er sich ungehindert ausbreiten konnte, bei der Behandlung Unterlegener nicht zimperlich war, zeigt das Schicksal zahlloser schwarzer und gelber Sklaven, die im Zuge der Eroberung afrikanischer und asiatischer Gebiete unterjocht worden waren. Wie selten sonst gilt gerade bei der Auseinandersetzung zwischen Völkern, Kulturen und Religionen bislang das Goethe-Wort

> Du musst steigen oder sinken,
> Du musst herrschen und gewinnen,
> Oder dienen und verlieren
> Leiden oder triumphieren,
> Amboss oder Hammer sein.

Dass gerade diejenigen, welche christliche Nächstenliebe, Vergebung und Demut, Armut und Gleichheit unter den Menschen predigten, die schlimmsten Untaten begingen, ist ein beredtes Zeugnis dafür, dass Menschenrecht, Toleranz, Anstand und Sitte ein recht dünn aufgetragener Lack auf der seit Hundertausenden von Jahren unveränderten, nach Überleben, Nahrung und Macht strebenden archaischen menschlichen Seele sind.

Dies alles soll keineswegs entschuldigen, was der Europäer weltweit angerichtet hat. Er war – bis jetzt – der Erfolgreichste, zumindest materiell. Wo der Baum am höchsten steht, schlägt der Blitz allerdings am ehesten ein. Das Jahrhundert der Blitze scheint nunmehr angebrochen zu sein. Mit dem schon zur Gewohnheit gewordenen An-die-Brust-Schlagen, bei gleichzeitiger klammheimlicher Fortsetzung der alten Ausbeutungsgewohnheiten, wird es nicht mehr getan sein. Wir werden uns wohl zu mehr Ehrlichkeit durchringen müssen und zur Beantwortung folgender Fragen:

- Wird es in einer Welt, in welcher Menschen unterschiedlichster Herkunft und Lebensart aufeinander stoßen und in der es keine Räume mehr gibt, in die man vordringen könnte, möglich sein, durch Wegreden dieser Unterschiede und Interessengegensätze einen friedlichen, toleranten, sozusagen normierten Weltbürger zu erziehen, der mit allen weltweit teilt?
- Oder werden die alten Unterschiede gerade durch das lügenhafte darüber Hinwegturnen umso heftiger aufbrechen und einen Kampf auf Leben und Tod um die Dominanz von Religion und Sitte, um Rohstoffe, Wohlstand und Raum auslösen, wie es Samuel Huntington in seinem Buch »Der Kampf der Kulturen« durchaus für möglich hält?
- Oder ist es doch möglich, sich in voller, ehrlicher gegenseitiger Anerkennung der Verschiedenheit von Menschen, Religionen und Kulturen auf die Menschenrechte, die Grundsätze der Demokratie und eine friedliche Lösung von Konflikten zu einigen?

Die Alternative 1 halte ich für eine Utopie, weil, wie die Beobachtung des vom Wind bewegten Meeres, das Phänomen der Düne und viele andere systemische Erscheinungen zeigen, sich ab einer gewissen Beruhigungsstufe ein System wieder zu differenzieren beginnt; dem kann sich auch die Menschheit nicht entziehen. Das Ende der Geschichte, wie es Francis Fukuyama in seinem gleichnamigen Buch anbrechen sieht, ist eine Fiktion.

Vieles spricht für die Alternative 2, insbesondere auch deswegen, weil die derzeit militärisch und wirtschaftlich stärkste Macht der Welt ihre internationale Strategie eindeutig nach einer solchen Erwartungshaltung ausrichtet und die aggressivste und am stärksten wachsende Religionsgemeinschaft, der Islam, eine ausgesprochen expansionistische und teilweise aggressiv-missionarische Ausprägung zeigt. Die gegenwärtig von den Amerikanern eingenommene Haltung, nach der Devise: »Wir sind der Hort des Guten, dann gibt es eine Achse des Bösen, und wer dazwischen nicht für uns ist, ist gegen uns«, hat sich im Fall der Einbremsung des hemmungslosen serbischen Despoten Slobodan Milošević, entgegen den düsteren Vorhersagen aller Friedensapostel, als ausgesprochen hilfreich erwiesen, kann aber, ausgedehnt auf die ganze Welt, zu einer unheilvollen sich selbst erfüllenden Prophezeiung werden.

Für mich scheint langfristig die Alternative 3 die stabilste Welt zu garantieren, sofern die Anerkennung der jeweiligen Eigenarten eine vollständige ist. Ein guter Zaun, vielfach durchbrochen von gemeinsam eingebauten Türen, macht die besten Nachbarn. Voraussetzung hierfür ist allerdings, dass der Westen zugibt, bei weitem nicht dazu bereit zu sein, seinen technischen und materiellen Vorsprung, den Abstand im Wohlstandsniveau, aufzugeben. Ein bisschen teilen – ja, aber so richtig – nein. Alles andere wäre wohl faustdick gelogen. Jede Volksabstimmung in jedem beliebigen Land würde diese Tatsache mit haushoher Mehrheit bestätigen. Eine weitere

Voraussetzung wäre, den einzelnen Kulturen, Religionen und Trägern verschiedener Hautfarben zuzugestehen, nicht so werden zu müssen wie wir, um in das gesegnete Reich des Kulturmenschen aufgenommen zu werden. Vielen Insulanern billige ich eine weit höhere Kulturstufe zu als so manchem muskelzuckenden Discobesucher in unseren Großstädten – samt Walkman, Internet und Designerjeans. Und schlussendlich wird man sich in Erinnerung rufen müssen, dass ein allzu rasches Durchmischen von Kulturen und Lebensarten – und möge dies auch noch so gut gemeint sein – immer noch schwere Konflikte bis hin zu Mord und Totschlag mit sich gebracht hat. Man nehme das Beispiel Ceylon, wo Singhalesen und Tamilen einander massakrieren, oder den Balkan, wo zu Ausgang des 20. Jahrhunderts unter den elektronischen Augen modernster Satelliten Christen Mohammedaner und Mohammedaner Christen – Männer, Frauen und Kinder – zu Tausenden umbrachten, die Leichen mit Baggern verscharrten, in Bergwerksschächte warfen oder mit Benzin übergossen und verbrannten. Diese Resultate einer verlogenen Gleichrederei sprechen für mich eine sehr deutliche Sprache.

Um nicht ganz allein dazustehen oder – viel schlimmer – mit Nichtswürdigen in einen Topf geworfen zu werden, zitiere ich Samuel Huntington, einen als Wissenschaftler gewiss Unverdächtigen, sinngemäß: »Lang andauernde kriegerische Auseinandersetzungen spielen sich, geschichtlich gesehen und auch in der Gegenwart, fast ausschließlich an den Grenzflächen zwischen Kulturkreisen ab.« Wenn man nun diese Grenzflächen künstlich vergrößert oder ganz einfach abstreitet (weil nicht sein kann, was nicht sein darf), so fördert man Unfrieden, behindert gedeihliches, konstruktives Zusammenleben und ein allmählich zunehmendes Verständnis dafür, dass der andere anders ist und vielleicht auch so bleiben will.

Warum soll ich ihm nicht dabei helfen, wenn er mir dasselbe auch zugesteht? Allerdings gilt immer noch das Schiller'-

sche Zitat aus seinem »Wilhelm Tell«: »Es kann der Frömmste nicht im Frieden bleiben, wenn es dem bösen Nachbarn nicht gefällt.« Und es ist ganz einfach eine Illusion, zu glauben, es gäbe nur gute Nachbarn. Man ist ja selbst auch nicht immer der Beste. Oder?

Das grundlegende, weitestgehend religions- und kulturunabhängige Wertesystem moderner Demokratien ist in der Menschenrechtsdeklaration der Vereinten Nationen aus dem Jahr 1945 niedergelegt, deren wichtigste Aussagen in den ersten drei Artikeln zusammengefasst sind:

> *Artikel 1:* Alle Menschen sind frei und gleich an Würde und Rechten geboren. Sie sind mit Vernunft und Gewissen begabt und sollen einander im Geiste der Brüderlichkeit begegnen.
> *Artikel 2:* Jeder Mensch hat Anspruch auf die in dieser Erklärung verkündeten Rechte und Freiheiten ohne irgendeine Unterscheidung, wie etwa nach Rasse, Farbe, Geschlecht, Sprache, Religion, politischer oder sonstiger Überzeugung, nationaler oder sozialer Herkunft, nach Eigentum, Geburt oder sonstigen Umständen. Weiterhin darf keine Unterscheidung gemacht werden auf Grund der politischen oder internationalen Stellung des Landes oder Gebietes, dem eine Person angehört, ohne Rücksicht darauf, ob es unabhängig ist, unter Treuhandschaft steht, keine Selbstregierung besitzt oder irgendeiner anderen Beschränkung der Souveränität unterworfen ist.
> *Artikel 3:* Jeder Mensch hat ein Recht auf Leben, Freiheit und Sicherheit der Person.

Wie bei allem, was in Verträgen festgeschrieben ist, funktioniert dieser Anspruch nur dann, wenn sich *alle* Partner daran halten. Je toleranter, friedlicher und verständnisvoller sich die Mehrheit einer von diesem Ethos getragenen Gemeinschaft verhält, desto größer sind die Chancen derjenigen, welche diese Verhältnisse eigennützig zu ihrem individuellen Vorteil missbrauchen. Gesetze und Regeln ohne Sanktionsmechanismen sind wirkungslos. Man wird also, bei allem Friedenswillen, nie darum herumkommen, jenen, die diese Regeln mit Gewalt brechen wollen, auch mit Gewalt zu begegnen. Somit aber schließt sich der Kreis: Die Mehrheit wird jene Minderheit, die sich ihren Regeln nicht anschließt, immer dazu zwingen (müssen), die fundamentalen Übereinkünfte zu beachten, in Zukunft mehr und mehr in einer weltweiten Dimension. Es bleibt zu hoffen, dass die offiziöse Mehrheit auch jener der Bürger entspricht und die Regeln genügend Platz für Eigenart, Vielfalt und Buntheit lassen – ein Gleichgewicht, das wohl immer wieder neu erarbeitet und erobert werden muss: Das oft zitierte, jedoch selten verstandene und noch seltener praktizierte Prinzip der Subsidiarität muss im weltweiten Zusammenhang schlussendlich auch für Kulturen und Religionen Geltung haben.

VI Die Feindbilder

… denn wenn kein Streit zwischen den Dingen wäre, wäre alles eins, wie Empedokles sagte (Arist. Metaph. B., 5): ist doch dieser Streit selbst nur die Offenbarung der dem Willen wesentlichen Entzweiung mit sich selbst, sodass der Wille zum Leben durchgängig an sich selber zehrt und in verschiedenen Gestalten seine eigene Nahrung ist, bis zuletzt das Menschengeschlecht, weil es alle anderen überwältigt, die Natur für ein Fabrikat zu seinem Gebrauch ansieht, dasselbe Geschlecht jedoch auch, wie wir an anderer Stelle sehen werden, in sich selbst jenen Kampf, jene Selbstentzweiung des Willens zur furchtbarsten Deutlichkeit offenbart, und homo homini lupus (der Mensch dem Menschen ein Wolf) wird.

Arthur Schopenhauer, Welt und Mensch

Archetypen

Archetypen, Grundmuster der Anschauungen und des Verhaltens, sind uns ganz offensichtlich angeboren. Irgendwie scheinen wir in unserer Seele »fertige« Verhaltensweisen zu haben, die nach dem Ausleben, der Erfüllung durch Realität, drängen. Urängste, Mythen und auch Vorurteile werden in diesem Zusammenhang oft genannt. Will man es sich einfach machen, so kann man unsere Seele als einen vorgefertigten Reaktionsmechanismus auf zahllose, immer wiederkehrende Situationen und äußere Beanspruchungen betrachten. Solcher typischen Situationen sind viele: das Verhalten bei Dunkelheit, die Angst und die Art und Weise, wie wir bei der Begegnung mit gefährlichen Tieren (z. B. Schlangen oder Spinnen) reagieren, die Fluchtreaktion bei der Annäherung an einen Abgrund, die Verlassenheit etc.

Es scheint nun so, dass diese Urmuster bisweilen sogar nach »Übung«, entsprechend einer Katastrophen- oder Feuerwehrübung, verlangen, obgleich sie häufig mit Angst verbunden sind. Vor allem Kinder trachten danach, so genannte gefährliche Situationen durchzuspielen. Dabei empfinden sie ein wohliges Gruseln, wenn zum Beispiel der Vater ein Ungeheuer mimt, es im Zimmer dunkel ist oder wenn sie nach immer dem gleichen schaurigen Märchen verlangen. Erwachsene bedienen sich des Theaters oder des Films, um ihren Bedarf an – ungefährlichem – Durchspielen archetypischer Situationen zu decken. Man denke nur an die zahllosen Grusel-, Gewalt- und Rührstücke. Auch sie verfolgen den Zweck, diesbezüglich vorrätige Gefühlsabläufe zu »trainieren« oder aufzulösen.

Die meisten Aktionen zwischen Menschen sind ritualisiert: Freundschaftsbezeigung löst Sympathie, Misstrauen Vorsicht, Angriff Gegenangriff bzw. Verteidigung oder Flucht aus. Die Ursachenkette ist gewissermaßen vorprogrammiert; jeder Teilnehmer des »Spiels« rechnet schon mit der nächsten Aktion seines Gegenübers. Findet diese wie selbstverständlich erwartete Reaktion nicht statt, tritt Verblüffung ein, die bis zur Handlungsunfähigkeit reichen kann.

Der Wiener Psychiater und Neurologe Viktor Frankl prägte in diesem Zusammenhang das Wort von der »paradoxen Intention«, die einen eingefahrenen Prozess unterbricht. Die unerwartete Reaktion bringt den ritualisierten, oft zum Teufelskreis entartenden Ablauf ins Stocken. Im Fall der dem Feind hingehalten »anderen Backe« (in übertragenem Sinne) treten ganz ähnliche Effekte ein: Die Aufschaukelung von Angriff, erwarteter Verteidigung und erneutem Angriff wird durch eine gänzlich unerwartete Reaktion des Angegriffenen unterbrochen.

Soweit, so ungefährlich. Bedenklich wird die Sache dann, wenn urtümliche Verhaltensweisen, die sich im Zuge der Evolution als geeignet herausstellten, in einer gefährlichen, unzivilisierten und ungezähmten Umwelt unter Einsatz aller Mittel zu überleben, auch in der Welt von heute nach ihrer Verwirklichung streben. Ein solches Urmuster ist die instinktive Erwartung eines Feindes, ja sogar das Bedürfnis nach einem solchen. Wie alle starken Gefühle ist auch dieses Phänomen unlogisch und irrational, da es ja zugleich Ängste und Furcht hervorruft, den Feind aber dennoch latent vermutet, sucht und im Falle des Nichtvorhandenseins sogar künstlich konstruiert.

In diesem Zusammenhang ist es auch wichtig festzustellen, dass Gruppenbildung, Gemeinschaftsgefühl und persönliche Entfaltung auch Profilierung gegenüber anders gearteten, sich anders verhaltenden, anders erscheinenden Gruppen und Individuen bedeutet, ja geradezu danach verlangt. Das Fremde wird nicht zuletzt deshalb instinktiv als feindlich, bedrohlich und daher als etwas zu Bekämpfendes empfunden. Mehrere Komponenten sind es, welche latente Angriffslust erzeugen:

zum Ersten die Angst um die eigene Individualität und deren Bestehen, zum Zweiten dasselbe betreffend die Gruppe und zum Dritten der Gegenstand unserer Betrachtung: das zwanghafte Bedürfnis, immerzu um Feind und Bedrohung zu wissen, um nicht in der Ungewissheit verharren zu müssen, woher er bzw. sie gerade kommt, wo sie lauern. Um sich Gewissheit über Art und Herkunft des latent Feindlichen zu verschaffen, wird, sollte keine reale Bedrohung existieren, sehr oft eine solche konstruiert: Der aktuelle Feind wird ernannt. Das schafft Sicherheit für den Einzelnen und kann zu einem starken gemeinschaftsbildenden Faktor ausgebaut werden.

Die Beispiele für das geradezu stürmische Verlangen nach Feindbildern sind zahllos. Je jünger der Mensch, je stärker das Übergewicht seiner Antriebe und Instinkte über den kühl abwägenden und »reinigenden« Intellekt ist, umso zahlreicher findet man sie. Schon im Kindergarten bilden einige wenige Kleine eine Gruppe, die sich von anderen Cliquen absondert und diesen unfreundlich gegenübersteht. Stärker tritt dieser Effekt dann in der Volksschule in Erscheinung, wo – insbesondere bei männlichen Exemplaren, da deren Aggression, wie wir noch sehen werden, stets direkter und stärker ausgeprägt ist – die Cliquenbildung bereits das gesamte soziale Gefüge der Klasse beherrscht. Immer steht eine Clique der anderen latent feindlich gegenüber, obgleich zumeist keine realen Anlässe bestehen und die Mitgliedschaft Einzelner in der einen oder anderen Clique nicht nur von der natürlichen Hackordnung abhängt, sondern auch von vielen Zufällen: Bekanntschaft der Eltern, Nachbarschaft, Überlappung mit anderen Gruppierungen wie Vereinen und Ähnlichem.

Wie alles, das sich in den tiefen Schichten unserer Persönlichkeit abspielt, ist dieses Verhalten zutiefst irrational und auch von vielen anderen Kräften überlagert. Wie vorher schon erwähnt, spielt mit Sicherheit der gruppendynamische Faktor der Hackordnung eine große Rolle. Der Einzelne und die

Gruppe ordnen sich nicht nur im Inneren entsprechend den Neigungen und Fähigkeiten, der puren physischen Kraft und dem intellektuellem Potenzial, sondern auch gemäß dem tatsächlichen oder erfundenen äußeren Umfeld. Jeder weiß, dass sich Gruppen, Firmen, Parteien in Krisenzeiten sehr schnell anders organisieren. Einzelne, bisher eher Unscheinbare wandeln sich zu Helden und gewinnen großes Ansehen, andere wieder, die in Zeiten fehlender wirklicher Belastung das große Wort führten und hohe Positionen einnahmen, verblassen jählings und verlieren alle Reputation. Insbesondere jene, welche sich – bewusst oder unbewusst – zum Helden, Retter, zum Pionier auf der Suche nach neuen Wegen geboren fühlen, wissen instinktiv um diese Chance, sich gegenüber dem Establishment zu profilieren. Meist aber fehlt gerade dann, wenn der Drang dieser Nachwuchs-Napoleons und Reserve-Columbusse, in Erscheinung zu treten, besonders groß ist, die wichtigste Chance zur Profilierung: die Bedrohung, die Krise, der Feind. Dann wird er eben erfunden, ernannt oder gezwungen, ein solcher zu werden.

Speziell junge Kulturen, deren Selbstwert aus der jüngeren Vergangenheit und den dabei errungenen Siegen, der Bewältigung schwerer Auseinandersetzungen und dem Gefühl der Kraft und Macht erwächst, sind geradezu süchtig nach Feindbildern. Einerseits erinnert man sich noch lustvoll an den Siegesrausch, andererseits ist man sich der inneren Werte und Ordnung noch nicht so ganz sicher. Es fehlen die uralten Traditionen und gefestigten Riten, der stabile geistige und kulturelle Überbau, sozusagen die Patina, welche einer Gesellschaft selbstverständliche Sicherheit geben. Wird eine solche siegesgewohnte, jugendliche, aber noch nicht ganz aus sich heraus gefestigte, gewissermaßen pubertäre Macht in dieser Sicherheit gestört, mit einer ungewohnten Situation oder gar mit einer Niederlage konfrontiert, sind Wut und Rache ihre erste Reaktion – und das wilde Umherblicken: Wo ist der Feind?

Man ist es ja gewohnt, überlegen zu sein, zu siegen und zu triumphieren, man liebt auch das dabei empfundene Gefühl. Dazu aber bedarf es des Feindes, und der muss besonders böse, tückisch und gefährlich sein. In den seltensten Fällen aber ist heutzutage ein solcher Ausbund an Bösartigkeit tatsächlich anzutreffen. Als Masse, als Volk kommt das Böse naturgemäß und Gott sei Dank überhaupt nicht vor.

Die Achse des Bösen

Eine ganze Gesellschaft zu mobilisieren ist nicht leicht, insbesondere im Informationszeitalter, einer Ära, in welcher Ausbildung, kritische Intelligenz und eine wache Presse das Weltbild des Einzelnen mehr und mehr prägen. Umso massiver muss daher der Eindruck der Bösartigkeit und Verworfenheit eines äußeren Feindes arrangiert werden, um all diese intellektuellen und vernunftmäßigen Barrieren zu durchbrechen.

Ein typisches Beispiel dafür ist die jüngst – wir schreiben das Jahr 2003 – ausgebrochene Paranoia in den USA. Zweifellos steckt hinter den furchtbaren Anschlägen auf das World Trade Center und anderen Attentaten eine aggressive und bösartige Macht. Dies aber gleich zum Anlass zu nehmen, eine Reihe von Staaten und deren zum größten Teil friedliche, harmlose Bürger zu einer »Achse des Bösen« zu erklären und sich von diesen Finsterlingen zu Tode bedroht zu fühlen, kann seine Wurzel nur in den oben geschilderten Unsicherheits- und Überreaktionsmustern haben. Wer amerikanische Filme, insbesondere alte Western und die neuerdings im Schwange befindlichen »Action and Crime«-Schwülstlinge genau studiert, wird stets das gleiche Muster finden: Eine Gruppe von Braven, Anständigen und Sittsamen wird von einer anderen, die sich aus zynischen Gewalttätern und skrupellosen Schändern zusammensetzt, tyrannisiert. Die Guten und die Bösen sind erkennbar, es besteht kein Zweifel. Letztendlich siegt, nach nervenzerfetzenden Beinahe-Niederlagen der Guten und Aufopferung einiger ihrer Exponenten, erlösend das Gute.

Derartige Geschichten haben offensichtlich das Weltbild der Amerikaner entscheidend geprägt, die Zusammenarbeit zwischen der Regierung und den Hollywood-Granden fördert diese emotionale Beeinflussung eines großen, mächtigen Volkes nach wie vor. Daher sucht man jetzt den mächtigen, grausamen äußeren Feind und hat ihn in einer Weltverschwörung von Terroristen, fanatischen Moslems und sturen Altkommunisten auch gefunden. Als Exponent des Bösen – denn auch Satan himself hat seine Rolle in diesem Spiel – diente der irakische Präsident Saddam Hussein. Nun steht ja außer Zweifel, dass Fundamentalisten, Terroristen und der Rest an unverbesserlichen, militanten Altkommunisten keine geringe Gefahr für den so genannten aufgeklärten Westen darstellen. Dies wird von Samuel Huntington in seinem Buch »Der Kampf der Kulturen« überzeugend dargelegt. Die Punze »Achse des Bösen« suggeriert aber einen gefährlichen, organisierten Feind, der in dieser unterstellten Geschlossenheit überhaupt nicht existiert. Es handelt sich um völlig verschiedene Gruppierungen mit den unterschiedlichsten Interessen, die untereinander teilweise verfeindet sind oder gar keine Verbindung zueinander haben. Jede einzelne von ihnen ist zweifellos gefährlich; jedoch hier von einer Achse zu sprechen, ist in etwa so, als würde man ganz gewöhnliche Bankräuber in Frankfurt, Hongkong und San Francisco mit der russischen Mafia in einen festen Zusammenhang bringen. Die »Achse des Bösen« ist eines der lupenreinsten Beispiele für die Konstruktion eines Feindbildes, welches ausschließlich zur Mobilisierung der Emotionen einer Gesellschaft im Inneren benötigt wird und in der Realität nicht existiert. Die Gefahr in einem solchen Falle besteht darin, dass der Slogan gewissermaßen zu einer sich selbst erfüllenden Prophezeiung wird und die bisher ganz und gar nicht »Verachsten« auf die verderbliche Idee kommen könnten, eine solche Achse tatsächlich zu bilden.

Analogien sollte man prinzipiell misstrauen, denn sie stellen oft Bezüge und Kausalitäten her, die der Realität nicht entsprechen – aber bei weitem nicht immer. Eine interessante logische Ähnlichkeit besteht zwischen der Konstruktion von Feindbildern und der Allergie. In den letzten Jahrzehnten ist die Zahl der an Allergien Leidenden sprunghaft angestiegen. Jüngst erst hat sich der seit langem gehegte Verdacht, dass dies auf mangelhafte »Abhärtung«, also Immunisierung, Bildung von Antikörpern, in der Jugend zurückzuführen sei, wissenschaftlich bestätigt. Der überzeugendste Beweis: Kinder, die ihre Jugend auf Bauernhöfen verbringen und dort mit all dem Dreck und jeglichem Keim, den die Natur hervorbringt, in Berührung kommen, leiden später wesentlich weniger an Allergien als Stadtmenschen, die in einer Atmosphäre der Sauberkeit und Desinfektion aufwachsen. Die Analogie zur Feindbild-Thematik ist frappierend: Fehlt in der äußeren Realität eines jungen Menschen ein Reiz, die Möglichkeit, archetypische Reaktionsweisen zu erproben und auszuleben, tritt später bereits auf einer wesentlich niedrigeren Reizschwelle – oder auch »von selbst« – eine Reaktion ein, die so abläuft, als wäre eine solche Reizsituation vorhanden: Feindbild, Aggression, unbegründete Angst und alle damit verbundenen Reaktionen. Es scheint, als würde das Fehlen einer natürlichen, mit einem ausgewogenen Reiz- und Risikopotenzial gesättigten Umwelt das gesamte psychische Instrumentarium durcheinander bringen, vor allem aber übertrieben empfindlich machen und zur Überreaktion verleiten. Dafür sprechen auch die oft hysterische Reaktion der Öffentlichkeit auf Meldungen, die existenziell nicht sonderlich bedeutend sind, oder die immer häufiger wiederkehrenden Weltuntergangsszenarien, die sich nach nicht allzu langer Zeit als unbegründet herausstellen. Die Psyche des Menschen in einer materiell saturierten Gesellschaft ist in Ermangelung natürlicher Beanspruchungen überempfindlich geworden. Viele von uns sind emotionale Allergiker und erleiden schon bei geringer geistiger Staubentwicklung psychische Asthma-Anfälle. Ein treffender Ausspruch in diesem Zusammenhang ist die Sentenz: »Eure Sorgen möcht' ich haben.«

Doch zurück zum Thema, zur Projektion des Bedürfnisses nach Feinbildern auf meist solche, die dies beileibe nicht verdienen und oft gar nicht um die aufkeimende Feindschaft wissen. Es soll hier nicht die Rede von wohl begründeter Feindschaft und Aggression an sich sein. Natürlich gibt es genügend gute Gründe, jemanden wirklich und auf der Basis realer Umstände zum Feind zu erklären. Zu diesem Gegenstand sind zahllose Bücher verfasst, Institute für Aggressionsforschung gegründet und weltberühmte Romane geschrieben worden. Unser Thema ist das irrationale Feindkonstrukt, das sehr oft zu realer Feindschaft, zu Mord und Totschlag, ja sogar zu Krieg und Völkermord führt. In diesen Fällen spielt der verzwickte Mechanismus der sich selbst erfüllenden Prophezeiung eine ganz wesentliche Rolle.

Die wichtigsten Beispiele und für erfundene – oder zum größten Teil erfundene – Feindbilder im Umkreis von Staaten und Völkern haben eine recht begrenzte Zahl von charakteristischen »Nährböden«. Es sind dies in der Reihenfolge der Wirksamkeit:

1. Die Religion
2. Die Hautfarbe
3. Die Zugehörigkeit zu streng definierten Nationen
4. Die Sprache
5. Die Zugehörigkeit zu bestimmten sozialen Schichten
6. Innere Not und Instabilität
7. Die Mitgliedschaft in Gruppen und Clans sowie – und zwar sehr oft –

8. Regionale Isolation und das daraus resultierende Gefühl, Mittelpunkt der Welt zu sein

Ein kennzeichnendes Beispiel für das Zusammentreffen praktisch aller dieser Faktoren und die daraus entstehenden Folgen bieten die Lebensgeschichte Alexanders der Großen und die Geschichte seiner Eroberungen. Dieser Mann – wie seine zahlreichen Nachfolger, von Dschingis Khan über Napoleon bis zu Hitler – empfand die Welt außerhalb Makedoniens, seiner Heimat, als feindlich, als potenzielle Beute und zögerte keine Sekunde, diese Empfindung auch mit allen Mitteln auszuleben.

Alexanders Weg zum makedonischen Thron und zum Herrscher über Griechenland begann 356 v. Chr., als er als Sohn König Philipps II. und der Olympia, einer epeirotischen Prinzessin, geboren wurde. Seine Kindheit mag nicht besonders glücklich gewesen sein, da sich sein Vater auf ständigen Kriegszügen gegen Hellenen und so genannte Barbaren befand und er sich somit in der Obhut seiner Mutter befand. Diese Frau, mit einem starken Willen ausgestattet und von Herrschsucht besessen, versuchte, Alexander zu ihrem Geschöpf zu machen. Sie, die Priesterin des Dionysos, impfte vermutlich Alexander die Überzeugung von seiner Göttlichkeit und der Inferiorität und Gefährlichkeit alles ihn Umgebenden ein. Nach der Ermordung seines Vaters begann Alexander seine Regierung mit rigorosen Maßnahmen. Er schickte gedungene Mörder aus, die Verwandte und Fürsten, welche Thronansprüche erheben hätten können, umbrachten. Auch wenn die Handlungen Alexanders kurz nach seiner Thronbesteigung aus heutiger Sicht barbarisch anmuten, dürfen wir nicht den Fehler begehen, unsere Maßstäbe an eine Zeit anzulegen, die mehr als 2000 Jahre zurückliegt. Dies wäre grundsätzlich falsch, denn es ist klar, dass Alexander aus reinem Selbsterhaltungstrieb so handeln musste. Die Sitten waren damals rau, und sicherlich hätten seine Gegenspieler jede Gelegenheit benutzt, den jungen König beiseite zu schaffen, um selbst an die Macht zu gelangen. Betrachtet man das Verhalten neu ernannter Generaldirektoren, Minister oder anderer Machthaber in der heutigen Zeit, so stellt man ähnliche, wenngleich im Endeffekt Gott sei Dank weniger drastische Maßnahmen fest: Die eigenen Seilschaften werden installiert, alte Rechnungen vermittels der neu gewonnenen Macht beglichen, die zukünftige Einflusssphäre abgesichert. In zivilisierten Staaten läuft dieser Mechanismus ohne Mord und Totschlag ab. Die Motive und Emotionen, die dahinter stehen, sind jedoch dieselben wie vor Tausenden von Jahren.

In einem Tempo, wie es keiner seiner Gegner auch nur vermutet hätte, zog der junge König gegen die »Barbaren« . Er organisierte seine Truppen hervorragend und unternahm jede Anstrengung, um die rebellierenden Gebiete zu befrieden. Er unterwarf die Illyrer, Triballer, Geten, wobei er sogar die Donau überquerte, sowie die Kelten und die Thraker. Sodann zog er gegen das revoltierende Theben, eroberte es und ließ es als Exempel für die übrigen Griechenstädte schleifen; die Bewohner wurden als Sklaven verkauft. Nachdem er auf diese Weise für Ruhe gesorgt hatte, stand seinem siegreichen Zug nach Persien nichts mehr im Wege. Dessen etwas schwerfälliger Großkönig Darios hatte sich endlich dazu bereit gefunden, ein Heer zusammenzuziehen und sich Alexander zu stellen, wurde aber bei Issos (333) vernichtend geschlagen. Im Heiligtum des Zeus-Ammon ließ sich Alexander zum Gottessohn ausrufen.

Nachdem er zahllose weitere Völkerschaften unterworfen hatte und bis zum Indus vorgedrungen war – das war offenbar seine ganz persönliche »Asymptote« – erkrankte Alexander nach so vielen Saufgelagen und starb am 13. Juni 323, dreiunddreißigjährig, in Babylon. Sein Traum von der Unterwerfung aller vermeintlichen und wirklichen Feinde sowie von der Völkerverschmelzung sollte niemals in Erfüllung gehen.

Die Juden

Eines der grausigsten Beispiele in der Geschichte unseres Themas ist die taxfreie Ernennung »des Juden« zum Haupt- und Staatsfeind, zur Wurzel allen Übels durch die Nationalsozialisten. Die Geschichte der Verfolgung der Juden ist so alt wie die Juden selbst und symptomatisch für eine Gruppe, die ob ihres Andersseins und des damit verbundenen Geheimnisses zum Feind quasi prädestiniert ist. Diesen »Rang« können den Juden in Europa höchstens noch die Sinti und Roma, früher Zigeuner genannt, streitig machen und in Indonesien die Chinesen. Um dieses Phänomen in seiner ganzen Dimension zu verstehen, müssen wir einen Blick einige Jahrtausende zurück tun.

Der alttestamentlichen Überlieferung sowie der historischen Theorie zufolge kamen die Vorfahren Israels aus der Gegend von Ur in Sumer am unteren Euphrat. Um 2800 v. Chr. gelangte eine Gruppe aramäischer Stämme in die Region von Carrhae (heute Harran, Türkei), einer alten babylonischen Kolonie. Einige Jahrhunderte später zogen mehrere Familienverbände weiter in südwestliche Richtung und ließen sich in einzelnen Gruppen am Jordan nieder. Zwischen 1694 und 1600 v. Chr. wanderten einige der Stämme, die traditionell der Gruppe des Joseph zugerechnet werden, als Halbnomaden nach Ägypten, wo die Hyksoskönige, die semitischen Eroberer Ägyptens, seit etwa 1700 regierten. Bis zu deren Absetzung um 1570 herrschte weitgehend Frieden. Vermutlich wurden die Hebräer von den neuen Herrschern als Fremde ohne Bürgerrechte eingestuft, versklavt und bei Bauprojekten der Pharaonen im östlichen Nildelta sowie bei der Errichtung der Stadt Ramses' II. eingesetzt.

Viele Historiker werten den später sprichwörtlichen Exodus als erfolgreichen Versuch der gefangenen Hebräer, sich mit verwandten Stämmen zu vereinigen und zu erheben. König

David eroberte 1010–979 Jerusalem, die stärkste Bastion Palästinas, und machte es zu seiner Hauptstadt. Unter seinem Oberbefehl besiegte das israelitische Heer die Philister und nahm Edom, Ammon sowie Moab ein. David regelte die Pflichten der Priesterschaft und machte die Religion der Israeliten zum vorherrschenden Kult in Palästina. Bei seinem Tod waren alle benachbarten Länder entweder unterworfen oder durch Freundschaftsverträge an Israel gebunden.

Wiederum Jahrhunderte später (598) zog Nebukadnezar II., der in Chaldäa regierte, gegen die Judäer ins Feld, nahm Jerusalem ein und ernannte Zedekia zum König über Juda. 588 führte dieser eine Revolte gegen die Chaldäer an. Zwei Jahre später eroberten die Soldaten Nebukadnezars das Reich Juda und zerstörten Jerusalem. Alle Judäer, die im Verdacht standen, an dem Aufruhr beteiligt gewesen zu sein, verschleppten sie nach Babylon. Eine kleine Gruppe floh nach Ägypten und nahm, gegen dessen Willen, den Propheten Jeremia mit. Nur die arme Landbevölkerung blieb in der Heimat. Das babylonische Exil beendete, abgesehen von einem kurzen Zeitraum mehr als vier Jahrhunderte später, die politische Unabhängigkeit des alten Israel.

Nach der Unterwerfung Persiens 331 wurde Judäa eine Provinz in Alexanders Großreich. Der Überlieferung zufolge schenkte Alexander den Juden seine besondere Aufmerksamkeit. Tausende von ihnen siedelten sich nach der Gründung von Alexandria in Ägypten an. Als die Handelsverbindungen innerhalb des riesigen Reiches zunahmen, ließen sich viele Juden an den Ufern des Schwarzen Meeres, auf den griechischen Inseln und an den Mittelmeerküsten nieder. Die Abwanderung erreichte solche Ausmaße, dass man die neuen Gemeinden als Diaspora (Zerstreuung) bezeichnete.

Im Zuge des Konfliktes mit dem wachsenden römischen Imperium und einer Reihe kleinerer Aufstände gegen römische Truppen kam es zwischen 132 und 135 n. Chr. in Judäa unter Simon Bar Kochba, der von vielen als der Messias begrüßt wurde, noch einmal zu einer gewaltsamen Auseinandersetzung mit der römischen Besatzungsmacht. Diese zweite große Erhebung bedeutete das Ende der jüdischen Eigenstaatlichkeit in Palästina. Wer von den Juden nicht getötet wurde, wurde in die Sklaverei verkauft. Jerusalem erhielt den Namen Aelia Palaestina, Judäa selbst wurde unter dem Namen Syrien-Palästina eine Provinz des Römischen Reiches. Darüber hinaus war den Juden das Betreten der Stadt Jerusalem bei Todesstrafe verboten. Die Bedeutung dieser Ereignisse für das jüdische Selbstverständnis lässt sich daran erkennen, dass in den nun folgenden Jahrhunderten der Wunsch »Schana ba'a be Jeruschalaim« (»Nächstes Jahr in Jerusalem«) zu einer der großen Sehnsüchte des jüdischen Volkes avancierte.

Was damals geschah, leitete die Zerstreuung des jüdischen Volkes »unter alle Völker«, zu Anfang vor allem unter die europäischen, ein. Verfolgung und Ausgrenzung gingen, unterbrochen von langen glücklichen Perioden, aber auch in diesem Umfeld weiter. 1144 schon waren im englischen Norwich die ersten Beschuldigungen wegen angeblicher ritueller Christenmorde erhoben worden, die in der Enteignung und endgültigen Vertreibung der Juden aus England unter Eduard I. gipfelten. 1394 folgte Karl VI. von Frankreich seinem Beispiel. Bereits 1215 hatte Papst Innozenz III. auf dem vierten Laterankonzil eine Reihe von antijüdischen Maßnahmen verkündet. Wie schon im arabischen Kodex Omar forderte auch er, dass sich Juden in der Öffentlichkeit durch bestimmte Farben und Kleidung kenntlich zu machen hätten. Die antijüdischen kirchlichen Gesetze führten schließlich zum Verbot des Talmud und 1240 zu seiner öffentlichen Verbrennung. Zwar hob Innozenz IV. das Talmudverbot wieder auf, doch konnte er die antijüdischen Tendenzen und Haltungen innerhalb der Kirche damit weder verhindern noch mildern. Zwischen 1298 und 1348 kam es zu schweren Pogromen vor allem in den deutschsprachigen Gebieten, so 1298 bis 1303 durch die so genannte Rindfleisch-Bewegung und zwischen 1336 und 1338 durch die Armleder-Bewegung. Alle diese Verfolgungen setzten sich, unterbrochen von toleranteren Epochen, bis ins 20. Jahrhundert fort. In der Zwischenzeit waren zahlreiche Juden nach Südamerika und, hauptsächlich von dort aus, auch in die Vereinigten Staaten gewandert.

Rufen wir uns in Erinnerung: Die Zerschlagung des jüdischen Staatswesens durch die Römer zerstreute ein Volk, das jahrtausendelang durch Krieg, Emigration und eine strenge Religion zusammengeschmiedet worden war, über die ganze Welt. Die Juden versuchten zwar, sich stets ihrer neuen Umgebung, den dort herrschenden Sitten und Gebräuchen anzupassen, blieben aber über viele Jahrhunderte ihrem Glauben, der immer weiter ausgedeutet und vergeistigt wurde, treu. Erst in der jüngsten Geschichte lockert sich das Band der Religion in diesem uralten Kulturvolk. Die Juden blieben, verglichen mit der Zahl der übrigen Bürger in den jeweiligen Staaten, isolierte Gruppen, getrennt von den anderen durch unterschiedliche Sitte, Religion, Familientradition und über lange Zeit – unfreiwillig – sogar durch den Wohnort (Getto). Verfolgt von der Staatskirche, ungern gesehen als tüchtige kommerzielle und kulturelle Konkurrenz, ereilte sie immer wieder das Schicksal der Verfolgung, des Pogroms, der Vertreibung, was sicherlich nicht ohne Folgen für ihre grundsätzliche Einstellung gegenüber den »Anderen« blieb (sich selbst erfüllende Prophezeiung).

Als Adolf Hitler, getrieben von einem elementaren Sendungsbewusstsein nach dem für Deutschland verloren gegangenen Ersten Weltkrieg, in extrem vereinfachender Weise nach der Wurzel aller damals verbreiteten Übel (Vertrag von Versailles, Arbeitslosigkeit, Ohnmachtsgefühl gegenüber den Siegermächten) suchte, konstruierte er das Feindbild des allgegenwärtigen, übermächtigen, alles durchdringenden und aussaugenden »ewigen Juden«. Unterstützt wurde diese Haltung durch eine Reihe ideologischer Vorbilder innerhalb und außerhalb Deutschlands. Es gelang ihm, dieses Trugbild so überzeugend auszuschmücken, zu begründen und die Massen – aber auch nicht wenige kluge und nachdenkliche Menschen – von dessen Richtigkeit zu überzeugen, dass daraus eine Ersatzreligion wurde, die über mehrere Jahre Millionen Menschen fanatisierte, zu den größten persönlichen Opfern in einem unmenschlichen und sinnlosen Krieg motivierte und letztendlich in die schaurige Tatsche des Holocaust mündete. Dass die taxfreie Ernennung der Juden zur Wurzel allen Übels und die darauf folgenden Gräuel auch die Nachkommen der Opfer zu nicht gerade zimperlichen und lang anhaltenden Reaktionen – bis zum heutigen Tage – veranlassten, nimmt nicht wunder. So führte die Konstruktion eines – als Mittel zu ganz anderen Zwecken erfundenen – Feindbildes zunächst zu einer ganz realen Katastrophe und sodann zu ebenso realen, bis in die Gegenwart spürbaren Feindschaften zwischen großen Gesellschaftsgruppen.

In diesem Zusammenhang sei mir eine – wiederum politisch höchst unkorrekte – Bemerkung gestattet: Ich persönlich hege große Zweifel, ob die geübte Praxis, die Schande des Holocaust und die damit verbundene geschichtliche Verantwortung mehrerer Generationen Deutscher und Österreicher durch immer neue Aktualisierung auf die nachkommenden Generationen zu übertragen. Ich fürchte, dass dadurch das gefährliche Ressentiment eher wieder erweckt als beseitigt wird. Doch ohne die Dimensionen auch nur im Geringsten zu verkennen: Würde ich die traurige und blutige Geschichte meiner engeren Heimat – die unvorstellbaren Gräueltaten, welche die Türken einst im östlichen Österreich verübt hatten, in all ihren schaurigen Details wieder aufleben lassen, sie in den glühendsten Farben in den Schulen schildern, wäre dem guten Verhältnis zwischen Österreichern und Türken wahrscheinlich ein Bärendienst erwiesen. Dasselbe gilt – mit umgekehrten Vorzeichen – von der jüngst wieder aufgebrochenen unseligen Diskussion über die Beneš-Dekrete, welche nach Jahrzehnten des Vergessens durchaus das Potenzial hat, die Freundschaft zwischen jungen Österreichern und jungen Tschechen zu vergiften.

Ganz anders, aus viel weniger perfiden Motiven, ehrlicher und besorgter, aber unter Nutzung ähnlicher Mechanismen wird, wie schon erwähnt, von der amerikanischen Regierung und manchen ihrer Verbündeten an der »Achse des Bösen« gebastelt. Nach den verheerenden Terroranschlägen vom 11. September 2001 ist das Selbstwert- und Sicherheitsgefühl des US-Bürgers nachhaltig ins Wanken geraten. Niemals gelang es einem äußeren Feind, die USA auf ihrem eigenen Territorium anzugreifen. Obgleich Teilnehmer an beiden Weltkriegen, Kombattant im Pazifik, in Korea, Vietnam und bei zahlreichen UNO-Einsätzen, fanden die Auseinandersetzungen stets in der Ferne statt und gefährdeten niemals die Amerikaner auf deren eigenem Boden.

Die Vereinigten Staaten sind, im Vergleich zum »alten« Europa, eine junge Nation, die ihre Stabilität aus der Unabhängigkeitserklärung, der Verfassung, den Lehren aus den Sezessionskriegen, puritanischen Religionsvarianten und dem tief verwurzelten Gefühl, die Hüter der Menschenrechte sowie persönlicher und wirtschaftlicher Freiheiten zu sein, beziehen. Den heutigen Amerikanern ist auch durchaus bewusst, dass sie Bürger des mächtigsten Landes sind, das die Welt jemals gesehen hat. Die Basis dafür schuf ein wirtschaftlich-technologisch-militärischer Komplex, der in Verbindung mit der am höchsten entwickelten Waffentechnik des Globus und einem fein gesponnenen, gut ausgewogenen Bündnis- und Stützpunktsystem die USA schließlich zur einzigen verbliebenen Supermacht gestaltete.

Dennoch gelang es einer Hand voll fanatisierter Fundamentalisten, Herzstücke des amerikanischen Selbstverständnisses, das World Trade Center und das Pentagon, zu zerstören bzw. schwer zu beschädigen. Dies hat das Selbstbewusstsein des Durchschnittsamerikaners ins Wanken gebracht und das Gefühl einer allgemeinen, unheimlichen Bedrohung geschaffen, welches sich in der Konstruktion eines heimtückischen, allgegenwärtigen und gefährlichen äußeren Feindes manifestiert. In diesem Bild wird alles, was dem »guten Amerikaner« feindlich erscheint (Islamischer Fundamentalismus, Antisemitismus, Neokommunismus und alle Feinde des christlichen Weltbildes) zusammengefasst und ein virtueller Feind geschaffen, der in dieser Kompaktheit überhaupt nicht existiert. Die Al-Quaida-Truppen sind ein lockeres Netzwerk versprengter Fanatiker, der Iran hat höchst egoistische Interessen, die von jenen der Erstgenannten stark differieren, und Nordkorea, die östliche Nabe der »Achse des Bösen«, hat mit den Vorgenannten nichts gemein als einen vollkommen anders begründeten Antiamerikanismus. Dennoch erzeugt die Chimäre von der »Achse des Bösen« eine gewisse Solidarität zwischen diesen isolierten Gegnern und bewirkt genau das, was durch die Behauptung der Amerikaner, es gäbe ein solches Konstrukt, vorher gar nicht vorhanden war. Eine neue Polarität wurde in die Welt gesetzt, eine Polarität, die Unruhe in das Bündnissystem der NATO bringt, Zwist sät unter den Ländern der EU, die USA von ihren europäischen Verbündeten zunehmend trennt und erneut das Bild vom »hässlichen Amerikaner« entstehen lassen könnte, das man seit dem Ende des Kalten Krieges bereits tot geglaubt hat. Es ist durchaus möglich, dass in ein paar Jahren die Solidarität zwischen Europa und den USA so weit untergraben ist, dass man nicht mehr guten Gewissens von einer geschlossenen nordatlantischen Allianz wird sprechen können. Die speziell in Europa wachsenden Zweifel am Allheilmittel Neoliberalismus, das von den Amerikanern auch aus durchaus eigennützigen Gründen kultiviert wird, werden das ihre dazu beitragen.

Die Fremden

In seiner ganz frühen Kindheit lernt der Mensch – wenn er Glück hat und in einer harmonischen Atmosphäre aufwächst –, seiner unmittelbaren Umgebung zu vertrauen und in ihr angstfrei zu leben. Selbst die kleinsten Details aus dieser Umgebung – Gerüche, Stimmungen, die Art zu reden und zu singen, das haptische Erleben des ersten Teddybären – werden ihm unvergesslich bleiben und zu einem unverzichtbaren Bedürfnis. Später gesellen sich Sprache, Sitte und die zahllosen Regeln des sozialen Gefüges dazu. In Summe gibt ihm dieses Netzwerk von Beziehungen zu seiner Umwelt, seinen Mitmenschen und all dem, was man an diesem »Gewohnheitssystem« Heimat zu nennen pflegt, Orientierung, Sicherheit und Vertrauen. Der Erwerb dieser Sicherheit und die stets ungewisse, der Erneuerung bedürftige Dauerhaftigkeit all dieser Kräfte bereiten ihm Sorgen und Ängste genug. Kommen nun aber völlig neue, unbekannte Faktoren hinzu, wie zum Beispiel das unerwartete Auftreten von Menschen anderer Sprache, Hautfarbe, Sitte und Religion, wird dieses so mühsam erworbene Stabilitätsgefüge auf das Empfindlichste gestört. Auf unerwartete Störungen und Situationen aber reagiert der Mensch – und eigentlich jedes Lebewesen, das Ansätze zur Empfindung und Reflexion besitzt – mit Anpassungsstress, instinktiver, irrationaler Angst und in vielen Fällen mit unreflektierter Aggression und Abwehr. Unbekanntes bedeutet Risiko, Störung des hart errungenen, immer gefährdeten Gleichgewichts und der Sicherheit.

Menschen sind auch Revierwesen. Das Gefühl dafür, dass ein Territorium beherrscht und gegen Eindringlinge verteidigt werden muss, ist unverzichtbar für die Aufrechterhaltung des Spielraumes im täglichen Leben. In der Urzeit lebte der Mensch in kleinen Horden, die allesamt von anderen Gruppen weit entfernt waren und sich daher in Sitte, Sprache und Brauch stark voneinander unterschieden. Kamen sie miteinander in Berührung, erfolgten sogleich heftige Kämpfe, unabhängig davon, ob elementare Lebensinteressen wirklich berührt waren oder nicht. Es genügte das Anderssein, um die Angriffslust auszulösen. Bei Völkerschaften, die heute noch in derartigen Verhältnissen leben, im südamerikanischen Urwald oder in manchen Gegenden Afrikas, ist dieses Verhalten erhalten geblieben. Die Auseinandersetzungen zwischen Tutsi und Hutus mit Millionen von Toten zu Ende des vergangenen Jahrhunderts sind ein schauriges Beispiel dafür.

Bei uns so genannten zivilisierten Menschen haben die Zunahme der Zahl der Individuen, das erzwungene Zusammenrücken auf engstem Raum und nicht zuletzt die diesen neuen Verhältnissen im Laufe der Jahrhunderte angepasste Sitte und Moral eine oberflächliche Bändigung der urtümlichen Antriebe bewirkt. In unserem Instinktinstrumentarium aber ist die unwillkürliche Abwendung von allem Fremden, Unvertrauten und das eigene Territorium Gefährdenden höchst lebendig. Daraus erklären sich die Ängste und Aggressionen, welche ansonsten friedliche Menschen im Zusammenhang mit dem Auftreten von Fremden in ihrer Nachbarschaft entwickeln. Wie alle schlummernden Kräfte lässt sich auch die Urgewalt dieser Instinkte durch geschickte Manipulation sehr leicht politisch ausbeuten. Es ist nicht schwer, den mühsam gebändigten Trieb zur Konstruktion des Feindbildes »Die Fremden« über einen langen Zeitraum zu enormer Wirkung zu bringen. Die Ereignisse am Balkan, Stammeskriege und Genozid in Afrika, der Nahe Osten sowie Rassenkonflikte in Großbritannien, Frankreich und Deutschland sind Beweis genug.

Das Establishment

Wir fühlen uns heute, modern, wie wir nun einmal sind, frei und ungebunden und sind kritisch gegenüber allem. Insgeheim aber sehnen wir uns nach der wirklichen Freiheit, besser gesagt nach dem, was man sich so darunter vorstellt: die Südseeinsel, das einsame Haus fern der Zivilisation, das elegante Penthouse in der City weitab von allem gemeinen Treiben. Das »offizielle« und zur Schau gestellte Gehabe des freien modernen Menschen kontrastiert grell mit der persönlichen Erfahrung, dass er so frei gar nicht ist: Der Beruf engt ihn zeitlich und in seinem sonstigen Bewegungsspielraum ein, Familie und Kinder fordern Zuwendung, die mit anderen Aufgaben kollidiert, Moden zwängen ihn in Korsette, die ihm – auch figürlich – oft gar nicht liegen. Für all das, was Werbung und Zeitgeist ihm vorschreiben, hat er zu wenig Geld, erscheint er sich selbst als zu dick, zu dünn, nicht klug, attraktiv und reich genug. Mit der Freiheit, die einem dumpf, fern und undefiniert vorschwebt, ist es also meist nicht weit her.

Darüber hinaus ist der moderne Mensch ein recht unbeholfenes, tollpatschiges Wesen geworden. Vergleicht man den in der Stadt aufgewachsenen Jugendlichen mit einem Bauernkind, das noch in einer Zeit aufwuchs, wo man gerade noch lernen konnte, wie man einen Holzofen anheizt, eine Sicherung flickt, eine Fensterscheibe einsetzt oder einen Gartenzaun baut, so bietet sich ein jämmerliches Bild. Jene, die klug über die Verbesserung der Welt parlieren, tiefgründige Betrachtungen auf den Kommentarseiten der Journale veröffentlichen und sich über die Verfehlungen ach so vieler anderer ereifern, sind im Ernstfalle in der Regel nicht in der Lage, den Reservereifen ihres Autos aufzufinden, den tropfenden Wasserhahn abzudichten oder einen Nagel in die heutzutage meist aus Gipskarton bestehende Wohnzimmerwand zu schlagen. Für alles und jedes muss der Spezialist her, für jeden Schaden, und sei es ein Erdbeben oder eine Wasserflut, muss irgendjemand sogleich zur Verantwortung gezogen, bestraft und ersatzpflichtig gemacht werden. Besonders ausgeprägt ist diese der Eigenverantwortung und damit Freiheit des Menschen Hohn sprechende Entwicklung in den USA, wo Heere von Anwälten Klagen gegen alles und jedes erheben, das den armen Zeitgenossen irgendwie treffen kann: Lungenkrebs, verursacht durch die selbst zu verantwortende Sucht, Schäden durch Schneestürme, die von verantwortungslosen Verwaltungen nicht rechtzeitig abgestellt wurden, Verbrennungen durch selbst verschütteten heißen Kaffee im Restaurant und ähnliche Unglaublichkeiten. Dies alles erfolgt jedoch mit tiefem Ernst und großem Eifer.

Es überrascht daher nicht, dass eine solchermaßen immer unselbständiger, wehleidiger gewordene und sich in einer virtuellen Freiheit wähnende Gesellschaft bei dem kleinsten Übel und Wehwehchen nach einem Verantwortlichen sucht, nach einer dunklen, unbekannten Macht, die dahinter steckt, auf die man böse sein und welche man beschimpfen kann – die Wurzel des Übels. Doch in einer Welt, in der sich alles immer schneller dreht, wo technische, gesellschaftliche, kommerzielle und politische Entwicklungen in immer kürzeren Zeiträumen ablaufen, ist niemand mehr in der Lage, den Ablauf insgesamt zu kontrollieren, wie man es sich naiverweise und in Fortführung von Gewohnheiten und Gesetzmäßigkeiten, die längst der Vergangenheit angehören, eigentlich erwartet. Weil aber der Mensch für alles und jedes eine klare Ursachenkette braucht, sucht er nach einem Verantwortlichen, im Falle des Übels nach einem Schuldigen, und projiziert dieses Begehren nach außen, eben auf andere. In steigendem Maße, und durchaus gleichlaufend mit der Domestizierung, der zunehmenden Wehleidigkeit und Unselbständigkeit allzu vieler Zeitgenossen, sind das der Staat, die Politiker, die Manager, ganz einfach »die da oben«, welche doch die verdammte

Pflicht und Schuldigkeit hätten, die Dinge zum Besseren zu wenden. Dass jene in den allermeisten Fällen ebenso arme Würstchen sind und der Wucht des Geschehens genauso hilflos ausgeliefert sind wie der so genannte Durchschnittsbürger, wird entweder nicht erkannt oder verdrängt: Man ist zu weit voneinander entfernt, räumlich und gesellschaftlich. Und so kann wiederum, zur vollsten Zufriedenheit der allermeisten, ein Feindbild fröhliche Urständ feiern und dauernde Zwietracht säen, wo es, bei einigem gute Willen und etwas Nachdenken, in diesem Ausmaß und mit den oft so bösen Folgen ganz und gar nicht sein müsste.

Meinungsdruck

Die überwiegende Zahl der Menschen schielt bei ihren Entschlüssen, Meinungsäußerungen und Taten verstohlen oder offen auf das, was gerade modern, veröffentlicht und sozusagen die herrschende Doktrin ist. Kein anderes Verhalten charakterisiert so treffend, was die meisten eigentlich nicht akzeptieren wollen: Der Mensch ist ein in höchstem Maße sozialisiertes Wesen, abhängig von der Stimmung im Psychotop, in dem er sich bewegt, bedacht auf die Stellung, die er in der Nachbarschaft zu anderen Menschen einnimmt. Je stärker er diesem Effekt ausgesetzt ist, desto unfreier ist er als Person, angepasst an den Mainstream.

In früheren Zeiten konnten sich Meinungen nur sehr langsam zu Doktrinen verdichten. Religionen, Weltanschauungen und philosophische Richtungen wurden zu allererst in exklusiven Zirkeln auf die Probe gestellt, bevor sie, langsam und lediglich über mündliche Überlieferung durch Apostel und Jünger, Fuß fassen konnten. Dann aber verwurzelten sie sich tief und fest, hatten enorme Wirkung auf die gesellschaftliche und politische Entwicklung. Die Erfindung des Drucks brachte eine erste starke Beschleunigung der Verbreitung neuer Doktrinen und demzufolge auch eine starke Zunahme der Häufigkeit, Intensität und Dynamik geistiger und politischer Auseinandersetzungen. Die Zeitungen, ihre weitestgehende Befreiung von weltanschaulicher Gängelung mittels Durchsetzung der Pressefreiheit und schließlich die elektronischen Medien setzten dieser Dynamisierung die Krone auf. Meinung (und Meinungsdruck) kann heutzutage innerhalb weniger Wochen oder Monate entstehen, manipuliert und in den Dienst der einen oder anderen Sache gestellt werden. Da Herausgeber, Redakteure, Reporter und Kommentatoren durchaus nicht alle unabhängig, vielmehr Pressuregroups mit ökonomischem, politischem oder religiösem Hintergrund ausgesetzt sind und somit oft auch in ihrer Existenz von ideologie- und interessengesteuerten Kräften abhängen, verwundert es nicht, dass Meinung auch deshalb gemacht wird, um den Einzelnen unter den gesamtgesellschaftlichen Druck einer vermeintlich oder wirklich gerade im Schwange befindlichen überwältigenden Mehrheitsmeinung zu setzen. Auf diese Weise Feindbilder zu konstruieren, ist eine altbekannte und -bewährte Methode, mit der man jeden, der Kritik übte, zum Paria stempeln und in seiner Existenz bedrohen kann. Man denke an den Klassenfeind im kommunistischen System, den Vaterlandsverräter im Dritten Reich, an den Stempel des Faschismus oder Linksextremismus, der jenen Menschen auf die Stirn gedrückt wird, die nicht mit allem und jedem, was die offizielle Doktrin als allein selig machend absegnet, einverstanden sind.

Da veröffentlichte Meinung, wenn sie wirksam sein will, vereinfachen muss, um gehört zu werden, verfällt sie nur allzu leicht in einen primitiven, oft unbeabsichtigten Fundamentalismus, welcher Feindbilder schafft, die a priori nicht existieren oder schon lange zu bestehen aufgehört haben und durch derartige Wiederbelebungsaktionen wie Lazarus aus dem Grabe wanken: der Neokommunist, der Antisemit, der Neofaschist, der Grünfanatiker, der hemmungslose Populist, der Grünfundamentalist und wie diese Punzierungen alle firmieren mögen. Nur ein Bruchteil dieser Stempel ist in der Regel wirklich gerechtfertigt, in der weitaus überwiegenden Zahl der Fälle führen derartige Definitionen lediglich dazu, dass Abneigung, Feindschaft, ja Hass geschürt werden, wo bei besonnener und differenzierter Betrachtung eine vernünftige Auseinandersetzung, ja sogar eine Lösung des Problems möglich wäre. Wiederum ist man an die alten Griechen erinnert, die dies alles offensichtlich auch schon leidvoll erfahren haben: »... denn wenn kein Streit zwischen den Dingen wäre, wäre alles eins.« (Empedokles)

Ein bezeichnendes Zitat für dieses Syndrom bringt Noam Chomsky:

> Werfen wir jetzt einen Blick auf die Lehren, auf deren Grundlage die modernen Formen der politischen Demokratie durchgesetzt werden sollten. Sie finden sich in einem wichtigen Handbuch zur PR-Industrie mit dem bezeichnenden Titel »Propaganda«, dessen Verfasser, Edward Bernays, zu den führenden Persönlichkeiten der Werbebranche gehört. Gleich zu Beginn bemerkt er, dass »die bewusste und intelligente Manipulation der organisierten Gewohnheiten und Meinungen der Massen ein wichtiges Element der demokratischen Gesellschaft ist«. Um diese Aufgabe zu bewältigen, müssen »die intelligenten Minderheiten sich kontinuierlich und systematisch der Propaganda bedienen«, weil nur sie »die Bewusstseinsprozesse und sozialen Verhaltensmuster der Massen verstehen und die Fäden ziehen können, mittels derer das Bewusstsein der Öffentlichkeit kontrolliert wird«.
>
> *(Profit over People, p. 67)*

Man scheint sich offensichtlich sehr um uns zu sorgen. Mehr, als uns vielleicht gut tut.

Religionen und Kulturen

Man soll sich bei der Betrachtung längerfristiger Trends den Blick durch einzelne Großereignisse nicht verstellen lassen. Die Ereignisse vom 11. September 2001 in den USA sind dennoch ein Signal dafür, was uns in den nächsten Jahrzehnten blühen könnte. Fünf Jahre vor den Anschlägen von New York und Washington, welche die Führungsmacht des Westens zutiefst verstörten und zu einer einzigartigen nationalen Anstrengung veranlassten, schrieb Samuel Huntington den prophetischen Satz:

> Es ist reine Überheblichkeit, zu glauben, dass der Westen, nur weil der Sowjetkommunismus zusammengebrochen ist, die Welt für alle Zeiten erobert hat und dass Muslime, Chinesen, Inder und alle anderen nun nichts Eiligeres zu tun haben, als den westlichen Liberalismus als einzige Alternative zu übernehmen.

Und weiter, an anderer Stelle:

> Die Geschichte lehrt, dass ein Land, das zu keiner Kultur gehört und eines kulturellen Kerns ermangelt, sich nicht lange als kohärente Gesellschaft halten kann. Die multikulturellen USA werden dann nicht mehr die USA sein, sondern die UNO.
>
> (Beide Zitate aus *Der Kampf der Kulturen*)

Der Kern der Huntington'schen Aussagen ist folgender: Das Zeitalter, in welchem sich Staaten über Ideologien (Kollektivismus, Faschismus, Demokratie) definierten und daraus ihren Überlebenswillen schöpften, ist mit dem Zusammenbruch des Kommunismus zu Ende. Stattdessen besinnen sich Staaten und Staatengruppen (wie z. B. »der Westen«, also die

USA, Europa und große Teile der restlichen Welt) auf ihre kulturellen und geschichtlich gewachsenen Wertesysteme, die gesamte Art und Weise, wie gelebt wird. Dieses neue Zeitalter des Selbstverständnisses von Kulturen teilt die Welt in sechs oder sieben Sphären, deren Wertesysteme zueinander in Konkurrenz treten. Ob die eine oder andere Sphäre längerfristig dominiert, hängt unter anderem von ihrem inneren Zusammenhang, also der Intensität gemeinsamer Willensbildung, der Geburtenrate, dem Grad des Ausweitungsdranges und der Fähigkeit zur Einführung von Neuerungen (sowohl sozial als auch wissenschaftlich und ökonomisch) ab.

Der Westen befindet sich derzeit in dem trügerischen Glauben, durch seine momentane Vorherrschaft für alle Zeiten abgesichert zu sein und damit ein »Ende der Geschichte« (F. Fukuyama) zu erleben, welches in dem stabilen Zustand einer internationalen, multikulturellen Demokratie à la USA oder Europa seinen Ausdruck finden wird. Es gibt natürlich auch andere Theorien über das Zusammenleben der Menschen in fernerer Zukunft, so jene von einem »Weltethos«, einer gemeinsamen, auf dem Naturrecht aufbauenden Weltkultur, die Hans Küng und andere schon heraufdämmern sehen. Die zahlreichen geschichtlichen Beispiele, auch aus jüngster Zeit, und die tief schürfenden und sorgfältigen Analysen Huntingtons sprechen aber sehr stark für seine Konflikttheorie vom »Kampf der Kulturen«.

Für eine unverändert aufgewühlte und in Gegensätzen verfangene Welt spricht auch eine Beobachtung anderer komplexer Systeme: Man müsste doch annehmen, dass eine Wasseroberfläche, oder das Sandmeer einer großen Wüste, im Zusammenspiel mit dem Wind als Ergebnis ein sehr einfaches Muster ergäbe, etwa eine gleichmäßige Strömung oder ein einfaches Wellenmuster. Die Realität aber zeigt uns ein unendlich komplexes Bild gegenläufiger Wellen und Brandungen, komplizierteste Dünen, haushohe Sandberge als Ergebnisse leichten, aber lang andauernden Windes – alles Mögliche, nur nichts Einfaches, Vorhersehbares. Ähnlich läuft auch das von zahllosen und großteils unvorhersehbaren Kräften und Gegenbewegungen bewegte Schicksal der Menschheit ab: Es wird sich genauso wenig beruhigen wie die See oder der Sand in der Wüste.

In diesem Zusammenhang misst Huntington der durch hohe Geburtenraten, eine im Wesen eher intolerante Religion, starke Expansionstendenzen und Wanderungsbewegungen höchst aktiven islamischen Welt besondere Bedeutung bei: Jahre vor dem 11. September 2001, den Islam-zentrierten Wirren in Indonesien und auf den Philippinen sowie den zunehmenden Spannungen zwischen islamischen Gruppen und der angestammten Bevölkerung in Großbritannien und Frankreich.

Rückflut

Die Ahnenreihe des modernen Menschen lässt sich heute bis zum Australopithecus zurückverfolgen. Fossile Reste dieser Gattung wurden an zahlreichen Fundstellen im südlichen und östlichen Afrika freigelegt. Die ältesten Funde haben ein Alter von mehr als vier Millionen Jahren; einige Fragmente weisen möglicherweise sogar ein Alter von fünf oder sechs Millionen Jahren auf. Der heutige Mensch, erfolgreichster aller Primaten, hat sich selbst den etwas anmaßenden Namen Homo sapiens gegeben: der »weise Mensch«. Genetisch betrachtet, ist er zwar zu 99 Prozent ein Schimpanse, in anderer Hinsicht allerdings unterscheidet er sich gewaltig von den Menschenaffen. Als der ganz spezielle Zweibeiner, als der er sich begreift, ist er nicht müde geworden, alle Merkmale aufzuzählen, die ihn zu einer unverwechselbaren Kreatur machen, zur »Krone der Schöpfung«.

Eine der merkwürdigsten Eigenschaften des Menschen ist jedoch in diesem Kontext bislang noch nie ausführlich gewürdigt worden: sein unstillbares Verlangen, der Erste zu werden, siegen zu wollen. Er ist ein einzigartiger Dauerläufer und ein sehr guter Sprinter, er kann klettern, schwimmen und sogar tauchen, kurz: Der Mensch ist eine wahre »Sportkanone«. Erst im Zuge der Evolution wurde aus ihm ein »Marathonläufer«, der die Wälder verließ und in der Savanne umherstreifte, wo er sich, wie Josef H. Reichholf annimmt, anfänglich von Großtierkadavern ernährte. Da er mit anderen um dieses Futter konkurrieren musste, war es für ihn von entscheidender Bedeutung, seiner Beute frühzeitig habhaft zu werden – nach dem Motto »Wer als Erster kommt, frisst zuerst.« Zu der überlebenswichtigen Spurtstärke gesellte sich dann noch eine enorme Ausdauer, zumal es vorteilhaft war, den Großtierherden auf ihren Wanderungen folgen zu können. »Häufige Siege vergrößerten das Gehirn«, schreibt Reichholf. Erster sein zu wollen, sei mithin eine der Triebkräfte für ein Verhalten gewesen, das sich auf der Bühne der Evolution als erfolgreich erwiesen habe. Entsprechend lautet die logische Schlussfolgerung: »Der Mensch ist seiner Art nach auf Sieg programmiert.« Letztendlich gilt dies, in abgewandelter Form, für alle Lebewesen; es tritt lediglich beim Menschen in einer für uns besonders eindrucksvollen Weise hervor: Weil uns der Mensch eben besonders vertraut ist. Die Herleitung dieser These liest sich als Buch spannend und vergnüglich zugleich. »Warum wir siegen wollen« erklärt auf ebenso verblüffende wie nachvollziehbare Weise, wie und warum wir wurden, was wir sind, aber auch weshalb sportliche Großereignisse wie Olympiaden und Fußballweltmeisterschaften ein Millionenpublikum zu fesseln vermögen. Vor allem aber lehrt es uns, dass es ohne »Feind« keinen Sieg gibt!

Dieses unstillbare Verlangen, der Größte, der Erste, der Lauteste, eben in allen Disziplinen der Stärkste und Imponierendste sein zu wollen, zeigt sich am unverhülltesten bei Knaben ab dem Alter von etwa drei Jahren. Kleine Mädchen zeigen dieses Imponiergehabe nur in sehr gemilderter Form, ihr Interesse gilt (unfehlbar wird man mich jetzt des Sexismus zeihen, doch stammt meine Behauptung aus vielfacher persönlicher Beobachtung und Erfahrung, ist daher nicht von Vorurteilen geprägt) mehr dem Putz, der Dominanz durch Schönheit, intelligentes soziales Verhalten und äußere Vorzüge. In späteren Lebensphasen wird dieses spontane, durch keine Verstellung und Anpassung an gesellschaftliche Forderungen geprägte Verhalten durch die Außenwelt gedämpft, verlarvt und dann zum Teil auch verdrängt. Im Kern stellt es jedoch über die gesamte Lebensspanne des Menschen eine bestimmende Triebkraft dar.

Bei sozial organisierten niedrigeren Lebewesen (z. B. Ameisen, Bienen oder Kaninchen) richtet sich der Wille zum Sieg oder zur Macht (Nietzsche) oder der »Wille« an sich (Schopenhauer) eher auf die Bewältigung der feindlichen Umwelt und anders geartete Lebewesen. Dies galt auch für den Menschen, solange er einer quasi unendlichen Welt gegenüberstand und immer neue Räume erobern konnte. Spätesten seit der Besiedelung der letzten wertvollen Räume des Planeten in der zweiten Hälfte des 19. Jahrhunderts (des »wilden Westens« auf dem nordamerikanischen Kontinent) bleibt für das Siegenwollen dem Menschen bald nur noch ein wirklich attraktiver Feind – er selbst.

Der Wille, der Größte, Stärkste, Beste, Schnellste zu sein, reagiert sich in zunehmendem Maße an Konkurrenten der eigenen Gattung ab und wird nicht mehr durch andere existenzielle Ziele, welche Energie, Anstrengung und Zeit in Anspruch nehmen, gedämpft. Immer öfter trifft der Mensch auf den Menschen als den einzig verbliebenen ernst zu nehmenden Gegner, die verfügbaren Flächen werden kleiner, das persönliche Territorium schrumpft, die innerartlichen Reibungsflächen werden immer größer. Zu schweren Auseinandersetzungen in der Menschheitsgeschichte kam es regelmäßig dann, wenn eine größere Anzahl von Menschen ihren angestammten Siedlungsraum verließ und bei der Suche nach neuen Räumen auf die bodenständige Bevölkerung stieß. Die Züge Alexanders des Großen, die Wanderungen der asiatischen Turkvölker, die Kolonisierung Afrikas und des amerikanischen Kontinents, die Dominanzkonflikte der europäischen Staaten im 19. und 20. Jahrhundert, welche in zwei Weltkriege mündeten und Millionen Menschenleben forderten, die im Rückblick völlig sinnlos und ohne sichtbare bleibende Vorteile für die eine oder andere Gruppe geopfert worden waren, mögen als Beispiele dienen.

Alle diese Auseinandersetzungen könnten, im schlimmsten Fall, nur der Vorgeschmack eines kommenden großen Zusammenpralls zwischen den Weltkulturen sein, im besten Fall jedoch eine Fülle von Lehrstoff dafür, wie man es nie wieder machen sollte. Von der Entscheidung, welchen Weg man beschreitet, wird wohl das Schicksal der Menschheit abhängen.

VII Die Verdrängung

Einst lebte ein Kaiser, der so viel auf Kleider hielt, dass er all sein Geld dafür ausgab. Eines Tages kamen zwei Betrüger, die sagten, dass sie das schönste Zeug zu weben verstünden. Die Kleider besäßen die Eigenschaft, für jeden unsichtbar zu sein, der nicht für sein Amt tauge oder dumm sei. Sie stellten Webstühle auf, taten, als ob sie arbeiteten, aber sie hatten nicht das Geringste auf dem Stuhle. Mit einer Schar auserwählter Männer ging der Kaiser zu den beiden Betrügern hin, die ohne Faser oder Faden webten. »Ja, ist das nicht prächtig?«, sagten die Staatsmänner. »Was«, dachte der Kaiser, »ich sehe gar nichts! Tauge ich nicht dazu, Kaiser zu sein«? »Oh, es ist sehr hübsch«, sagte er, »es hat meinen allerhöchsten Beifall!« »Belieben Eure Majestät Ihre Kleider abzulegen«, sagten die Betrüger, »so wollen wir Euch die neuen hier vor dem großen Spiegel anziehen!« »Ei, wie gut sie kleiden, wie herrlich sie sitzen!«, sagten alle. »Welches Muster, welche Farben!« So ging der Kaiser, und alle Menschen auf der Straße sprachen: »Wie sind des Kaisers neue Kleider unvergleichlich!« »Aber er hat ja gar nichts an!«, sagte endlich ein kleines Kind. »Hört die Stimme der Unschuld!«, sagte der Vater; und der eine zischelte dem andern zu, was das Kind gesagt hatte. »Aber er hat ja gar nichts an!«, rief zuletzt das ganze Volk. Das ergriff den Kaiser, denn das Volk schien ihm Recht zu haben, aber er dachte bei sich: »Nun muss ich aushalten.« Und die Kammerherren gingen und trugen die Schleppe, die gar nicht da war.

Hans Christian Andersen, Des Kaisers neue Kleider

Wohin mit all dem Unsinnigen?

All jene unbeantworteten Fragen, nicht aufgearbeiteten Unehrlichkeiten, Verstrickungen und Widersprüche, welche die geschilderten sechs Narrheiten zwangsläufig zur Folge haben, kulminieren in einer siebenten: der großen allgemeinen Verdrängung. All das, was nicht »stimmt«, also erlogen, erfunden, schlampig durchdacht ist, wird, weil man die Widersprüche ganz einfach nicht ertragen kann, ins Unterbewusstsein verbannt, wo es heimlich kocht und brodelt und giftige Dämpfe aufsteigen lässt, die meist im unpassendsten Moment an das Licht der Bewusstheit treten und zu den erstaunlichsten und verhängnisvollsten Eruptionen führen können.

Probleme in Quarantäne

Wie schon mehrfach erwähnt, ist in unsere Psyche die Sehnsucht nach Übersicht und Geschlossenheit von Informationen und Begriffen in einem logischen Ursache-Wirkung-System als Konstruktionselement fix eingebaut. Kant nennt diese Eigenschaft unserer Geistes apriorisch, also ohne eine für uns fassbare Ursache dastehend. Die Evolutionstheoretiker haben dies mit recht großer Wahrscheinlichkeit als das Erbe der Summe aller Erfahrungen unserer Vorfahren enttarnt, also durchaus auch als etwas Gewordenes, Entwickeltes. Die »Vorstellung«, wie Arthur Schopenhauer das von Bild der Welt in unserem Bewusstsein nennt, drängt nach logischer Verknüpfung, Anordnung der Eindrücke und Wissensinhalte in unseren geistigen Schubladen von Zeit, Raum, Ursache und Wirkung. In anderen Kategorien können wir nicht denken; unsere Gedanken fahren sozusagen auf angeborenen Schienen des dreidimensionalen Raums, des Ablaufs der Zeit in Richtung Zukunft aus der Vergangenheit in die Gegenwart. So wie das

Auge keinen Eindruck von Geruch, das Ohr keine Farbe, die Zunge kein Gefühl von Geräusch zu vermitteln vermag, ist unser gesamtes Denksystem, gemessen an der Vielheit der uns umgebenden Welt, ein sehr eingeschränktes und unvollkommenes Instrument. Umso besessener ist daher der Intellekt, Ordnung in diese Unvollkommenheit der Eindrücke und Empfindungen zu bringen, Sinn und System zu orten und dem unermüdlichen Anspruch der Logik Genüge zu tun.

Auch die Suche nach dem Sinn und, in letzter Konsequenz, der Existenz von Gott und Göttern ist diesem Rappel, für alles und jedes Ursache und Wirkung sehen zu wollen, zu verdanken. Zu allen Zeiten haben sich Denker aller Völker in diese prinzipiell unlösbare Materie verstrickt und in Gehirnkrämpfen gewunden. Wichtige Vorstufen zum heutigen Erkenntnisstand, der im Grunde eine festere, naturwissenschaftliche Untermauerung der Gedanken Platons, Kants, Schopenhauers und Wittgensteins durch biologische und erkenntnistheoretische Fakten darstellt, finden sich bereits in den Ergebnissen des Nachdenkens der alten Griechen. Es liegt nun in der Natur der Sache, dass der drängende Anspruch auf Übersicht und Klarheit nie ganz erfüllt werden kann. Zu groß ist die Diskrepanz zwischen dem Fassungs- und Verarbeitungsvermögen unseres Gehirns und der äußeren Welt, als dass je ein vollkommener Gleichklang und intellektuelle Zufriedenheit eintreten könnten. Dennoch gibt es ein Gleichgewicht zwischen Unsicherheit und Sinnbedarf, Unbekanntem und Vertrautem, Schein und Sein, Traum und Wirklichkeit, welches uns ermöglicht, zu leben, ohne verrückt zu werden. Dies setzt allerdings voraus, dass ein zumindest halbwegs stabiles Gebäude von Begriffen, Ansichtsweisen, Theorien und moralischen Kriterien – ein »Weltbild« – vorrätig ist, welches uns wie eine Landkarte oder das GPS-System gestattet, mit den ununterbrochen neu auf uns einströmenden Eindrücken, Informationen und Entscheidungszwängen fertig zu werden und erfolgreich zu agieren.

Ohne in die »Nothing else buttery«-Falle vieler Vergleiche tappen zu wollen, ist der Vergleich mit dem GPS-System ein besonders stimmiger: Das Satellitensystem unserer Sinnesorgane zeigt uns, wo und in welcher Situation wir uns gerade befinden. Die im Gedächtnis (bei GPS auf CD-ROM) gespeicherten Landkarten – vergleichbare Situationen aus dem bereits Erlebten – geben uns Orientierung und Handlungsanleitung für die spezielle, gerade aktuelle Situation. Damit hat der Vergleich allerdings auch schon ein Ende, denn unser Gehirn registriert sodann auch noch die geringsten Abweichungen vom gespeicherten Muster und aktualisiert den Speicherinhalt sofort wieder, während die GPS-CD-ROM uns bis zur nächsten aktualisierten Ausgabe unverdrossen in der gerade neu eingerichteten Einbahn oder Baustelle stranden lässt.

Tritt ein Ereignis ein – auch ein eingebildetes –, welches selbst durch noch so angestrengtes Nachdenken, Erforschen und Analysieren nicht mit der »Landkarte« in Einklang zu bringen ist, so führt dies mitunter zu lähmendem Entsetzen – man denke an unerklärliche Erscheinungen wie das scheinbare Auftreten von verstorbenen Personen, unbekannte Flugobjekte, telepathische Vorgänge etc. Nur durch den Begriff des Wunders, ein auf göttliche Einwirkung oder übernatürliche Kräfte zurückgeführtes Phänomen, das den Erkenntnis- und Erfahrungshorizont des Menschen übersteigt und den Gesetzen der Naturwissenschaften widerspricht, vermochte sich die Menschheit bisher über solche der Logik und Erfahrung nicht zugängliche Erscheinungsformen hinwegzuhelfen. Hilft auch dieser Ausweg nicht mehr, so steht der Mensch ratlos und angstvoll vor dem Versagen seiner bewährten Theorien, findet keine Lösung der drängenden Widersprüche und verzweifelt. Ein häufig eingeschlagener Weg aus dieser Verzweiflung ist die Verdrängung: Man schiebt das unbewältigbare Problem ins

Unterbewusstsein ab, wo es sozusagen schubladiert wird, in Quarantäne liegt – wie ein Computervirus, welches das Virenschutzprogramm an einem ungefährlichem Ort auf der Festplatte des PC inhaftiert. Dort wird das Virus sozusagen eingesperrt, es kann ohne äußere Einwirkung nicht mehr wirksam werden. Es ist aber latent immer vorhanden und kann, unter gewissen Umständen, wieder aufleben, um dann umso destruktiver zu Tage zu treten.

Die Psychoanalyse nach Sigmund Freud geht davon aus, dass die Verdrängung unbewältigter Gedächtnisinhalte zur Entstehung von Neurosen beiträgt. Unter Neurose versteht man in der Psychiatrie und Psychologie eine Vielzahl psychischer Störungen, von denen man früher annahm, dass sie »nervliche« Ursachen (griech. neuron: Faser, Sehne, Nerv) hätten. Heute geht man davon aus, dass diese Störungen psychisch bedingt sind. Kennzeichnend für Neurosen sind Angst, Unbehagen und fehlangepasste Verhaltensweisen, die jedoch nicht so stark ausgeprägt sind, dass sie die Betroffenen aus dem menschlichen Zusammenleben ausschlössen.

Eine bedrängte Persönlichkeit, ein überfordertes Ich, verdrängt Erlebnisse oder Gedanken, die nicht bewältigt werden können. Die meisten verdrängten Inhalte stammen daher aus der Kindheit. Ein typischer Verdrängungsmechanismus nach Freud ist die »Verschiebung«, wobei ein verdrängter Gedächtnisinhalt »maskiert« als psychische Störung wieder zum Vorschein kommt. Jede Gesellschaft hat in ihrem Werte-, Tabu- und Verhaltenssystem logische Brüche und Widersinnigkeiten, die dem Einzelnen Konflikte aufbürden, die er allein nicht ausräumen kann. Man denke an die verlogene Sexualmoral, die noch vor knapp 50 Jahren viele angeborene, natürliche Verhaltensweisen als unsauber, verwerflich und verdammenswert verurteilte, während inoffiziell Bordelle, Prostitution und Ehebruch fröhliche Urständ feierten. Die Duelle und Ehrenhändel in Offiziers- und Adelskreisen vergangener Zeiten sind ein weiteres Beispiel für logisch nicht zuordenbare gesellschaftliche Zwänge und Verirrungen. Zahllose Mädchen mussten in Schande Haus und Hof ihrer Eltern oder Dienstgeber verlassen, weil sie ein uneheliches Kind erwarteten. Der Samurai verübte Seppuku (ritualen Selbstmord durch Bauchaufschlitzen), wenn seine Ehre durch ein aus heutiger Sicht geringes Vergehen beschmutzt war. Der Bankier oder Unternehmer griff noch in der k. u. k. Monarchie zum Revolver, wenn die Insolvenz unabwendbar schien.

Zu allen Zeiten meinte man, gerade jetzt und zum ersten Mal den veralteten, verstaubten Abwegen der Vergangenheit entronnen zu sein und sich – endlich! – auf dem Pfad der Wahrheit und der Vernunft zu bewegen. Dass dies gestern wie heute bloß Irrtümer in neuem Gewande sind, zeigt ein ganz kurzer Blick in die Geschichte und auf die Narrheiten der Gegenwart. Die Wirrnisse und logischen Unauflösbarkeiten bleiben in Summe gleich – wir glauben nur, klüger zu werden. Da jede Antwort aber drei neue Fragen aufwirft, nimmt die Zahl der unbeantworteten Fragen zweifellos zu; wir schieben eine Berg von weißen Flecken auf der Landkarte des Wissens vor uns her, der immer größer statt kleiner wird. Auch dort treffen wir auf das Phänomen der Asymptote. Es kann sogar sein, dass die schon gewonnene grobe Übersicht, die Zusammenschau dessen, was maximal überblickbar und uns zuträglich ist, wieder verloren geht, weil die Unzahl von Teileinsichten, welche die Einzelwissenschaften vermitteln, uns daran hindern, den unserem Wesen angemessenen und möglichen Überblick zu behalten. Vielleicht sind unsere Wissenschaftler mehr und mehr Ziegelerzeuger, und die Kunst der Architektur, aus den Ziegeln zusammenhängende Gebäude zu errichten, in welchen allein es sich geistig gut wohnen lässt, gerät langsam in Verlust.

Der Inhalt dessen, was verdrängt wird, ändert sich mit den Zeitläuften; die durch die Quarantäne, die Verbannung ins

Unterbewusstsein, des Unverstandenen und Unerträglichen hervorgerufenen geistigen Krämpfe und Verrenkungen, die Unehrlichkeiten und die daraus entspringenden geistigen und moralischen Koliken bleiben hingegen in etwa die gleichen. Es scheint, als ob es um Letztere so stünde wie um das Ausmaß der Sorgen und Ängste des Einzelnen: das zur Verfügung stehende »geistige Gefäß« wird immer bis zum Rand gefüllt, das individuelle Sorgen- und Ängstebedürfnis oder -potenzial der Menschen immer gerade bis zur Sättigung gestillt. Anscheinend gibt es so etwas wie ein Gesetz von der »Konstanz der Summe an Befürchtungen«, ähnlich jenem von der Erhaltung der Energie oder den Substanzgesetzen Ernst Haeckels. Jedenfalls wird, salopp formuliert, die Menschheit zwar insgesamt wissender im Detail, aber nicht gescheiter, was die Übersicht und die Schlussfolgerungen daraus anbelangt. »Narren gibt's mehr als Häuser«, lautet ein Sprichwort in meinem Heimatdorf. Die Zahl der Häuser und damit auch der Narren – wenn man darunter mehr oder weniger aufgeregte, irrational handelnden Menschen versteht – nimmt stetig zu.

Angst

Unsicherheit und das Wissen um vieles, das nicht »stimmt«, sich disharmonisch anfühlt, löst Unbehagen und Angst aus. Angst ist, im Gegensatz zur Furcht, die einen realen Anlass hat – zum Beispiel ein drohend gezücktes Messer oder ein zähnefletschender Hund – ein unbestimmtes, latentes Bedrohungsgefühl, dem man durch konkrete Handlungen nicht entkommen kann. Die vielen unbewältigten und verdrängten Widersprüche, welche laut durcheinander schreiende, gerade zerfallende oder neue, selbst ernannte Autoritäten im bedauernswerten Gemüt des heutigen Zeitgenossen hinterlassen, verursachen Angst. Es gibt sehr viele Menschen gerade in verantwortungsvollen Positionen, deren Grundstimmung stark von einer unbestimmten, ungerichteten Angst und der damit verbundenen negativen Erwartungshaltung geprägt ist.

Die allgegenwärtigen Informationskanäle zeigen die jeweils gerade fürchterlichsten Geschehnisse in den drastischesten Bildern und schrillsten Tönen und vermitteln so den Eindruck, als ob es außer Mord, Totschlag, Überschwemmungen, Börsenkrächen und Terroranschlägen nicht allzu viel zu berichten gäbe. Politiker verschiedener Richtungen richten einander diametral entgegengesetzte Heilsbotschaften an die Menschen und geben sich wenig Mühe, nach einer einigermaßen einsichtigen Synthese der jeweils gegeneinander abgegrenzten Halb- oder Viertelwahrheiten zu suchen. Gemeinplatz wird mit Gemeinplatz, abgedroschene Phrase mit gebetsmühlenartig wiederholter Gegenphrase pariert. Politologen und Meinungsforscher, die es eigentlich wissen müssten, raunen aus ihren Bärten unverständlichen Quacksprech als »Interpretation und Erläuterung der öffentlichen Meinung«, welch Letztere mehr und mehr dem Stachelkleid eines verängstigten, grantigen Igels gleicht. An klugen, einsichtigen und wegwei senden Lösungen scheint niemand, der in der Öffentlichkeit die Posaune zur Hand nimmt, interessiert zu sein – vielleicht auch die Zuhörer nicht. Erstere sind in der Regel nur längerfristig darstellbar, ihr Zeithorizont reicht über die nächsten Kommunalwahlen weit hinaus, daher interessieren sie nicht.

Dies alles erfolgt in einer Atmosphäre bemerkenswerter Gehässigkeit und Aggressivität, als ob die Grundgesetze der Höflichkeit, je weiter oben sich jemand in der so genannten Hierarchie (die immer öfter nicht eine des Charakters und der Bewährtheit, sondern des Ellenbogens, der Brutalität und Einfalt, auch der Frechheit ist) befindet, umso geringer zählten. Lösungen sind uninteressant, weil schwierig, Gebrüll und Gemeinplatz beherrschen weithin die Szene.

Verdrossenheit

Inmitten all des Überflusses, in einem Umfeld, das man noch vor 100 Jahren als Schlaraffenland bezeichnet hätte und in dem jemand als arm gilt, der den fünfzigfachen Lebensstandard eines Einwohners von Bangladesch aufweist, herrscht eine bemerkenswerte Verdrossenheit. Weil sich alle Maßstäbe in Ermangelung stabiler Größen nach dem denkbaren Maximum richten – sowohl was die materiellen Bedürfnisse als auch den Lustgewinn anbelangt, der den ganz anders definierten Begriff »Glück« längst abgelöst hat –, ist man zwangsläufig unzufrieden: Man hat ja noch längst nicht alles. Dass in einem ununterbrochenen Strom von Wachstum immer noch mehr hinzukommt, die Autos immer mehr und schneller werden, das Spielzeug, kaum gekauft, schon wieder im Müll landet, die Klamotten von gestern heute nur mehr Langeweile verursachen und das gestern noch in Mode befindliche Sushi-Lokal mit aus Thailand eingeflogenen (antibiotikageschwängerten) Shrimps heute schon wieder out ist, fällt einem gar nicht auf bei dieser Rennerei nach mehr, die nichts anderes ist als Sucht und Betäubung einer unstillbaren Wut.

Sucht ist im weitesten Sinn jede zwanghafte Bedürfnisbefriedigung, die Symptome einer Abhängigkeit aufweist. Abhängigkeit wiederum ist dadurch gekennzeichnet, dass eine für den Betroffenen unerträgliche innere Spannung die Bedürfnisbefriedigung erzwingt. Die Sucht nach Abwechslung, Zerstreuung, Konsum, Drogen, also die Maßlosigkeit auf vielen Gebieten, gleicht sehr stark dem Verhalten eines Lebewesens, das in irgendeiner Art von Überfluss – sei es an Nahrung, Sexualpartnern, Geld, Drogen – lebt: Der Überfluss verleitet dazu, mehr zu konsumieren, als lebensnotwendig und gesund ist.

Dies erzeugt wiederum Unlust und erneuten Antrieb der Sucht – der bekannte Teufelskreis. Überfluss scheint, in vielen

Spielarten, ein guter Nährboden für Suchtverhalten zu sein. Es mangelt uns daran keineswegs.

Unbarmherzigkeit

Aber nochmals zurück zur Verdrängung. Die große Menge an Kehricht unter dem Teppich führt dazu, dass man auf diesem nicht mehr sicher gehen kann – rennen vielleicht noch eher. Sicherheitshalber nur nicht zu viel nachdenken, nur nicht zu tief bohren: Wer weiß, was da alles noch ans unbarmherzige Tageslicht kommen könnte! Da ist es schon viel leichter, alle Fährnisse, Ängste, Unsicherheiten und Seelenkrämpfe auf das verwahrloste Elternhaus, die Wunden frühester Jugend zurückzuführen: Schuldige müssen gesucht werden, um sich die persönliche Anstrengung der Bewältigung, die Lebensarbeit, zu ersparen. Die ganze Attitüde der Oberflächlichkeit, des Darüber-hinweg-Huschens, der Übertünchung mit vorgefertigten Schicksalen aus Romanen, Psychologiebüchern, TV-Shows und Sciencefiction-Filmen ist letztendlich eine Form der Grausamkeit gegen sich selbst, eine Vergewaltigung der feineren, subtileren Regungen, mit denen zu leben man verlernt hat und die, verfremdet und grotesk aufgedonnert (auch im akustischen Sinne), als Konserve konsumiert werden.

Die Grausamkeit äußert sich auch in einer immer stärkeren Abnahme der Wahrnehmung des Nächsten, des Mitmenschen. Während die meist gleisnerische Besorgnis um die weit Entfernten, zum Beispiel in der Dritten Welt, aufdringlich allerorts zur Schau gestellt wird und der Klagen über die (zweifellos tatsächlich bestehenden) Leiden dort kein Ende ist, delegiert man das Mitleid an anonyme Organisationen, lässt es gewissermaßen Teil der weltweiten Arbeitsteilung werden und gefällt, ja sonnt sich geradezu in einem völlig kosten- und wirkungslosen Gefühl der Tugend und Wohltätigkeit. Den Alten um die Ecke, mit dem niemand mehr redet, weil er schon ein bisschen unappetitlich geworden ist mit seinem Sabbern, das trostlos vor sich hin, ins Leere blickende Nachbarskind, das gerade miterleben musste, wie der besoffene Vater die Mutter wieder einmal verprügelte, die verzweifelte Sekretärin, die mit dem neuen Computerprogramm nicht fertig wird, sich dumm und nutzlos vorkommt und angstvoll hofft, dass niemand dies bemerken möge – die sieht man nicht.

Barmherzigkeit und Behutsamkeit, zurückhaltende, unaufdringliche Schonung, unsichtbare Hilfe in kritischen Lagen, in denen man heutzutage nur mehr mit dem Dreschflegel Besserung sucht – das alles ist im Schwinden begriffen. Für den Nächsten ist die Sozialversicherung, die Gewerkschaft und das Rote Kreuz zuständig, vielleicht noch die Volkshilfe oder die Caritas. Man zahlt ja schließlich seinen Beitrag. Pünktlich und mit Abbuchungsauftrag. Ganz so, wie sich das gehört.

Im Auge des Taifuns

Genug der Jeremiaden und Klagegesänge. (Jeremia wurde wahrscheinlich um 650 v. Chr. geboren, erfuhr um 627 seine Berufung zum Propheten. Er erhielt Redeverbot, wurde mehrfach unter Hausarrest gestellt und in eine Zisterne geworfen, die als Kerker diente. Außerdem galt er während des Krieges allgemein als Verräter. Nach der endgültigen Niederlage Judäas wurde er als Hochverräter gefangen genommen und nach Ägypten verschleppt, wo er starb.) Man muss also aufpassen.

Gott sei Dank gibt es sehr viele Menschen, die bewusst oder unbewusst um all die aufgelisteten und beschriebenen Narreteien wissen, sich ihren gesunden Menschenverstand – den man, als Stimme der unwissenden Plebs, ebenfalls schon in Misskredit zu bringen versucht – bewahrt und inmitten des närrischen Gewusels einen Hort ihrer ganz persönlichen Freiheit geschaffen haben. Für diese ist ein geradezu goldenes Zeitalter angebrochen. Niemals zuvor in der Geschichte des Abendlandes konnte sich ein selbstbestimmter und sich selbst genügender Mensch sein Leben so frei und ungezwungen einrichten wie heute. Voraussetzung allerdings ist, dass er über den unbedingt erforderlichen Raum und ein ausreichendes Einkommen verfügt – allzu viel muss es nicht sein – aus einer Beschäftigung, in welcher er nicht allzu großen Zwängen unterliegt und die seinem Naturell, seinen Begabungen und Fähigkeiten entspricht. Sodann kann er sich sein eigenes kleines Paradies erbauen. Niemand zwingt ihn dazu, sich die Gräuelnachrichten im TV anzusehen, die Hochglanzjournale mit den morgen schon vergessenen Sensationen und Moden verdauen zu müssen, sich dem Zwang überkommener Sitten und Religionen auszuliefern und die kollektiven Narreteien mitzumachen. Das ist die eine, die glänzende Seite der Medaille. Unabdingbar aber ist, dass er stark genug (geworden) ist, sich dem gewaltigen gesellschaftlichen Druck zur Teilnahme am großen Zirkus, zum Mitmachen am Tanz um das Goldene Kalb, zu entziehen und auch nicht auf die auf diesen Spielregeln aufgebaute Rangordnung in der Gesellschaft (oder was sich so nennt) angewiesen ist. Bevor jemand diesen erfreulichen Zustand der Unabhängigkeit erreicht (der bloß einen der nicht wenigen Vorteile des Narrenschiffs darstellt), muss er jedoch durch das Stahlbad im Maschinenraum dieses Schiffes gegangen sein und es durchgestanden haben. Denn kaum ein junger Mensch kann sich dem Druck seiner uniformierten Umgebung entziehen, er muss sich den dort geltenden Wettbewerbsregeln unterwerfen und sie – zumindest eine Zeit lang – bestehen. So kommt es, dass man die wirklichen Vorteile unserer heutigen Wirtschafts- und Gesellschaftsordnung erst so recht genießen kann, wenn man sie geistig und materiell überwunden hat.

Die beste Welt seit langem

Betrachtet man die Welt, insbesondere unsere, die westliche, aus dem Blickwinkel der Wünsche und Träume unserer Ururgroßeltern, also etwa aus der Perspektive des Jahres 1850, so kann man feststellen, dass fast alle Wünsche, welche diese insgeheim gehegt haben mögen, in Erfüllung gegangen sind. Es gibt zu essen und trinken im Überfluss, jedermann kann sich heutzutage auch einmal Lachs und Sekt leisten, das Problem ist nicht der Hunger oder die Magerkeit, sondern die Verfettung. Die Medizin hat gewaltige Fortschritte gemacht, der Schmerz ist fast völlig besiegt. Fast niemand mehr muss schwere und monotone Arbeit leisten, das meiste davon nehmen uns Maschinen ab. Jedermann, der dies will, findet Schutz und Behausung, auch der Krumme und Elende ist versorgt. Bildung, früher ein Privileg der höheren Schichten, ist ein selbstverständliches und weitestgehend kostenloses Gut geworden. Jedem Menschen steht buchstäblich die ganze Welt offen, wenn er nur will. Niemand muss wegen seiner Religion oder Überzeugung auswandern oder wird ins Gefängnis geworfen. Informationen sind schnell und billig zugänglich, ohne wesentliche Einschränkungen. Fast jeder kann begütert werden, wenn er gewillt ist, sich anzustrengen.

Man müsste meinen, in der besten aller Welten, die es jemals gegeben hat, zu leben. Dennoch wurde es nötig, dieses Buch zu schreiben. Warum? Weil des Menschen Wille und Vorstellung sein Himmelreich sind, und nicht seine reale Umgebung und Befindlichkeit. Er vermag, unter bestimmten Bedingungen, in Armut und Beschränkung überglücklich und im Überflusse verzweifelt zu sein. Sein Glück hängt nicht vom augenblicklichen Zustand, sondern von der Differenz dieses Zustandes zu einem – in der Vorstellung – noch besseren ab, und diese Differenz wird wohl immer in etwa gleich groß bleiben.

Und nachdem ich jetzt ein paar Monate lang, neben all dem, was ich sonst noch zu tun habe und was mir meist Freude macht, versucht habe, tja, wieder einmal etwas besonders Kluges zu Stande zu bringen, weht mich aufs Neue die Nichtigkeit allen Nachdenkens an. Nicht dass ich dem Leser jetzt, zum Schluss, ein großes Fragezeichen hinter all das pinseln will, was mir am Herzen liegt (das findet sich wohl hinter jedem zweiten Wort). Was mir wirklich wichtig ist, hat mit Nachdenken sehr wenig zu tun. Weil ich es selbst nicht annähernd so schön ausdrücken kann wie Iwan Bunin, ein prachtvoller Spross meines Lieblingsvolkes, des russischen, lasse ich ihn, den schon lange Verstorbenen, abschließend zu Wort kommen und für mich sprechen.

> … es erschien hinter den Dächern die eisige rote Sonne, es löste sich vom Glockenturm, das ganze, froststarrende Moskau erschütternd, der erste, wohl großartigste Schlag – da riss sich der Komponist jäh die Mütze vom Kopf und schrie mit Tränen in den Augen aus Leibeskräften über den ganzen Platz: »Meine Sonne! Geliebte! Hurraaaah!«
>
> *Liebe und andere Unglücksfälle*

Das sind die wirklich schönen Dinge, für die es sich auszahlt zu leben. Nicht ein paar dürre Überlegungen.

Epilog

Eine Kultur der Achtsamkeit

Ich treibe mich nun schon ein ganze Weile, immer mit offenen Augen, auf diesem Planeten herum, in verschiedenen Ländern, Kulturen, Gesellschaftsschichten, Arbeitswelten. Mein Beruf ließ mich mächtige Männer und Frauen, Nobelpreisträger, Staatenlenker und Schurken – Letztere bisweilen auch in Personalunion – kennen lernen. Insbesondere meine Enkel führten mir das Entstehen menschlicher Eigenarten und Charaktere fast ab ovo handgreiflich vor Augen, fern von Theorie und Ideologie. Die Natur – Vogel, Baum, Berg, Fels und Wasser – nährte meine Ehrfurcht vor der Größe und Schönheit der Welt.

Um einen winzigen Beitrag zu leisten, dass man dieses Wunder, welches wir verwalten dürfen und das uns als Pächter für die kurze Zeit unserer knappen Lebensspanne anvertraut ist, achtsam behandelt, nicht schindet und in unnatürlicher Geschwindigkeit durch alles Denk- und Machbare prügelt, habe ich dieses Buch geschrieben. Das Haupträtsel, welches uns, von all den Aufgaben, die uns gestellt sind und von welchen wir die meisten auf der materiellen Ebene schon gelöst haben, zu lösen bleibt, ist, wie wir mit uns selbst – die Menschen mit den Menschen – zurechtkommen werden. Was uns die Bibel anbefahl: »Macht euch die Erde untertan« und »vermehret Euch« ist über Gebühr schon abgetan.

Wie wir aber, in Achtsam- und Behutsamkeit, das Errungene verwalten, es ausschmücken, veredeln, immer menschenwürdiger machen (vor allem uns selber), um den Titel »Krone der Schöpfung« (welche derzeit eher einer Dornenkrone ähnelt) wirklich zu erringen, das wissen wir immer noch nicht. Rezepte helfen nicht viel. Das Nach- und Vordenken jener, die berührt sein wollen, vielleicht schon.

Glossar

Aktionismus
Entstanden ist der Begriff als Kritik an politischen Protestbewegungen, denen vorgeworfen wurde, unreflektierte, lediglich selbstzweckhafte Handlungsweisen an den Tag zu legen, ohne dabei klare ideologische Positionen zu beziehen.

Anarchismus
Politisch-philosophische Denkrichtung, die im frühen 19. Jahrhundert entstand und die jede Form von Herrschaft und deren Institutionen ablehnt. Zentrales Anliegen ist die Errichtung einer herrschaftsfreien Gesellschaft, das heißt, einer Gesellschaft ohne Unterdrückung und Ausbeutung.

Archetypus
Griech. »das zuerst Geprägte«. In der spätantiken Philosophie die in der geistigen Welt existierenden Urbilder, in der Psychologie C. G. Jungs das im kollektiven Unbewussten gründende urtümliche Leitbild menschlicher Erfahrung

Behaviorismus
Forschungsströmung der amerikanischen Psychologie, in der ein klar definiertes experimentelles Vorgehen vertreten wird, mit dessen Hilfe beobachtbares Verhalten (Reaktionen) in Beziehung zur Umgebung (Reize) untersucht wird. Er vertritt unter anderem die Auffassung, dass den naturgegebenen Anlagen des Menschen eine nur untergeordnete Bedeutung zukommt und er überwiegend von seiner Umwelt geformt wird.

Benchmarking
Vergleich eines Wertes mit einem Musterwert und Verfolgung der Entwicklung des Wertes über der Zeitachse

Freie Radikale
Freie Radikale sind Reaktionsprodukte der Zellatmung, die den gesundheitsgefährdenden Begleiterscheinungen der Zivilisation »helfen«, sich im Körper auszubreiten. Sie spielen eine wichtige Rolle bei Herz- und Krebserkrankungen und beim Alterungsprozess des Menschen.

Kategorischer Imperativ
Von Immanuel Kant aufgestelltes Prinzip zur moralischen Begründung des Handelns: »Handle so, dass die Maxime deines Willens jederzeit zugleich als Prinzip einer allgemeinen Gesetzgebung gelten könne.«

Koevolution
Wechselseitige Anpassung zwischen interagierenden Arten von Lebewesen

Kognition
Prozess des Wahrnehmens, Merkens, der Aufmerksamkeit und des Denkens

Konstruktivismus
In der Philosophie alle Strömungen, bei denen die Anteile, die das Subjekt an der Erkenntnisleistung hat, in den Vordergrund gestellt werden. In der Kunst eine 1913/14 in Russland entstandene Richtung, die auf dem Bekenntnis zur modernen Technik und der Beschränkung auf einfache geometrische Formen beruht

Makro
In Computeranwendungen ein Satz von Tastenfolgen, Handlungen oder Anweisungen, die aufgezeichnet werden und über eine einfachere Tastenfolge oder Anweisung abrufbar sind

Nothing-else-buttery
Bekanntes Wortspiel unter kritischen Biologen: »Man is nothing else but ...« (Produkt der Umwelt, Ergebnis der Veranlagung, Ansammlung chemischer Verbindungen, Sklave seiner Gene und ähnliche unzulässige Vereinfachungen)

Pascal'sches Dreieck
Gleichschenkeliges Dreieck zur Veranschaulichung der Binomialkoeffizienten. Jede Zahl des P. D. ist die Summe der unmittelbar rechts und links darüber stehenden Zahlen (z. B. 10 = 4 + 6).

Selbstreferenz
Selbstreferenz, Rückbezüglichkeit, Selbstbezüglichkeit oder auch Reflexivität sind Schlüsselbegriffe der Systemtheorie und der konstruktivistischen Kognitions-, Kommunikations- und Medientheorie.

Semantik
Lehre von der Bedeutung sprachlicher Zeichen

Sich selbst erfüllende Prophezeiung
Eine Annahme oder Voraussage, die rein aus der Tatsache heraus, dass sie gemacht wurde, das angenommene, erwartete oder vorhergesagte Ereignis zur Wirklichkeit werden lässt und so ihre eigene »Richtigkeit« bestätigt

Sophisma
Scheinbeweis; Trugschluss, der mit Täuschungsabsicht gemacht wird

Subsidiarität
Im staatsphilosophischen Sinne das Prinzip, dass eine größere gesellschaftliche oder staatliche Einheit nur dann zur Erfüllung einer Aufgabe herangezogen werden soll, wenn diese nicht durch die kleinere, sachnähere Einheit erfüllt werden kann. Der Grundsatz der Subsidiarität ist ein wesentlicher Aspekt des Föderalismus.

Personenregister

Literaturverzeichnis

Balle, Christel: Tabu in der Sprache. 1990

Bateson, Gregory: Geist und Natur. Eine notwendige Einheit. Suhrkamp: 2000

Betz, Werner: Tabu – Wörter und Wandel. In: Meyers Enzyklopädisches Lexikon. Band 23. Mannheim: 1978, S. 141–144

Binnig, Gerd: Aus dem Nichts. Über die Kreativität von Natur und Mensch. Piper: 1997

Bunin, Iwan: Liebe und andere Unglücksfälle. Eichborn Verlag: 2002

Chomsky, Noam: Profit over People. Europa Verlag: 2000

Danninger, Elisabeth: Tabubereiche und Euphemismen. In: Welte, Werner (Hg.): Sprachtheorie und angewandte Linguistik. 1982

Doderer, Heimito von: Die Dämonen. dtv: 1985

Ebeling, Hans: Denksturz der Moderne. Königshausen & Neumann: 2002

Fleck, Ludwig: Entstehung und Entwicklung einer wissenschaftlichen Tatsache. Suhrkamp: 1980

Frankl, Viktor: Das Leiden am sinnlosen Leben. Herder: 1977

Freud, Sigmund: Totem und Tabu. Studienausgabe, Band IX. 1974

Fukuyama, Francis: Das Ende der Geschichte. Kindler: 1992

Glasersfeld, Ernst von: Radikaler Konstruktivismus. Ideen, Ergebnisse, Probleme. Suhrkamp: 2000

Gracián y Morales, Baltasar: Hand-Orakel und Kunst der Weltklugheit, übersetzt von Arthur Schopenhauer. 1862

Haeckel, Ernst: Die Welträtsel. Kröner: 1984

Hartmann, Dietrich: Sprache und Tabu heute. In: Osnabrücker Beiträge zur Sprachtheorie 42, S. 137–154

Herder, Johann Gottlieb: Sprachphilosophie. 1960

Hesse, Hermann: Der Europäer. Suhrkamp: 1977

Hesse, Hermann: Der Steppenwolf. Suhrkamp: 2002

Huntington, Samuel: Der Kampf der Kulturen. Goldmann: 2002

Kant, Immanuel: Kritik der reinen Vernunft. 1966

Klages, Ludwig: Der Geist als Widersacher der Seele. 1981

Lichtenberg, Georg Christoph: Sudelbücher, herausgegeben von Franz H. Mautner. Insel Verlag: ISBN 3-45832-492-5

Lorenz, Konrad: Die acht Todsünden der zivilisierten Menschheit. Serie Piper: Band 50

Lorenz, Konrad: Die Rückseite des Spiegels. Versuch einer Naturgeschichte menschlichen Erkennens. dtv: 1977

Lorenz, Konrad: Das sogenannte Böse. dtv: 1983

Lost, Christine; Ritzi Christian (Hg.): Basiswissen Pädagogik 1/6. Historische Pädagogik. Schneider Verlag: 2002

Luhmann, Niklas: Soziale Systeme. 1984
Luhmann, Niklas: Soziologische Aufklärung 2. 1991

Mannheim, Karl: Ideologie und Utopie. 1995
Maturana, Humberto R.; Varela, Francisco J.: Der Baum der Erkenntnis. Die biologischen Wurzeln des menschlichen Erkennens. Goldmann: 1990
Meadows, Donella H. et al.: Die neuen Grenzen des Wachstums. Rowohlt: 1993
Merleau-Ponty, Maurice: Phänomenologie der Wahrnehmung. 1974
Mühl, Otto: Aus dem Gefängnis 1991–1997. Gespräche, Briefe, Bilder. Herausgegeben von Danièle Roussel. Ritter: 1998

Nabakov, Vladimir: Erinnerung, sprich. Rowohlt: 1991
Nietzsche, Friedrich: Also sprach Zarathustra. Ein Buch für alle und keinen. Goldmann: ISBN 3-44207-526-2

Orwell, George: 1984. Ullstein Taschenbuchverlag. 1994

Platon: Der Staat (Politeia) und Politik. Schriften zur Staatstheorie. Reclam: ISBN 3-15008-206-6
Popper, Karl; Eccles, John C.: Das Ich und sein Gehirn. Piper: 1989

Reichholf, Josef H.: Warum wir siegen wollen. Der sportliche Ehrgeiz als Triebkraft in der Evolution des Menschen. dtv: 2001
Riedl, Rupert: Die unheilige Allianz. Unveröffentlichter Aufsatz. 2003
Rifkin, Jeremy: Das biotechnische Zeitalter. Goldmann: 2000

Sautter, Udo: Geschichte der Vereinigten Staaten von Amerika. Kröner: 1998
Schmelzer, Hans Jürgen: Auf der Fährte des Steppenwolfs. Hermann Hesses Herkunft, Leben und Werk. Hohenheim Verlag: 2002
Schopenhauer, Arthur: Die Welt als Wille und Vorstellung. Herausgegeben von A. Hübscher. Band III der Werkausgabe. Brockhaus 1946–1950
Schopenhauer, Arthur: Welt und Mensch. Auswahl aus dem Gesamtwerk. Reclam Universal Bibliothek 8451: 1976
Stark, Jochen; Wicht, Bernd: Die Geschichte der Baustoffe. Bauverlag: 1998
Steiner, Rudolf; Kugler, Walter: Einführung in die Anthroposophie. Ausgewählte Texte. Rudolf Steiner Verlag: 1987

Torberg, Friedrich: Der Schüler Gerber. dtv

Vester, Frederic: Denken, Lernen, Vergessen. dtv: 1998

Watzlawick, Paul: Die erfundene Wirklichkeit. Wie wissen wir, was wir zu wissen glauben? Piper: 2002
Watzlawick, Paul et al.: Menschliche Kommunikation. Formen, Störungen, Paradoxien. Bern 1996
Wittgenstein, Ludwig: Tractatus logico-philosophicus. Tagebücher 1914–1916. Philosophische Untersuchungen. Suhrkamp: 2002

Zweig, Stefan: Die Welt von Gestern. Erinnerungen eines Europäers. S. Fischer: 1970
Zweig, Stefan: Die Monotonisierung der Welt. Aufsätze und Vorträge. Suhrkamp: 1988